Kevin Labiausse

LES GRANDS ARTICLES DE PRESSE DE 1900 À NOS JOURS

Éditions Bréal

Remerciements

Patricia Bruneteaux
du Centre François-Mauriac de Malagar.
Bénédicte Dumont de *Libération*.

ISBN : 978 2 7495 3194 6

---

www.editions-breal.fr 27-29, avenue de Saint-Mandé, 75012 Paris

Sommaire

Introduction

Petite histoire de la presse en France

L'aventure de la presse française s'ouvre en 1632, quand Théophraste Renaudot publie sa *Gazette* qui n'est en fait qu'une simple feuille d'informations hebdomadaire. C'est ainsi que les bases du journalisme moderne sont jetées, puis affirmées et affinées à partir de 1677 avec la fondation du *Journal de Paris*. Ce véritable premier quotidien national va faire des émules, tout particulièrement durant les premières années de la Révolution. Malgré des périodes de censure au XIXe siècle, les titres foisonnent sous l'ère de l'industrialisation et de l'alphabétisation. L'Affaire Dreyfus et autres grands dossiers, tels des romans-feuilletons, affolent les ateliers d'imprimerie qui ressemblent désormais à de grandes usines. Au fil des décennies, le journaliste se professionnalise avec l'apparition de l'enquête d'investigation et du grand reportage. À l'âge d'or de la presse, la plume d'Albert Londres donne le ton et devient la référence entre toutes. Aujourd'hui, malgré la présence de nouveaux médias comme la radio, la télévision et Internet, les multiples couvertures colorées qui garnissent les kiosques continuent de faire tourner les têtes quand elles ne s'affichent pas sur une tablette tactile.

Lire un article de journal, quels que soient son époque et son sujet, nous plonge dans une histoire, petite ou grande, avec le piquant propre au matériau brut. Comme devant une chaîne d'informations en continu, nous vivons l'instant et partageons l'émotion. La pensée est immédiate, la réaction à chaud, les nerfs parfois à vif. C'est ce que révèle cette anthologie d'articles de presse publiés depuis les prémices de la Première Guerre mondiale jusqu'à nos jours.

Si elle déroule patiemment le fil d'un siècle entier, elle exprime des inquiétudes graves et des prophéties enjouées, des polémiques agitées et des recueillements presque silencieux. Le militant politique, l'intellectuel et le citoyen prennent souvent le pas sur le simple rédacteur qui se doit d'être insensible et impartial. L'engagement n'est pas un vilain défaut et offre aux colonnes une prose parfois violente mais toujours responsable qui marque son temps. C'est ce qui a principalement conditionné la sélection des articles reproduits dans cet ouvrage. L'œil alerte et critique du lecteur doit donc rester ouvert ; la mise en perspective de chaque texte vient accompagner ce travail d'analyse personnel.

« Le péril est grand, mais il n'est pas invincible »

Jean Jaurès, *L'Humanité*, 31 juillet 1914.[1]

Jean Jaurès est né en 1859. Issu de la bourgeoisie, il intègre l'École normale supérieure et obtient l'agrégation de philosophie. Il consacre la première partie de sa vie à l'enseignement, d'abord au lycée d'Albi, puis à l'université de Toulouse. Sa carrière politique débute lorsqu'il est élu député du Tarn en 1885. D'abord au centre gauche, il rejoint les socialistes à sa réélection en 1893. Il s'engage à la fois auprès des grévistes et des dreyfusards de l'époque. Élu à nouveau député en 1902, il assiste à la création du Parti socialiste français la même année et à celle de la SFIO (Section française de l'internationale ouvrière) trois ans plus tard. En 1904, il fonde le journal *L'Humanité*.

Jean Jaurès met ses qualités d'orateur au service des postiers, des instituteurs et des cheminots dont les mouvements de grève ponctuent le début du XXe siècle. Il s'exprime en faveur de l'impôt sur le revenu et s'oppose à la peine de mort et à l'allongement du service militaire. Il impose également la clarté de ses opinions diplomatiques, ce qui lui vaut l'hostilité virulente de la droite nationaliste : il refuse l'atmosphère belliciste dans laquelle est plongée l'Europe et s'affirme favorable à la réconciliation franco-allemande. Après avoir subi des pressions et des intimidations de la part de ses opposants, il meurt assassiné par un nationaliste le 31 juillet 1914 à Paris. Ses cendres sont transférées au Panthéon en 1924. Nous lui devons une *Histoire socialiste de la Révolution française*.

---

1. Titre original de l'article : « Sang-froid nécessaire ».

CONTEXTE

En cet été 1914, Jean Jaurès refuse de croire en la fatalité d'un conflit européen face à la montée des nationalismes. Il souhaite voir triompher la négociation diplomatique. Il sait que le jeu des alliances peut rapidement précipiter le continent dans la guerre. L'un de ses vœux, partagé par une partie des socialistes seulement, est de déclencher une grève générale, ce qui annulerait toute hostilité meurtrière. Mais la majorité de la population ne se rallie pas à cette proposition. Et l'assassinat de François-Ferdinand, héritier du trône d'Autriche-Hongrie, par le Serbe Princip le 28 juin 1914 à Sarajevo, semble imposer le scénario contraire. Le conflit européen paraît inéluctable.

À la fin du mois de juillet, Jaurès renouvelle ses appels contre la guerre. Le 25, à Vaise, un quartier industriel et populaire de Lyon, il délivre un discours devenu célèbre dans lequel il vise les responsables d'une guerre devenue imminente. Il y laisse également entendre que préserver l'Europe reste possible. Il réitère ses espérances de paix dans un autre discours prononcé à Bruxelles quelques jours plus tard. Enfin, le 31 juillet, dans un dernier article publié dans son journal *L'Humanité*, il tente de calmer les esprits. Mais il est déjà trop tard. Et Jaurès ignore encore que la Première Guerre mondiale se déroulera sans lui.

« Que l'on mette si l'on veut les choses au pire, qu'on prenne en vue des plus formidables hypothèses les précautions nécessaires, mais de grâce qu'on garde partout la lucidité de l'esprit et la fermeté de la raison. À en juger par tous les éléments connus, il ne semble pas que la situation internationale soit désespérée. Elle est grave à coup sûr, mais toute chance d'arrangement pacifique n'a pas disparu. D'une part il est évident que si l'Allemagne avait eu le dessein de nous attaquer, elle aurait procédé selon la fameuse attaque brusquée. Elle a au contraire laissé passer les jours et la France comme la Russie ont pu mettre à profit ce délai, l'une, la Russie, pour procéder à une mobilisation partielle, l'autre, la France, pour prendre toutes les précautions compatibles avec le maintien de la paix.

D'autre part, l'Autriche et la Russie sont entrées en négociations directes. La Russie demande à l'Autriche quel traitement elle réserve à la Serbie. L'Autriche a répondu qu'elle respecterait « son intégrité territoriale ». La Russie estime que ce n'est pas assez, qu'il faut en outre que « les droits de souveraineté de la Serbie soient garantis ».

La conversation est engagée. Même si un désaccord se précise entre les vues de l'Autriche et celles de la Russie, on pourra mesurer l'écart des idées et s'employer à la solution d'un problème dont les données seront déterminées. C'est alors, semble-t-il, que pourra intervenir cette pensée médiatrice de l'Angleterre qui cherche sa forme, ses moyens d'expression, mais qui finira bien par prévaloir, car elle répond au sentiment profond des peuples, et sans doute au désir même des gouvernements qui sentent monter vers eux, comme un châtiment, ce péril de guerre avec lequel un moment ils avaient cru jouer comme avec un instrument diplomatique.

Et si l'on juge de ce que serait la guerre elle-même et des effets qu'elle produirait par la panique, les sinistres rumeurs, les embarras économiques, les difficultés monétaires et les désastres financiers que déchaîne la seule possibilité du conflit, si l'on songe que dès maintenant il faut ajourner les règlements d'échéance et se préparer à décréter le cours forcé de petites coupures de billets de banque, on se demande si les plus fous ou les plus scélérats des hommes sont capables d'ouvrir une pareille crise.

Le plus grand danger à l'heure actuelle n'est pas, si je puis dire, dans les événements eux-mêmes. Il n'est même pas dans les dispositions *réelles* des chancelleries si coupables qu'elles puissent être ; il n'est pas dans la volonté *réelle* des peuples ; il est dans l'énervement qui gagne, dans l'inquiétude qui se propage, dans les impulsions subites qui naissent de la peur, de l'incertitude aiguë, de l'anxiété prolongée. À ces paniques folles les foules peuvent céder et il n'est pas sûr que les gouvernements n'y cèdent pas. Ils passent leur temps (délicieux emploi) à s'effrayer les uns les autres et à se rassurer les uns les autres. Et cela, qu'on ne s'y trompe pas, peut durer des semaines. Ceux qui s'imaginent que la crise diplomatique peut être et doit être résolue en quelques jours se trompent. De même que les batailles de la guerre moderne, se développant sur un front immense, durent sept ou huit jours, de même les batailles diplomatiques, mettant maintenant en jeu toute une Europe et un appareil formidable et multiple de nations puissantes, s'étendent nécessairement sur plusieurs semaines. Pour résister à l'épreuve, il faut aux hommes des nerfs d'acier ou plutôt il leur faut une raison ferme, claire et calme. C'est à l'intelligence du peuple, c'est à sa pensée que nous devons aujourd'hui faire appel si nous voulons qu'il puisse rester maître de soi, refouler les paniques, dominer les énervements et surveiller la marche des hommes et des choses, pour écarter de la race humaine l'horreur de la guerre.

Le péril est grand, mais il n'est pas invincible si nous gardons la clarté de l'esprit, la fermeté du vouloir, si nous savons avoir à la fois l'héroïsme de la patience et l'héroïsme de l'action. La vue nette du devoir nous donnera la force de le remplir.

Tous les militants socialistes inscrits à la Fédération de la Seine sont convoqués dimanche matin, salle Wagram, à une réunion où sera exposée la situation internationale, où sera définie l'action que l'Internationale attend de nous. Des réunions multipliées tiendront en action la pensée et la volonté du prolétariat et prépareront la manifestation assurément magnifique qui préludera aux travaux du Congrès international. Ce qui importe avant tout, c'est la continuité de l'action, c'est le perpétuel éveil de la pensée et de la conscience ouvrières. Là est la vraie sauvegarde. Là est la garantie de l'avenir. »

(Texte intégral)

Le 31 juillet, jour de la parution de cet article, Jean Jaurès rejoint le Café du Croissant où il est assassiné d'un coup de pistolet par l'étudiant nationaliste Raoul Villain. Jugé après la guerre, ce dernier sera acquitté et madame Jaurès, partie civile, sera condamnée aux dépens. Le jour même des funérailles de Jaurès, le 4 août, les belles espérances du leader socialiste sont définitivement enterrées. L'Europe est entrée en guerre et les partisans de Jaurès rejoignent le mouvement de l'Union sacrée pour lutter contre l'ennemi allemand.

BIBLIOGRAPHIE

Sur l'année 1914

- David Fromkin, *Le dernir été de l'Europe : qui a provoqué la Première Guerre mondiale ?*, Hachette, Pluriel, 2006.
- Jacques Droz, *Les causes de la Première Guerre mondiale : essai d'historiographie*, Seuil, Points, 1973.

Sur Jean Jaurès

- Jean Jaurès, *Discours et Conférences*, Flammarion, Champs Classiques, 2011.
- Madeleine Rebérioux, *Jaurès : la parole et l'acte*, Gallimard, Découvertes, 1994.
- Jean-Pierre Rioux, *Jean Jaurès*, Perrin, Tempus, 2008.

FILMOGRAPHIE

- *Ils ont tué Jaurès* de Jean-Baptiste Bellsoleil, 1962.
- *Jaurès, naissance d'un géant* de Jean-Daniel Verhaeghe, 2005.
- *Le siècle des socialistes* d'Yves Jeuland et Valérie Combard, 2005.

DISCOGRAPHIE

- *Anthologie sonore du socialisme : enregistrements historiques : documents inédits*, Frémeaux et associés, 1998.

LIEUX

- Centre national et musée Jean-Jaurès, Castres.
- Musée de l'Armée, Paris.

L'agonie de la basilique de Reims

Albert Londres, *Le Matin*, 29 septembre 1914.[1]

Albert Londres est né en 1884. D'abord comptable à Lyon, il monte à Paris à l'âge de dix-neuf ans et y entame une carrière de journaliste. Engagé au *Matin* en 1906, il accède à la célébrité au début de la Première Guerre mondiale pour son article sur la destruction de la cathédrale de Reims. Parcourant le monde pour le compte de plusieurs journaux français, il est rapidement élevé au rang de grand reporter. Ses enquêtes, souvent publiées sous la forme d'épisodes, se penchent notamment sur le bagne guyanais, les bataillons disciplinaires d'Afrique, les asiles d'aliénés et la traite des blanches. Il meurt en 1932 dans le naufrage du paquebot qui le ramène de Shanghai.

Aujourd'hui considéré comme une référence pour l'ensemble des journalistes, Albert Londres n'avait qu'une devise : « Notre métier n'est pas de faire plaisir, non plus de faire du tort, il est de porter la plume dans la plaie. » Le prix Albert-Londres, créé en 1933 par Florise Martinet-Londres à la mémoire de son père, continue de couronner à la date anniversaire de sa mort le meilleur « Grand reporter de la presse écrite ».

1. Titre original de l'article : « L'agonie de la basilique ».

CONTEXTE

Le 28 juin 1914, l'archiduc François-Ferdinand, héritier du trône d'Autriche-Hongrie, est assassiné par un jeune nationaliste serbe à Sarajevo. Un mois plus tard, l'empire austro-hongrois déclare la guerre à la Serbie. Le jeu des alliances précipite les puissances européennes dans la guerre. Le front occidental, composé des armées belges, françaises et britanniques, doit subir les assauts de l'armée allemande qui ne cesse d'avancer. Le 4 septembre, la ville de Reims est envahie. Les combats entraînent la destruction d'une grande partie de la ville et de son illustre cathédrale. Fait traumatisant : dans l'incendie du monument, le plomb en fusion de la toiture s'écoule dans les gargouilles. Si les Allemands sont progressivement repoussés en dehors de la cité, ils vont continuer de bombarder ses habitations durant trois ans et demi.

Journaliste au quotidien *Le Matin*, Albert Londres est appelé par sa rédaction qui manque d'envoyés spéciaux pour couvrir les premiers combats du conflit européen. Arrivé à Reims le 20 septembre, il découvre une cathédrale en flammes et rédige son premier article signé. Brisé et défiguré, le monument est désormais ouvert à tous les vents, et même à la pluie. Quelques jours plus tard, le visiteur tente de se frayer un chemin au milieu des statues fracassées et des tissus ensanglantés. Le texte du reportage et les quelques photographies qui l'accompagnent marquent l'entrée du monde dans une nouvelle ère : celle d'une guerre industrielle violente et inhumaine.

« Elle est debout, mais pantelante.

Nous suivions la même route que le jour où nous la vîmes entière. Nous comptions la distance, guettant le talus d'où elle se montre au voyageur, nous avancions, la tête tendue comme à la portière d'un wagon lorsqu'en marche on cherche à reconnaître un visage. Avait-elle conservé le sien ?

Nous touchons le talus. On ne la distingue pas. C'est pourtant là que nous étions l'autre fois. Rien. C'est que le temps moins clair ne permet pas au regard de porter aussi loin. Nous la chercherons en avançant.

La voilà derrière une voilette de brume. Serait-elle donc encore ?

Les premières maisons de Reims nous la cachent. Nous arrivons au parvis.

Ce n'est plus elle, ce n'est que son apparence.

C'est un soldat que l'on aurait jugé de loin sur sa silhouette toujours haute mais qui, une fois approché, ouvrant sa capote, vous montrerait sa poitrine déchirée.

Les pierres se détachent d'elle. Une maladie la désagrège. Une horrible main l'a écorchée vive.

Les photographies ne vous diront pas son état. Les photographies ne donnent pas le teint du mort. Vous ne pourrez réellement pleurer que devant elle, quand vous y viendrez en pèlerinage.

Elle est ouverte. Il n'y a plus de portes. Nous pénétrons en retardant le pas. Nous sommes déjà au milieu de la grande nef quand nous nous apercevons avoir le chapeau sur la tête. L'instinct qui fait qu'on se découvre au seuil de toute église n'a pas parlé. Nous ne rentrions plus dans une église.

Il y a bien encore les voûtes, les piliers, la carcasse, mais les voûtes n'ont plus de toiture et laissent passer le jour par de nombreux petits trous ; les piliers, à cause de la paille salie et brûlée dans laquelle ils finissent, semblent plutôt les poutres d'un relais ; la carcasse, où coula le réseau de plomb des vitraux, n'est plus qu'une muraille souillée où l'on ne s'appuie pas.

Deux lustres de bronze se sont écrasés sur les dalles. Nous entendons encore le bruit qu'ils ont dû faire. Des manches d'uniformes allemands, des linges ayant étanché du sang, de gros souliers empâtés de boue, c'est tout le sol. Comment l'homme le plus catholique pourrait-il se croire dans un sanctuaire !...

Nous prenons l'escalier d'une tour. Les deux premières marches ont sauté. Tout en le montant, notre esprit revoit les blessures extérieures. Nous devons être au niveau de ce fronton où Jésus mourait avec un regard si magnanime. Le fronton se détache, maintenant, telle une pâte feuilletée et Jésus n'a plus qu'une partie de sa joue gauche. Plus haut est cette balustrade que, dans leur imagination, les artisans du moyen âge ont dû destiner aux anges les plus roses, la balustrade s'en va par colonne, les anges n'oseront plus s'y accouder. Puis c'est chaque niche, que l'on n'a plus, maintenant, qu'à poser horizontalement, à la façon d'un tombeau, puisque les saints qu'elles abritaient sont pour toujours défaits ; c'est chaque clocheton, dont les lignes arrachées se désespèrent de ne plus former un sommet ; c'est chaque motif qui a perdu l'âme de son sculpteur. Et nous montons sans pouvoir chasser de nous cette impression que nous tournons dans quelque chose qui se fond tout autour.

Nous arrivons à la lumière. Sommes-nous chez un plombier ?

Du plomb, du plomb en lingots biscornus. La toiture disparue laisse les voûtes à nu. La cathédrale est un corps ouvert par le chirurgien et dont on surprendrait les secrets.

Nous ne sommes plus sur un monument. Nous marchons dans une ville retournée par le volcan. Sénèque, à Pompéi, n'eut pas plus de difficultés à placer le pied. Les chimères, les arcs-boutants, les gargouilles, les colonnades, tout est l'un sur l'autre, mêlé, haché, désespérant.

Artistes défunts qui aviez infusé votre foi à ces pierres, vous voilà disparus.

Le canon, qui tonnait comme de coutume, ne nous émotionnait plus. L'édifice nous parlait plus fort. Le canon se taira. Son bruit, un jour, ne sera même plus un écho dans l'oreille, tandis qu'au long des temps, en pleine paix et en pleine renaissance, la cathédrale criera toujours le crime du haut de ses tours décharnées.

Nous redescendons. Nous sommes près du chœur. De là, nous regardons la rosace – l'ancienne rosace. Il ne lui reste plus qu'un tiers de ses feux profonds et chauds. Elle créait dans la grande nef une atmosphère de prière et de contrition. Et le secret des verriers est perdu !

En regardant ainsi, nous vîmes tomber des gouttes d'eau de la voûte trouée. Il ne pleuvait pas. Nous nous frottons les yeux. Il tombait des gouttes d'eau. C'était probablement d'une pluie récente ; mais pour nous, ainsi que pour tous ceux qui se seraient trouvés à notre côté, ce n'était pas la pluie : c'était la cathédrale pleurant sur elle-même.

Il nous fallut bien sortir.

Les maisons qui l'entourent sont en ruines. Elles avaient profité de sa gloire. Elles n'ont pas voulu lui survivre. On dirait qu'elles ont demandé leur destruction pour mieux prouver qu'elles compatissent. En proches parents, elles portent le deuil.

Le canon continue de jeter sa foudre dans la ville. Les coups se déchirent plus violemment qu'au début. Que cela peut-il faire maintenant ? La cathédrale de Reims n'est plus qu'une plaie. »

(Texte intégral)

Cet article connaît un grand retentissement dans toute la France et conduit Albert Londres à continuer à couvrir l'activité des fronts tout au long de la Première Guerre mondiale. Infatigable voyageur, il accompagne les armées alliées dans les Flandres, aux Dardanelles, en Serbie et en Macédoine. Rentré en France au milieu de l'année 1917, il découvre un pays dévasté par de longs mois de combats. Reims fait partie du terrible constat du journaliste : jusqu'en 1918, sa cathédrale aura été frappée par près de 300 obus. C'est un véritable miracle si elle tient encore debout au terme du conflit : des opérations de consolidation ont permis de maintenir la partie supérieure du monument. Au lendemain de l'armistice du

11 novembre 1918, la ville, qui a perdu 5000 de ses habitants, peut compter sur de généreux donateurs, notamment américains, pour se reconstruire entièrement. La cathédrale subit une succession de campagnes de restauration qui ne se sont quasiment jamais interrompues jusqu'à nos jours.

BIBLIOGRAPHIE

Sur les débuts de la Première Guerre mondiale

- John Keegan, *La Première Guerre mondiale*, Perrin, Tempus, 2005.
- Yves Buffetaut, *Atlas de la Première Guerre mondiale : 1914-1918, la chute des empires européens*, Autrement, 2005.

Sur Reims

- Pierre Desportes (dir.), *Histoire de Reims*, Privat, 1983.
- Alain Erlande-Brandenburg, *La cathédrale de Reims : chef-d'œuvre du gothique*, Actes Sud, 2007.

Sur Albert Londres

- Albert Londres, *Œuvres complètes*, Arléa, 2007.
- Pierre Assouline, *Albert Londres : vie et mort d'un grand reporter, 1884-1932*, Gallimard, 1990.

DISCOGRAPHIE

- *La Grande Guerre 1914-1918 : documents sonores historiques et inédits*, Frémeaux et associés, 2000.

LIEUX

- Cathédrale Notre-Dame-de-Reims, Reims.
- Historial de la Grande Guerre, Péronne.

L'enfer du front

Albert Londres, *Le Petit Journal*, 11 juillet 1917.[1]

CONTEXTE

Après une première courte période de mouvement jusqu'à la fin de l'année 1914, la Première Guerre mondiale s'enfonce dans l'immobilisme : c'est la guerre de position. Sur le front ouest long de 700 kilomètres, les soldats creusent des tranchées pour se protéger et surveiller l'ennemi en attendant une offensive meurtrière. De nouvelles armes, comme le gaz, font des ravages dans les rangs des armées. L'homme est confronté à une « brutalisation » du corps et de l'esprit encore jamais atteinte. Il évolue sur un front qui est devenu un no man's land boueux, sorte d'espace lunaire où, dans les crevasses, se mêlent lambeaux de corps, barbelés et obus. Les conditions de vie dans les tranchées sont épouvantables : l'omniprésence des cadavres et le manque d'hygiène favorisent les maladies ; l'odeur de la mort pèse sur le moral. Les tués se comptent par centaines de milliers au fil des mois.

La bataille de Verdun qui se tient de février à décembre 1916 incarne à elle seule la massification de la violence : elle fait 300 000 morts et près de 500 000 blessés dans les camps français et allemands. Parce que les deux belligérants ne comptent rien lâcher au terme de l'échec de Verdun, ils maintiennent la stratégie de l'épuisement. Au printemps 1917, alors que la bataille du Chemin des Dames commence à faire rage, un autre affrontement s'engage, celui des monts de Champagne que relate Albert Londres au mois de juillet dans *Le Petit Journal*. Dans son article, le reporter en profite pour en finir avec le sympathique poilu de l'imagerie d'Épinal : la Première Guerre mondiale est devenue une guerre technologique. À l'image du tableau de Félix Vallotton intitulé *Verdun*, Albert Londres affirme que le soldat s'est totalement effacé au profit de la force décuplée des machines.

---

1. Titre original de l'article : « Devant le Casque et le Téton : une forge de la victoire ».

« Le Téton, le Casque et toute la chaîne de ce front de Champagne[2] prennent cet après-midi quelque chose pour leurs crêtes. Les Boches ne se faisant décidément pas à nos coups de main et sortant d'en écoper un, tapent comme des sourds. C'est à croire qu'ils veulent, sous leur mitraille, river les ouvertures d'où, enveloppées de feu et de fumée, surgissent nos sections.

Mais, à proximité de là, une autre musique se joue. Au Casque, au Téton – au Casque qui n'a plus de crinière, et au Téton qui n'a plus de forme, car les obus ont grillé le bois de l'un et trituré la ligne de l'autre – au Casque et au Téton est le vrai concert qui s'exécute ; ici ce ne sont que des mesures pour rien : on répète. Parfaitement, on figure une attaque. Ainsi, quand le rideau se lèvera franchira-t-il plus facilement la rampe – pardon ! le parapet.

Que supposiez-vous donc qu'était la guerre ? En étiez-vous encore à penser que des hommes, tous bien en rang, baïonnette au fusil, attendaient dans leurs tranchées le signal de s'élancer en chœur et des cris dans la bouche sur l'ennemi ? La guerre, si loin de là, la victoire ne se conquiert plus, elle se forge, nous n'avons plus de champ de bataille, mais des usines de mort.

Donc, nous sommes dans cette plaine, et tandis que lorsque nos yeux se portent à gauche nous voyons des geysers de fumée sourdre de la colline champenoise ; là, à trente mètres, nous assistons au « montage » d'un assaut. Où sont les guerres où il suffisait d'avoir son enthousiasme à la pointe de sa baïonnette ? Une bataille, aujourd'hui, est comme une montre, si on veut qu'elle marche il faut que chaque pièce soit bien taillée et à sa place. Et ces pièces-là ce sont les hommes. Quand une compagnie désormais part à l'assaut, chacun sait ce qu'il doit faire, non seulement il le sait vaguement, mais il doit le savoir par cœur ; les fusiliers mitrailleurs partiront d'un pas réglé, soutiendront leur arme de belle façon et ne se livreront à aucune fantaisie ; les grenadiers suivront leur marche et leur

2. Le Téton et le Casque sont deux monts de Champagne de 232 et 242 mètres d'altitude.

mouvement seront cadencés, ils ne jetteront pas leurs bombes comme un enfant jette un caillou sans aucune discipline, ils les prendront d'une manière apprise, et tendront le bras à tant de degrés et projetteront la mort mathématiquement, au commandement du chef de section : « à 15 mètres, à 25 mètres, à 40 mètres » leur crie-t-il. À force de répétition ils ont ces mesures dans le geste : les tromblons, c'est-à-dire, les grenadiers à fusil, partiront à leur tour, ils ne dépasseront pas les précédents ; un assaut n'est plus une course, c'est un système ; ils avanceront dans une certaine ligne d'où ils ne s'écarteront pas, car les mitrailleuses les flanquent. Puis se démarquera l'homme de feu, l'homme qui porte sur son dos un petit réservoir comme s'il allait sulfater les vignes, mais en fait de sulfate, c'est une flamme dévorante qu'il cache et ses vignes à lui sont les gueules des Boches. Ne criez pas, c'est nous qui avons reçu les premiers du feu dans les yeux et ce n'est pas cesser d'être humains que de cesser d'être poires. Quelques hommes avec une baïonnette seront également de l'équipe, ils sauront piquer et dépiquer une panse avec méthode ; on leur a appris ça comme aux jeunes filles à broder. Ce groupe terrifiant, appuyé de petites bêtes pouilleuses de tranchées, tels ce canon de 37 et d'autres, progressera au milieu d'une cage de feu dont l'artillerie par derrière se chargera d'élever les barreaux.

Mitrailleurs, grenadiers, tromblons, piqueurs, sulfateurs, où sont nos petits pioupious à baïonnette ? Nos petits pioupious à baïonnette sont sur la Marne, sur l'Yser, sur Verdun, dans l'Histoire. Aujourd'hui, tous à vos pièces, représentez-vous soldats de France : voilà le mitrailleur qui s'est habitué à faire des poids, car son instrument pèse plus qu'une paille ; voilà le grenadier qui ressemble à la Semeuse de nos pièces de vingt sous quand il prend le fruit de mort dans son tablier et au discobole quand il allonge esthétiquement le bras pour le lancer ; voilà le tromblon qui, avec son fusil à tumeur, a l'air de ces quêteurs de cavalcade qui, du sol, sollicitent les sous au balcon ; voilà le piqueur qui découd les Germains ; voilà le sulfateur qui les sulfate en rouge, et le crapouilloteur qui les amoche.

Et voilà l'enfer. Car tout ce que je vous ai dit là ne vous a rien fait entendre. Et l'enfer c'est par l'oreille aussi qu'il vous apparaît.

D'ailleurs, si vous aviez été dans cette plaine avec moi, en vue du Téton et en vue du Casque – le Téton et le Casque, ah ! les bons boxers ! qu'est-ce qu'ils encaissent ! – si vous aviez été avec moi sur le rowail vous n'auriez rien vu. Rien, sinon de la fumée et quelle fumée ! Il paraît qu'il ne fallait pas de fumée au début de la guerre sur les champs de bataille ! Si le théoricien de cette atmosphère libre revenait, ce qu'il éternuerait ! Mais ce que vous auriez entendu ! Et ce qu'il faut, pour vous épater, c'est entendre. L'infanterie n'est plus une infanterie, c'est une artillerie sur jambes. L'artillerie, l'autre, celle qui est sur roues, « encage », la nouvelle, celle qui est sur jambes, déblaie ; elle précède le combattant mieux que son nez. L'infanterie française est maîtresse de son barrage.

Quand une section se déclenche, elle fait cent fois plus de bruit que jadis une compagnie. Cela siffle, éclate, tonne. À vingt pas derrière, cette fureur me tassait le cœur. On n'avait pas l'impression d'une attaque, mais d'un cataclysme. La puissance de destruction dépassait tout héroïsme concevable. Pas un être ne pourrait tenir, même se présenter devant. À quoi bon ? C'était comme un ouragan qui déracinerait les chênes et emporterait les maisons.

Au milieu de cette fumée géante, de ce vacarme infernal, s'élevaient des couleurs. C'était un 14 juillet sur le Pont-Neuf. Parmi le tromblon qui striait l'air, le fusil mitrailleur qui bégayait en vitesse, la grenade qui, ayant copié son éclatement, jouait à l'obus, des danses serpentines se pavanaient, elles se pavanaient parce qu'il y a grenades et grenades et que puisqu'il y en avait une à main, une autre à fusil, il pouvait bien s'en trouver une troisième à chimie. Très belles couleurs ! Le beau bouquet ! Ah ! Boches ! sacrés veinards, vous allez mourir maintenant en lumière !

Un coup de clairon est lancé. La répétition se termine. Le Casque et le Téton ingurgitent toujours du 120 et du 150.

… « La troupe qui est uniquement brave à l'heure actuelle est une troupe qui meurt glorieusement, c'est tout. »

Qui prononce cette phrase derrière moi, alors que j'ai encore les yeux et les oreilles dans la fumée et le bruit ?

C'est Gouraud[3]. Il passe en vous flanquant son regard dans le corps, et il s'en va, sa manche vide. »

(Texte intégral)

Pendant la Première Guerre mondiale, Albert Londres n'ignore rien de la propagande officielle qui tente de minimiser le désastre humain tout en glorifiant l'effort des soldats. Comme dans l'article reproduit ici, le reporter tente d'échapper à la censure avec ruse, mais aussi avec colère. Il a déjà été contraint d'accepter les nombreux coups de ciseaux faits dans ses reportages. Son biographe Pierre Assouline rappelle qu'il a dû signer et approuver une note du ministère de la Guerre intitulée *Instructions concernant les correspondants de guerre français aux armées* : longue de trois pages, elle soumet le correspondant de guerre au code de la justice militaire, comme n'importe quel officier. Acharné à dire la vérité, le journaliste rebelle devient indésirable et son nom est inscrit en tête d'une liste noire établie par l'état-major. L'affaire va même plus loin : une plainte est déposée contre lui par le haut commandement de la Mission de la presse française pour « insolence » et « insubordination » auprès de la direction du *Petit Journal*.

---

3. Henri Gouraud (1867-1946) est un général français qui a commandé l'armée en France et aux Dardanelles pendant la Première Guerre mondiale.

BIBLIOGRAPHIE

Sur la Première Guerre mondiale

- Albert Londres, *Contre le bourrage de crâne*, Arléa, 2008.
- Rémy Porte, *Chronologie commentée de la Première Guerre mondiale*, Perrin, 2011.
- Pierre Vallaud, *14-18, la Première Guerre mondiale*, 2 tomes, Fayard, 2004.

Sur les tranchées

- *Paroles de poilus : lettres et carnets du front, 1914-1918*, Librio, 1998.
- Frédéric Rousseau, *La guerre censurée : une histoire des combattants européens de 14-18*, Seuil, Points, 2003.
- Louis Maufrais, *J'étais médecin dans les tranchées : août 1914-juillet 1919*, Pocket, 2010.
- Jacques Tardi, *C'était la guerre des tranchées : 1914-1918*, Casterman, 1993.

FILMOGRAPHIE

- *Les sentiers de la gloire* de Stanley Kubrick, 1957.
- *La chambre des officiers* de François Dupeyron, 2000.
- *Un long dimanche de fiançailles* de Jean-Pierre Jeunet, 2004.
- *Joyeux Noël* de Christian Carion, 2005.
- *14-18 : le bruit et la fureur* de Jean-François Delassus, 2008.

LIEUX

- Musée de la Grande Guerre, Meaux.
- Musée Somme 1916, Albert.

Voir biographie, p. 12.

Le 14 juillet 1919

Joseph Kessel, *Le Journal des Débats*, 15 juillet 1919.[1]

Joseph Kessel est né en 1898 en Argentine. Après des études secondaires à Nice, il combat durant la Première Guerre mondiale. Collaborateur au *Journal des Débats*, il s'engage dans une double carrière de grand reporter – ses enquêtes lui font parcourir le monde – et de romancier à succès : *La steppe rouge* (1922), *Belle de jour* (1928), *La passante du Sans-souci* (1936).

Correspondant de guerre en 1939-1940, Joseph Kessel rejoint la Résistance après l'armistice et rallie les Forces françaises libres du général de Gaulle. En mai 1943, il compose le *Chant des partisans* avec Maurice Druon. Dans son livre *L'armée des ombres* (1943), il rend hommage à la communauté résistante. À la Libération, il reprend ses activités de grand reporter et de romancier : *La vallée des rubis* (1955), *Le lion* (1958), *Les cavaliers* (1967). En 1962, il entre à l'Académie française. Il meurt en 1979.

1. Titre original de l'article : « Sous l'Arc de Triomphe ».

CONTEXTE

Après plus de quatre années de combats, la Première Guerre mondiale s'achève avec l'armistice du 11 novembre 1918 : l'Allemagne est vaincue. Le bilan du conflit est terrible : plus de 10 millions de personnes ont été tuées et deux fois plus ont été blessées ; des familles sont décimées et certains traumatismes psychologiques des soldats rescapés sont irréversibles. L'Europe dans son ensemble est profondément affaiblie par la baisse de la natalité et les destructions des instruments économiques. À partir de janvier 1919, les États vainqueurs se réunissent à Paris pour déterminer plus précisément les conditions de paix. Leurs négociations reposent sur les 14 points du président américain Wilson qui défend le droit des peuples à disposer d'eux-mêmes. L'Allemagne, jugée responsable de la guerre, doit payer des réparations très lourdes : pour elle, le traité de Versailles, signé le 28 juin 1919, est un véritable « diktat ».

Le 14 juillet 1919, jour de fête nationale en France depuis 1880, devient le défilé de la victoire. La célébration, d'une rare intensité, est grandiose : l'avenue des Champs-Élysées est soigneusement décorée à l'antique par les Beaux-arts avec des urnes embrasées, des canons ennemis présentés en trophées et surmontés du coq gaulois, des mâts, des drapeaux et des guirlandes. Devant deux millions de personnes amassées entre l'Étoile et la Concorde, la célébration s'ouvre avec la marche des mille mutilés qui représentent les blessés et les invalides de guerre. L'armée française et ses poilus défilent avec, à leur tête, les maréchaux Joffre et Foch ; le maréchal Pétain ferme la marche. Des détachements des armées alliées participent également à la fête, des « Big Écossais » aux troupes italiennes en passant par les marins américains. Au soir de la manifestation, Georges Clémenceau dit au maréchal Pétain : « Qui a vu ce jour a vécu ».

« La grisaille du matin blêmit les rues. Et déjà, puissant et monotone comme un bruit de marée, des faubourgs et de banlieue, des quartiers populeux et des quartiers riches, monte vers le parcours triomphal le piétinement de la foule en marche.

Ils ne seront pas au premier rang, ceux-là, qui, pourtant, se sont levés avant l'aube. De plus enthousiastes et de plus curieux gardent leur place depuis la veille. J'ai vu des vieilles femmes, des enfants, dimanche soir, roulés dans des sacs, dans des couvertures, sur le bord de l'avenue des Champs-Élysées, tandis que Paris montait, vers le cénotaphe, rendre hommage aux morts. Ces patients trouvaient qu'il valait la peine de passer une nuit à la dure, par cette veille d'allégresse, afin de mieux voir ceux qui en avaient tant passé dans la boue et l'angoisse, au petit poste et dans la sape.

Le ciel brumeux s'éclaircit lentement. Il faut une voûte glorieuse à ce jour glorieux. Et la marée humaine enfle de plus en plus, déborde les trottoirs, bloque les rues, envahit tout.

C'est comme une nuée immense de visages et de corps ; impossible de distinguer non seulement les individus, mais des blocs même d'individus. C'est une nappe vivante, frémissante, une draperie d'être humains, un tout indissoluble, infranchissable, indescriptible qui s'agite, qui attend et qui aime.

Il y en a sur les fortifications qui bordent la porte Maillot, il y en a sur les toits, sur les fenêtres, sur les balcons, il y a des grappes suspendues par miracle sur des gouttières, sur des arbres, sur des kiosques, sur des statues, il y a des foules sur les trottoirs, si denses que le moindre mouvement les fait vaciller ensemble ; il y a un peuple immense à la Concorde, et l'escalier de la Madeleine, surmonté d'un voile pourpre brodé de lauriers d'or, a l'air d'un siège d'assemblée antique dont les membres seraient plus nombreux que des sauterelles sur un champ de blé.

Toute cette foule innombrable est calme et souriante ; pas de protestations ; des plaisanteries, des rires, la joie de voir et de vivre une minute sacrée de l'histoire. La fatigue d'une nuit de veille, les frissons d'une aube fraîche, la courbature d'une station longue et compacte n'ont point énervé le peuple, et, si les yeux brillent, c'est de curiosité, d'excitation – non pas de fièvre dangereuse. Toute cette foule innombrable, calme, passionnée et souriante attend.

Elle attend. Car ils vont bientôt passer, les illustres et les anonymes, héros baignés de triomphe et héros obscurs, tous aussi splendides, tous aussi chéris ; ceux qui, de 1914 à 1918 ont fait trembler le monde de gloire douloureuse et d'espérance sacrée.

L'Arc de Triomphe semble attendre aussi. Sur la place immense, vide et claire, débarrassé de ses chaînes tristes de vaincu, ceint de canons prisonniers, sous le ciel empli de soleil, il se dresse majestueux et serein, ouvrant son porche de gloire pour ce jour comme pour l'éternité.

Près de lui on est tout isolé de la foule qui murmure autour de la triple rangée de cavaliers porteurs de fanions frissonnants et qui gardent la place.

Et dans cette enceinte vide, dans ce silence relatif, la rumeur qui vient de s'élever là-bas, la rumeur immense, violente et profonde comme un élément de la nature, la rumeur qui croît, s'approche, balaye tous les sons, tous les sentiments, la rumeur qui monte du pavé, tombe des branches, des fenêtres, des toits – la rumeur d'une foule, d'un peuple qui crie sa joie délirante et ses larmes de bonheur prend un caractère plus auguste et plus poignant.

Tout à l'heure, quand les mutilés sont passés, il y a eu une contrainte, une pudeur dans les acclamations. Devant ces martyrs, les cris n'osaient s'élever trop joyeux ; et l'amour qui accompagnait ces meurtris voulait du recueillement et de la tristesse.

Mais maintenant la clameur est là, autour de nous, sur nous, avec nous. Un peu de poussière... De l'avenue de la Grande-Armée – avant-garde de toute la gloire qui vient – débouche, sabre au clair, haut et fier un peloton de gardes républicains. Le pas puissant et rythmé de leurs chevaux ébranle les dalles. Ils passent.

Et puis deux képis brodés de chêne d'or, deux hommes qui chevauchent botte à botte, l'un en noir et rouge, l'autre en gris. L'un est Joffre, l'autre est Foch. Chacun d'eux a son histoire, sa légende, son auréole ; chacun d'eux a son immortalité. Ils viennent lents, calmes, les yeux fixés droit et haut. Ils saluent de leur bâton étoilé. Ils entrent sous la voûte. La minute sacrée s'éternise, et le vol d'alouettes qui, à ce moment, s'élance de l'Arc de Triomphe semble vouloir aller la raconter au monde.

Le canon gronde, la foule clame, les symboles de toutes les nations défilent.

Américains aux baïonnettes qui n'en font qu'une, coiffés de casques plats, au pas superbe d'énergie contenue et de discipline guerrière, matelots au petit chapeau blanc, aux cous athlétiques et nets, précédés d'un tambour-major colosse ; Belges dont les clairons de cuivre brunis sonnent comme ils ont sonné à Liège, à Ypres, à Passchendaele ; Britanniques dont les musiciens ont des peaux de léopard sur la poitrine, et sur lesquels le profil brun et mystérieux des Hindous voisine avec le jupon pittoresque des Écossais ; Italiens en uniforme gris-vert, parmi lesquels les cravates rouges des Garibaldiens mettent des taches de sang ; Japonais au teint d'ambre chaud et aux moustaches de jais, montés sur des chevaux nerveux ; evzones grecs aux longs bonnets et aux flûtes longues ; Polonais en bleu horizon, en *shapska* carrées, ayant tous sur l'épaule l'aigle blanc ; Portugais vêtus de bleu ; Roumains en tenue de campagne, aux faces de médaille ; Serbes énergiques, profils busqués et démarche souple ; Tchéco-Slovaques coiffés du béret hardi – toutes les nations et toutes les races, de la plaine et de la montagne, des continents et des îles, celles qui ont une histoire vieille et celles qui la commencent, toutes celles qui ont aidé dans le mesure de leurs forces contre l'asservissement et pour la liberté, toutes ont été acclamées, fêtées, toutes ont reçu leur part éclatante dans le triomphe général, et les grands chefs qui précédaient leurs troupes, et l'armée sublime des étendards.

Mais voici que la clameur se fait délirante ; l'enthousiasme se fait de l'émotion ; la sympathique admirative, un élan d'amour. C'est que là-bas, avenue de la Grande-Armée, derrière la musique qui sonne *Sambre-et-Meuse*, fier, simple et grand comme un triomphateur romain, le maréchal Pétain arrive à la tête de ses poilus.

Un frisson qui, de vague en vague, va se propager jusqu'au bout du parcours ébranle la foule. Les fleurs volent plus serrées, le rythme des cris se fait plus rapide ; la vibration des drapeaux plus ailée.

Et le peuple de France salue les généraux dont les noms rappellent des victoires : Castelnau, Debeney, Humbert, Nudant, Maistre, Degoutte, Fayolle et Gouraud, le mutilé superbe, qui, il y a juste un an, arrêtait la dernière des ruées allemandes, et Mangin, au sourire froid, qui, le premier, porta le coup de boutoir de la grande offensive.

Et le peuple de France salue les étendards immortels, guenilles d'or et de pourpre, troués par les éclats d'obus, dentelés par les balles, portés à l'honneur par ceux qui les portèrent à la mort.

Et le peuple de France crie son amour extasié, sa reconnaissance infinie à ses poilus qui viennent, passent sous l'Arc de Triomphe, s'engagent dans l'avenue triomphale ; à tous, aux fantassins à fourragère rouge, jaune ou verte, aux artilleurs, aux cavaliers, aux hommes des tanks comme à ceux des avions dont Fonck porte le drapeau, aux fusiliers marins comme aux légionnaires, comme aux tirailleurs bronzés, comme aux Sénégalais d'ébène.

L'enthousiasme populaire enfle à chaque nouvelle troupe qui passe. Mais, admirable de calme et de compréhension, la foule immense, qui emporterait, si elle le voulait, les barrages contre un fétu, respecte volontairement la consigne. D'ailleurs, elle a devant elle ceux-là mêmes pour qui monte sa clameur, les soldats qui portent tous fourragères et décorations. Ils assurent l'ordre si aimablement, si fraternellement, avec de bonnes paroles et de bons sourires que la foule ne bouge pas. Parfois un cavalier, galamment, hisse sur son cheval une jeune femme fatiguée et rieuse.

Les fleurs pleuvent, l'allégresse sacrée monte des cœurs et des bouches, la lumière dorée emplit l'air.

L'avenue des Champs-Élysées, bordée de mâts où les drapeaux flottent comme des ailes, serrée dans l'armature vivante de la foule, rutilante de couleurs, éclatante de bruit, monte vers l'Arc de Triomphe.

Et de là haut, comme d'une source inépuisable et divine, coule le fleuve glorieux. Au son des musiques claires, tandis que palpitent les étendards troués et chéris, dans un ondoiement grandiose de baïonnettes et de sabres, à travers la poussière, ténue, marchent les légions du monde à qui Paris fait une apothéose. »

(Texte intégral)

Le 10 novembre 1920, sous les voûtes de la citadelle souterraine de Verdun, le jeune soldat Auguste Thin, fils d'un combattant disparu pendant la guerre et pupille de la Nation, choisit de déposer son bouquet d'œillets blancs et rouges sur un des huit cercueils disposés devant lui et venus de huit fronts différents : il vient de déterminer quel soldat inconnu représentera tous ceux qui sont morts au combat durant la Première Guerre mondiale. Immédiatement transférée à Paris et veillée toute la nuit Place Denfert-Rochereau, la dépouille fait une entrée solennelle sous l'Arc de triomphe le lendemain. Placé dans une salle intérieure du monument, le corps du soldat inconnu est inhumé le 28 janvier 1921 avec les honneurs militaires, en présence du gouvernement au complet. Pour compléter l'hommage, le 11 novembre 1923, devenu jour férié, la flamme du Souvenir est allumée par le ministre de la Guerre André Maginot ; depuis cette date, un service quotidien se charge de la raviver chaque soir.

BIBLIOGRAPHIE

Sur l'armistice de 1918

- Pierre Renouvin, *L'armistice de Rethondes : 11 novembre 1918*, Gallimard, 2006.
- Marc Ferro, *11 novembre 1918*, Perrin, 2008.
- Franck Beaupérin, *L'armistice du 11 novembre 1918 : objets, documents et souvenirs du patrimoine militaire*, Gourcuff Gradenigo, Ministère de la Défense, 2008.

Sur la fête nationale du 14 juillet

- Pierre Nora (dir.), *Les lieux de mémoire*, 3 tomes, Gallimard, Quarto, 1997.
- Rémi Dalisson, *Célébrer la nation : les fêtes nationales en France de 1789 à nos jours*, Nouveau Monde éditions, 2009.
- Jean-Pierre Bois, *Histoire des 14 juillet : 1789-1919*, Ouest-France, 1991.
- Jean-Claude Demory, *Les revues du 14 juillet*, ETAI, 2010.

LIEUX

- Clairière de l'Armistice, Compiègne.
- Arc de Triomphe de l'Étoile, Paris.
- Avenue des Champs-Élysées, Paris.

Le bagne en Guyane

Albert Londres, *Le Petit Parisien*, 18 août 1923.[1]

CONTEXTE

C'est au lendemain de la Révolution française que la Guyane devient une terre de déportation politique. Elle amorce sa pleine activité un demi-siècle plus tard, sous le Second Empire. Des camps progressivement construits sur les rives du Maroni maintiennent sur place condamnés, incorrigibles, malades et vieillards. Les individus les plus durement punis sont envoyés sur les îles du Salut : l'île Royale, l'île Saint-Joseph et l'île du Diable. Au début du XXᵉ siècle, six cents fonctionnaires au total, encadrés par un directeur nommé par le président de la République, ont en charge la surveillance de six à sept cent transportés.

En 1923, au terme d'un voyage en Asie, Albert Londres choisit de s'intéresser au bagne de Guyane et l'administration pénitentiaire elle-même lui facilite les préparatifs du voyage. Après vingt et un jours de traversée depuis Saint-Nazaire, le journaliste débarque à Cayenne et va tirer de son observation, longue d'un mois, une série d'articles poignants qui dénoncent l'échec du bagne. Autorisé à se déplacer librement, il y découvre les confidences des détenus, l'arbitraire des gardiens, les hommes en cage et l'étonnant principe du doublage[2]. Vient ensuite

---

1. Titre original de l'article : « Notre enquête au bagne : une visite aux cachots de l'île Saint-Joseph, une entrevue avec Dieudonné de la bande Bonnot ».

2. Le doublage consiste pour un ancien détenu à rester libre en Guyane, une fois sa peine achevée, pendant le même temps que celui passé emprisonné. Si la peine a excédé sept années, la liberté est accordée au transporté mais à perpétuité sur le seul territoire guyanais. La résidence perpétuelle est bien difficile à supporter dans un pays misérable où les chances de survie sont minces, comme l'affirme ce témoignage : « Qu'on nous ramène au bagne ou qu'on nous renvoie en France. Pour un qui s'en tire, cent vont aux Bambous (au cimetière). », *Le Petit Parisien*, 11 août 1923.

l'exploration des terribles îles du Salut. L'île Royale est vue comme un « tombeau » ; sa population ne pense qu'à une chose : l'évasion. L'île Saint-Joseph dévoile ses cachots où l'homme redevient animal. Albert Londres en profite pour se pencher avec attention sur le destin de quelques condamnés et va jusqu'à visiter le périmètre réservé aux « fous »[3]. Sur l'île du Diable, il revient sur les traces d'Alfred Dreyfus. Enfin, il plonge dans la « fourmilière du bagne » qu'est Saint-Laurent-du-Maroni, avec sa petite économie malsaine et ses mourants, pour terminer sur l'îlet Saint-Louis, l'angoissant territoire des lépreux[4].

3. Albert Londres écrit : « Il y en avait un qui, chaque jour, lançait quelques cailloux dans la mer, à la même pointe de l'île Royale. Comme cela, il créerait une digue d'Amérique du Sud en France. Il n'aurait plus ensuite qu'à marcher dessus pour rentrer chez lui. C'est de cette folie-là que ces tragiques misérables sont tous fous ! », *Le Petit Parisien*, 20 août 1923.

4. Albert Londres écrit : « Ses doigts étaient comme des cierges qui ont coulé. "Lève ton voile un peu, mon ami, que je regarde..." Il le releva tout doucement, avec le dos de ses mains. Ses yeux n'étaient plus que deux pétales roses. Nous ne dirons pas davantage, vous permettez ? », *Le Petit Parisien*, 30 août 1923.

« Au centre, l'île Royale qui domine est le fléau. Saint-Joseph d'un côté, le Diable de l'autre sont les plateaux. Dernière balance de la justice, telles apparaissent les îles du Salut.

À vue d'œil c'est ravissant. Elles forment, en pleine mer, l'un de ces petits groupes imprévus qui charment les dames et leur font dire au commandant d'un paquebot : « Oh ! commandant ! si vous étiez gentil, vous arrêteriez là ! » Des cocotiers les parent. C'est vert, bien tenu. On vous affirmerait qu'un opulent casino orne le plateau de Royale, que cela vous semblerait naturel. Décor pour femmes élégantes et pour leurs ombrelles !

Les îles sont la terreur des forçats.

On interne aux îles les sujets à surveiller, ceux qui sont coupables de plusieurs évasions, les fortes têtes, les meneurs. C'est le fin fond du bagne, les oubliettes de la transportation.

– Nous tournons la tête à droite : de l'eau ! nous la tournons à gauche : de l'eau ! De l'eau partout. Nous devenons fous, monsieur.

L'évasion, leur seul espoir, est difficile. Il y faut du courage. Aussi les compte-t-on. Dieudonné, de la bande Bonnot[5], est parti sur deux troncs de bananiers, mer terrible et requins à la surface. Le courant mit trois jours pour l'apporter sur la Grande Terre. Il marcha vers le Venezuela, mais il ne connaissait pas la route, et tomba dans le camp Charvin. Il fut repris.

– Mais Dieudonné est un homme ! fait remarquer le commandant Masse.

La fin qui les attend en épouvante plus d'un. On n'enterre pas, on immerge, aux îles. Autrefois, on sonnait une cloche. On ne sonne plus ; les requins connaissaient ce signal et accouraient, dit-on. Ils accourent toujours. Le cadavre ne flotte pas longtemps et, comme chante à peu près le même Dieudonné dans un poème :

Déjà les vieux requins sont là.
Ils ont senti le corps de l'homme.
L'un croque un bras comme une pomme.

---

5. La bande à Bonnot, dirigée par Jules Bonnot (1876-1912), est un groupe d'illégalistes dont les braquages et les meurtres ont semé la terreur en 1911 et 1912.

L'autre le tronc… et tra-la-la !
C'est au plus vif, au plus adroit.
Adieu, bagnard ! Vive le droit.

Nous partons pour Saint-Joseph. Il est huit heures du matin. Les canotiers ont revêtu leur plus belle camisole empesée.

– Tenez, me dit le commandant Masse, voilà Seigle…

– Présent ! commandant ! fait l'un des canotiers.

– Eh bien ! Seigle, qui a l'air si gentil, et rame avec tant de conviction, est une mauvaise tête.

– Vous pouvez même dire une crapule, commandant !

– Je lui ai tendu la perche. Il était à 1 800 jours de cachot. Je l'ai retiré du cachot. Le voilà maintenant canotier. Il m'a promis – parce qu'on ne jure pas ici – de ne plus pécher. Nous verrons.

– Parole de Seigle ! commandant. Je vole bien, par-ci, par-là, une poule à un surveillant, mais je ne vais pas plus loin.

Nous verrons.

– Avec une pioche, une boule de pain, une bonne parole, on nous ferait traverser la Guyane ; nous sommes des vauriens, mais quand on sait nous prendre…

– Et puis, voilà Pichon. Ce n'est pas un saint non plus, Pichon.

– Commandant, demande Pichon, est-ce que le mur de la prison est un fonctionnaire ?

– Non ! Pichon.

– Eh bien ! jadis, j'ai passé au conseil pour voies de fait sur un surveillant parce que j'avais démoli le mur de ma cellule. Comment voulez-vous que je sois un saint quand je vois qu'au bagne on ne sait même pas donner aux mots leur juste valeur ?

Nous arrivions.

L'île Saint-Joseph n'est pas plus grande qu'un mouchoir de dame. Les locaux disciplinaires et le silence l'écrasent. Ici, morts vivants, dans des cercueils – je veux dire dans des cellules, – des hommes expient, solitairement.

La peine de cachot est infligée pour des fautes commises au bagne. À la première évasion, généralement on acquitte. La seconde coûte de deux à cinq ans. Ils passent vingt jours du mois dans un cachot complètement noir et dix jours – autrement ils deviendraient aveugles – dans un cachot demi-clair. Leur régime est le pain sec pendant deux jours et la ration le troisième jour. Une planche, deux petits pots, aux fers la nuit et le silence. Mais les peines peuvent s'ajouter aux peines. Il en est qui ont deux mille jours de cachot. L'un, Roussenq, le grand Inco (incorrigible), Roussenq, qui m'a serré si frénétiquement la main – mais nous reparlerons de toi, Roussenq – a 3 779 jours de cachot. Dans ce lieu, on est plus effaré par le châtiment que par le crime.

Un surveillant principal annonça dans les couloirs :

– Quelqu'un est là, qui vient de Paris ; il entendra librement ceux qui ont quelque chose à dire.

L'écho répéta les derniers mots des surveillants.

De l'intérieur des cachots, pour réponse, on frappa à plusieurs portes.

– Ouvrez ! dit-on au porte-clés.

Une porte joua. Se détachant sur le noir, un homme, torse nu, les mains dans le rang, me regarda. Il me tendit un bout de lettre, me disant : « Lisez ! »

« Si tu souffres, mon pauvre enfant, disait ce bout de lettre, crois bien que ta vieille mère aura fait aussi son calvaire sur la terre. Ce qui me console, parfois, c'est que le plus fort est fait. Conduis-toi bien, et quand tu sortiras de là, alors que je serai morte, refais ta vie, tu seras jeune encore. Cet espoir me soutient. Tu pourras te faire une situation et vivre comme tout le monde. Souviens-toi des principes que tu as reçus chez les Frères, et quand tu seras prêt de succomber, dis une petite prière. »

Il me dit :

– Je voudrais que vous alliez la voir à Évreux.

– C'est tout ?

– C'est tout.

On repoussa la porte.

– Ouvrez !

Même apparition mais celui-là était vieux. Il me pria de m'occuper d'une demande qu'il avait faite pour reprendre son vrai nom.

– J'ai perdu la liberté, j'ai perdu la lumière, j'ai perdu mon nom !

On repoussa la porte.

– Ouvrez !

C'était un ancien jockey : Lioux.

– Je vous écrirai, dit-il. Mon affaire est trop longue. Je ne crois pas que vous vous occuperez de moi, mais quand on est à l'eau on se raccroche à toutes les herbes.

Dans ce cahot noir, il portait des lorgnons.

On repoussa la porte.

Il me semblait que j'étais dans un cimetière étrange et que j'allais déposer sinon des fleurs, mais un paquet de tabac sur chaque tombe.

– Ouvrez !

L'homme me fixa et ne dit rien.

– Avez-vous quelque chose à dire ?

– Rien.

– Vous avez frappé, pourtant.

– Ce n'est pas à nous de dire, c'est à vous de voir. Et il s'immobilisa, les yeux baissés comme un mort debout. C'est un spectre sur fond noir qui me poursuit encore.

À la porte d'une cellule je lus : Dieudonné.

– Il est ici ?

– Il fait sa peine pour sa seconde évasion.

On n'ouvrit pas la porte, mais le guichet. Une tête apparut comme dans une lunette de guillotine.

– Oui, oui, dit Dieudonné, je suis surpris, je n'avais pas entendu. Je voudrais vous parler. Oui, oui, pas pour moi, mais en général.

Il était forcé de se courber beaucoup. Sa voix était coupée. Et c'est affreux de ne parler rien qu'à une tête. Je priai d'ouvrir. On ouvrit.

J'entrai dans le cachot.

Son cachot n'était pas tout à fait noir. Dieudonné jouissait d'une petite faveur. En se mettant dans le rayon du jour, on y voyait même assez pour lire. Il avait des livres. Le *Mercure de France* ; de quoi écrire.

– Ce n'est pas réglementaire, mais on ferme les yeux. On ne s'acharne pas contre moi. Ce qu'il y a de terrible au bagne, ce ne sont pas les chefs, ce sont les règlements. C'est des règlements que nous souffrons affreusement. On ne doit pas parler, mais il est rare que l'on nous punisse d'abord. On nous avertit. À la troisième, à la quatrième fois, le règlement joue, évidemment. Mais ce qu'il y a de pire, d'infernal, c'est le milieu. Les mœurs y sont scandaleuses. On se croirait transporté dans un monde où l'immoralité serait la loi. Comment voulez-vous qu'on se relève ; il faut dépenser toute son énergie à se soustraire au mal.

Sa parole était saccadée. Il parlait comme un coureur à bout de souffle.

– Oui, je suis ici, mais c'est régulier. Pour ma première évasion, je n'ai rien eu. Pour ma seconde, au lieu de cinq ans, on ne m'a donné que deux ans. Je peux dire que l'on me châtie avec bonté. Il me reste encore trois cent deux jours de cachot sur les bras. Je sais que, s'il y a moyen, je ne les ferai pas jusqu'au bout. Il ne faut pas dire que l'on ne rencontre pas de pitié ici. C'est la goutte d'eau dans l'enfer. Mais cette goutte d'eau, j'ai appris à la savourer. Aucun espoir n'est en vue et je ne suis pourtant pas un désespéré. Je travaille. J'ai été écrasé parce que j'étais de la bande à Bonnot, et cela sans justice. J'ai trouvé plus de justice dans l'accomplissement du châtiment que dans l'arrêt.

Je suis seul sur la terre. J'avais une petite fille. Elle ne m'écrit plus. Elle m'a perdu sur son chemin, elle aussi !

Il pleura comme un homme.

– Merci, dit-il. Ce fut une grande distraction.

Et, comme on repoussait la porte, il dit d'une voix secrète qui venait de l'âme :

– Le bagne est épouvantable !...

Le soir, à huit heures, à l'île Royale, le commandant me dit :

– Cela vous intéresserait-il de jeter un coup d'œil dans une case, la nuit ?

– Oui.

– Si vous entrez, vous ne verrez rien : ils se donneront en spectacle. Je vais vous conduire devant un judas. Vous y resterez le temps que vous voudrez.

Ils étaient allongés sur deux longs bat-flanc, le pied pris dans la manille (la barre). De petits halos faisaient des taches de lumière. C'étaient les *boîtes de sardines* qui éclairaient. Ils ne jouaient pas aux cartes. Quelques-uns se promenaient, ceux qui avaient pu se déferrer. Les manilles sont d'un même diamètre et il y a des chevilles plus fines que d'autres. Ils s'insultaient. J'entendis :

– Eh ! l'arbi ! C'est-y vrai que ta mère…

Ils parlaient de l'événement du jour, de la visite du journaliste.

– Tu crois qu'il y fera quelque chose ? Rien, j'te dis. D'ailleurs, nous n'avons plus rien de commun avec les hommes, nous sommes un parc à bestiaux.

– Ça ne peut tout de même pas durer toute la vie.

– T'avais qu'à ne pas tuer un homme.

– Et toi, qui qu't'as tué ?

– Prends le bateau et va demander au juge d'instruction du Mans, s'il veut te recevoir.

Aucun ne dormait. On voyait des couples. Un sourd brouhaha flottait, déchiré de temps en temps par un éclat de voix fauve. Par l'odeur et la vue, cela tenait de la ménagerie.

– J'irai le trouver, demain, pour lui prouver que je ne suis pas fou. Ah ! le manchot (un surveillant) dit que je suis fou ! J'irai le trouver le journaliste.

– Et puis, après ? C'est de la clique comme les autres.

Et l'un, d'un ton de faubourg, me fixa définitivement sur la nature de ma personne :

– Va ! ne crains rien, il fait partie de la viande qu'on soigne ! »

(Texte intégral)

La série des articles d'Albert Londres connaît un tel succès de presse qu'elle est éditée sous la forme d'un recueil intitulé *Au bagne* et que d'autres journalistes prennent, eux aussi, le chemin de la Guyane. Le grand reporter est devenu le porte-parole des transportés qui lui réclament de l'aide pour accélérer leur libération. En clôture de son enquête, il adresse une lettre ouverte à Albert Sarraut, le ministre des Colonies, dans laquelle il demande une refonte totale du système et formule quatre grandes propositions : distinguer les différents degrés de criminalité, combattre les maladies, rétribuer le travail, supprimer le doublage et la résidence perpétuelle comme peine accessoire. En guise de réponse, un nouveau gouverneur est précipitamment nommé en Guyane et des décrets, inspirés des propositions d'Albert Londres, corrigent les aspects les plus intolérables. Il faut néanmoins attendre le 17 juin 1938 pour qu'un décret-loi mette un terme définitif aux bagnes.

BIBLIOGRAPHIE

- Pierre Dufour, *Les bagnes de Guyane*, Pygmalion, 2006.
- Albert Londres, *Au bagne*, Arléa, 2008 ; *L'homme qui s'évada*, Arléa, 2008.
- Jean-Claude Michelot, *La guillotine sèche : histoire des bagnes de Guyane*, Fayard, 1989.
- Michel Pierre, *Le dernier exil : histoire des bagnes et des forçats*, Gallimard, Découvertes, 1989.

FILMOGRAPHIE

- *Cayenne, les amants du bagne* de Thierry Binisti, 2005.
- *Les ombres du bagne* de Patrick Barberis et Tancrède Ramonet, 2006.
- *Sur la route des évadés du bagne* de François Fèvre, 2011.

LIEUX

- Îles du Salut, Kourou.
- Camp de la transportation, Saint-Laurent-du-Maroni.
- Camp de la relégation, Saint-Jean-du-Maroni.

Voir biographie, p. 12.

La Revue Nègre

Robert de Flers, *Le Figaro*, 16 novembre 1925.

Robert de Flers est né en 1872. Il s'engage dans la littérature et le journalisme après des études de lettres et de droit. À ses écrits inspirés de l'Orient succède une série de pièces de théâtre, en collaboration avec Gaston de Cavaillet puis Francis de Croisset, qui lui offre une grande renommée. En 1921, il devient directeur littéraire du *Figaro* ; la même année, il est reçu à l'Académie française. Il fréquente également un temps l'arène politique comme conseiller général de Lozère. Il meurt en 1927.

CONTEXTE

Dès les années 1900, la France exprime une réelle sympathie pour l'art nègre. Le primitivisme propre à la sculpture africaine passionne l'avant-garde artistique qui y voit de nouvelles perspectives pour son processus de création et la forme de ses compositions. Les rythmes du ragtime et du cake-walk ont déjà pris possession des partitions des musiciens alors que le jazz, lui, fait son entrée par l'entremise des régiments de Noirs américains qui participent aux combats de la Première Guerre mondiale. Certains de ces soldats, enthousiastes de l'accueil qui leur a été réservé en France, viennent s'y établir et profiter de l'absence de toute ségrégation raciale, loin des usages dans leur pays natal. Paris, terre de tolérance et de mixité, est une fête permanente et un brassage culturel intense dans ses salles de spectacles, ses cabarets et ses cafés des quartiers de Montmartre et de Montparnasse.

En 1925, pour sauver le Théâtre des Champs-Élysées de la faillite, son administrateur André Daven accepte la proposition d'une Américaine, Caroline Dudley, de profiter de la vogue nègre pour monter un spectacle authentiquement noir comme on en voit aux États-Unis. Parmi les membres du groupe recrutés là-bas se distingue Joséphine Baker, la girl la mieux payée à l'époque, qui obtient le statut de première danseuse, chanteuse et comique. Mais les répétitions parisiennes déçoivent par le désordre de la revue et des modifications dans la mise en scène sont opérées afin de s'adapter à l'engouement du public français pour l'exotisme africain. C'est ainsi qu'est créée le clou du spectacle en guise de finale : la sensuelle « danse sauvage », entre Joséphine Baker et Joe Alex, pendant laquelle la vedette féminine virevolte avec quelques plumes pour seul costume. Le 2 octobre, la première de la Revue Nègre, annoncée par l'affiche noire et rouge dessinée par Paul Colin, divise le public et déchaîne les passions. Alors que certains crient au génie, d'autres y voient la capitulation de la civilisation. L'événement artistique, qui deviendra bientôt le symbole incontesté des « Années folles », reçoit une pluie de critiques enthousiastes de la part de la presse, à commencer par André Levinson qui, dans *Comœdia*, célèbre Joséphine Baker telle la Vénus noire de Baudelaire. À cet hommage, l'académicien Robert de Flers, dont la chronique illustre admirablement les sensibilités divergentes des critiques d'art, répond dans *Le Figaro* par une sévère dénonciation de la dégénérescence et du laid.

« Je n'ai point coutume de parler ici des spectacles de music-hall, mais celui que donne actuellement le théâtre des Champs-Élysées ne saurait être passé sous silence. Il représente, en effet, l'offense la plus directe qu'ait jamais reçue le goût français.

Certes, il est bien, il est juste que Paris accueille largement des expressions d'art étranger. Notre personnalité latine est trop forte pour que nous puissions dangereusement en subir l'influence et, d'autre part, il est utile que nous ne les ignorions point. Jusqu'à ces dernières années, nous n'avons accordé qu'une assez médiocre hospitalité à la littérature dramatique des autres nations. Il semble que, sur ce point, nous soyons en progrès. Le projet d'une « Société universelle du théâtre », que Gémier[1] est en train d'établir, et la prochaine réunion d'un congrès international d'auteurs dramatiques qu'André Rivoire[2] annonçait l'autre jour, sont d'heureux symptômes.

Mais encore faut-il qu'il s'agisse de spectacles relevant d'un art quelconque et non point, comme il advient pour la *Revue Nègre*, d'un lamentable exhibitionnisme transatlantique qui semble nous faire remonter au singe en beaucoup moins de temps que nous n'avons mis à en descendre. Je sais fort bien que des esprits ingénieux et délicats ont trouvé à ce divertissement une délectation secrète. Pour ma part, il m'a inspiré bien plutôt de la colère et quelque chose qui ressemble à de la honte. De maigres théories de négresses blanches ou déteintes, d'impénétrables couplets, de vagues hululements, des mimiques dont l'obscénité puérile exclut toute volupté, une frénésie pleine de tristesse, une noire bacchanale sans Bacchus : voilà la *Revue Nègre*. Vous chercherez en vain, à travers ces tableaux, quelque charme exotique. Ah ! que nous sommes loin de cette île paresseuse

… où la nature donne
Des arbres singuliers et des fruits savoureux,
Des hommes dont le corps est mince et vigoureux
Et des femmes dont l'œil par sa franchise étonne.

---

1. Firmin Tonnerre dit Firmin Gémier (1865-1933) est un acteur et directeur de théâtre.

2. André Rivoire (1872-1930) est un auteur dramatique français.

Et pourtant, l'on a cru devoir entourer cette manifestation de je ne sais quel baudelairianisme. Quel outrage à Baudelaire, qui eût été sans doute fort indigné de voir mêler son nom à cette aventure, lui qui a choisi comme refrain de l'*Invitation au Voyage*:

Là, tout n'est qu'ordre et beauté,
Luxe, calme et volupté.

Ici, point d'ordre, point de beauté, point de luxe, point de calme, point de volupté. L'on nous convie à célébrer le culte de la laideur, le règne du déséquilibre, l'apothéose de la discordance. Qu'il y ait une politique du pire, soit; mais un art du pire, nous ne saurions l'admettre. Miss Joséphine Baker en est l'étoile. Va-t-elle nous proposer les gestes de bel animal et les grâces naturelles qui conviennent à sa souple et robuste jeunesse ? Vous ne le voudriez pas. À l'instant même où elle paraît, elle contraint ses jambes aux cagnosités les plus affreuses, ses yeux à la loucherie la plus hideuse, son corps à une dislocation qui n'aboutit à aucun tour de force, tandis qu'elle gonfle ses joues à la mode des guenons qui y cachent des noisettes. « Mais n'apercevez-vous pas, s'écrie le chœur des jeunes admirateurs, que jamais la ligne humaine n'a été déformée et recréée à ce point et que jamais un être vivant, sans en excepter la sarigue, n'a atteint à une pareille mobilité du bassin. » Peut-être dois-je des excuses au bassin de miss Joséphine Baker. Je les lui fais bien volontiers, car cette jeune négresse ne saurait être rendue responsable de cette lugubre parade, et je suis assuré qu'elle n'a jamais songé à fonder, sur la mobilité de son train arrière, les principes d'une esthétique nouvelle, et le retour à l'humanité primitive. L'humanité qui nous est ainsi présentée nous apparaît, à vrai dire, non point du tout primitive, mais dégénérée, ce qui est fort exactement le contraire. Tous ces êtres minables, qu'ils soient métissés ou réglissés, ne nous donnent pas l'impression de sauvages ingénus s'ébattant au seuil de la forêt vierge, mais de pauvres gens qui, après avoir été jetés, de gré ou de force, dans les bas-fonds de la civilisation, n'ont rapporté sur leur rivage que des souvenirs de bouges et des relents d'alcool frelaté. On leur a appris à narguer la beauté et à parodier la grâce, ils font ce qu'on leur a appris. Témoins cet Arlequin et cette

Colombine qui transportent la comédie italienne dans le domaine de la singerie, ou plutôt dans celui des singes.

Qu'un impresario malin ait jugé que nous étions arrivés à un point de décadence suffisant pour faire fête à cette bouffonnerie navrée, c'est son métier, et il est seulement fâcheux pour nous qu'il n'ait point manqué de jugement. Mais que la foule des snobs prétende en faire son délice raffiné, c'est ce qui nous laisse perplexes et irrités. Je sais fort bien que M. Paul Brach, dans un article de *Comœdia* qui traite avec beaucoup de délicatesse ce sujet indélicat, a dénoncé la cause d'un tel succès. Selon lui, la *Revue Nègre* « s'est mise au diapason d'une époque, pour en exprimer le ton, la mesure, la vitesse, la vibration… Dans ces danses, dans ces chants, dans ces mélodies tumultueuses, toute la palpitation de nos heures nerveuses, désordonnées, se retrouve » ; elles sont, en quelque manière, « l'orchestration de nos émotions quotidiennes », et il faut y voir « le triomphe de l'instinct ». Oui, mais de quel instinct ? Ne peut-il donc plus être question que de l'instinct du laid et l'instinct du beau a-t-il abdiqué tous ses droits ? Nous nous refusons à penser qu'il en soit ainsi et que nous en soyons arrivés à une telle perversion de l'esprit.

Le malheur est que les étrangers qui assistent à cet empressement, d'ailleurs limité et chargé d'ennui, car il est à noter que les partisans les plus entêtés de la *Revue Nègre* n'en parlent jamais que sur un ton d'accablement extasié et de torpeur définitive, puissent s'imaginer que notre change intellectuel et moral est tombé aussi bas que notre change monétaire et que notre goût du nègre nous condamne à être prochainement colonisés. Un Américain, l'autre soir, à la sortie du théâtre des Champs-Élysées, m'a fait part de son indignation flegmatique et tout intéressée : « Sans doute, m'a-t-il dit, cette attraction vient d'Amérique. Elle fait de l'argent chez vous ; elle n'en ferait point chez nous. Aucune scène de New-York n'oserait l'accueillir, si ce n'est dans le quartier nègre, où nous ne mettons jamais les pieds. Peut-être certains Français s'imaginent-ils que leur bienveillance pour cette vilaine chose est une politesse à notre égard ; elle serait bien plutôt une insulte si nous ne savions pas que chez vous on ne prend rien au sérieux, même son plaisir. »

Mais à une telle opinion, le chœur un peu essoufflé des jeunes admirateurs répond : « Qu'on nous laisse tranquilles, notre plaisir est là où nous le prenons. Nous sommes très fatigués et beaucoup trop las pour souhaiter de nous amuser. Mais nous voulons qu'on nous invite à de nouvelles façons de nous ennuyer : c'est ce qu'a fait la *Revue Nègre* et nous sommes touchés de son obligeance. Si nous ne trouvons plus d'excitations que dans le dégoût, c'est notre affaire. La guerre nous a montré qu'il pouvait être l'achèvement d'une civilisation exaspérée. Comment, dès lors, ne serions-nous pas comblés lorsqu'on nous présente un spectacle pareil à celui-ci, dénué de toute civilisation, même élémentaire, faisant table rase de tout ce qui a été compris, pensé et senti jusqu'à ce jour et tel qu'il serait si jamais un livre n'avait été écrit, si jamais deux idées, deux sens ou deux couleurs n'avaient été accordées. » Pour être logique avec de semblables dispositions, nous n'aurions plus, selon le vœu du vieux futurisme ou du récent surréalisme, qu'à incendier nos bibliothèques et nos Facultés. Peut-être trouvera-t-on opportun de différer encore cette solution. Peut-être les admirateurs de la *Revue Nègre* entreront-ils bientôt en convalescence et reviendront-ils, pas à pas, honteux et contrits, vers la Beauté, qui songera d'autant moins à leur en vouloir qu'il lui est facile de les ignorer. Il n'en est pas moins vrai que la *Revue Nègre* est un fâcheux indice et qu'il est urgent d'oublier, dans le plus bref délai, le cauchemar indigent de la danse sur la table rase. »

(Texte intégral)

La fascination suscitée par l'exotisme sauvage de Joséphine Baker ne s'arrête pas aux seules représentations de la Revue Nègre, également montée à Bruxelles et Berlin. En 1926, la jeune étoile noire danse aux Folies-Bergère avec pour vêtement une ceinture de bananes piquant du nez. De toute évidence, cet accoutrement, sexuellement connoté, a été imaginé pour répondre aux fantasmes masculins sur la population féminine des territoires coloniaux. Déjà, des voix s'élèvent pour s'indigner de cette représentation caricaturale : des intellectuels, comme Jane Nardal dans un article intitulé « Pantins exotiques » et publié en 1928, accusent certaines productions artistiques de conforter les stéréotypes français sur la femme noire, primitive et enjôleuse. Cette critique ne change rien à la perception qu'ont les Français des populations coloniales durant l'entre-deux-guerres : alors que Joséphine Baker, définitivement adoptée dans l'Hexagone, connaît ses premiers succès discographiques avec *J'ai deux amours* et *La petite Tonkinoise*, deux chansons qui continuent à alimenter les clichés, l'Exposition coloniale internationale s'ouvre à Paris en mai 1931 pour glorifier la puissance de la France et son œuvre civilisatrice.

BIBLIOGRAPHIE

Sur la Revue Nègre

- Philippe Dewitte, *Les mouvements nègres en France, 1919-1939*, L'Harmattan, 1985.
- Michel Fabre, *La rive noire : de Harlem à la Seine*, Lieu commun, 1985.
- *Joséphine Baker et la Revue Nègre : lithographies du « Tumulte noir » par Paul Colin, Paris, 1927*, La Martinière, 1998.

Sur Joséphine Baker

- Joséphine Baker, *Joséphine*, Robert Laffont, 1976.
- Lynn Haney, *Joséphine Baker*, Jean-Claude Lattès, 1982.
- Phyllis Rose, *Joséphine Baker : une Américaine à Paris*, Fayard, 1990.
- Emmanuel Bonini, *La véritable Joséphine Baker*, Pygmalion, 2000.

FILMOGRAPHIE

- *Harlem à Montmartre* de Dante J. James, 2009.
- *Joséphine Baker en couleur* d'Yves Riou et Philippe Pouchain, 2005.
- *The Josephine Baker story* de Brian Gibson, 1991.

DISCOGRAPHIE

- *Américains en Europe : 1917-1939*, EMI, 1997.
- *Chansons coloniales et exotiques : enregistrements originaux 1906-1942*, EPM, 1996.

LIEUX

- Théâtre des Champs-Élysées, Paris.
- Cité nationale de l'histoire de l'immigration, Paris.
- Château des Milandes, Castelnaud-la-Chapelle.

« Pourquoi nous sommes partisans du suffrage féminin »

Germaine Chapuis, *Cahiers de la démocratie populaire,* 1931.

Germaine Chapuis est née en 1901. Licenciée de droit, elle s'inscrit au barreau de Marseille en 1921. Parallèlement, elle milite pour la démocratie chrétienne et soutient les enfants en danger et les adolescents handicapés. En 1937, elle épouse l'avocat Henri Poiso dont elle aura deux enfants. Après avoir servi la Résistance pendant l'Occupation, elle entre au Conseil municipal de Marseille en 1945 ; elle y siège sans interruption jusqu'en 1959. Élue députée MRP (Mouvement républicain populaire) des Bouches du Rhône de 1945 à 1956, elle défend des propositions de loi à caractère social.

En 1947, Germaine Poinso-Chapuis devient la première femme de la vie politique française à détenir un ministère à part entière en étant nommée ministre de la santé publique et de la population dans le gouvernement de Robert Schuman. À ce titre, elle dépose une dizaine de projets de loi parmi lesquels la vaccination obligatoire et un plan de lutte contre l'alcoolisme. Son décret, qui habilite les associations familiales à recevoir des subventions publiques et à les répartir entre les familles nécessiteuses pour l'éducation de leurs enfants, fait polémique au nom du principe de laïcité et l'exclut du nouveau gouvernement en 1948. Elle continue néanmoins d'œuvrer dans le domaine social, tout particulièrement en direction des femmes et des enfants. Elle meurt en 1981.

CONTEXTE

Du combat des femmes pour obtenir le vote et l'éligibilité domine la figure d'Olympe de Gouges qui ose écrire, en 1793, dans sa Déclaration des droits de la femme et de la citoyenne : « La femme a le droit de monter à l'échafaud, elle doit avoir également celui de monter à la tribune » (article 10). La révolutionnaire ouvre une période durant laquelle, malgré les revendications, le pouvoir masculin continue à l'emporter. Si, en 1848, le Gouvernement provisoire de la République instaure le « suffrage universel », il ne concerne finalement que les hommes. À partir de cette date, de multiples manifestations de mécontentement se font jour à travers la formation de groupes militants et de revues féministes. L'Union française pour le suffrage des femmes (UFSF) est fondée en 1909 et un plébiscite féminin en 1914 tente de convertir les esprits. Cinq ans plus tard, une première proposition de loi instaurant le vote des femmes est adoptée par la Chambre des députés, mais le Sénat la rejette. Pour exemple, Alexandre Bérard, sénateur de l'Ain, exprime une position claire : « Les mains des femmes sont-elles bien faites pour le pugilat de l'arène publique ? Plus que pour manier le bulletin de vote, les mains des femmes sont faites pour être baisées, baisées dévotement quand ce sont celles des mères, amoureusement quand ce sont celles des femmes et des fiancées. Séduire et être mère, c'est pour cela qu'est faite la femme. »

À l'intérieur des partis politiques, la question n'est pas clairement tranchée. Si la gauche socialiste et communiste est acquise à l'extension du suffrage universel aux femmes, la droite est plus partagée entre les conservateurs qui s'y opposent fermement, les modérés tentés par le « vote familial » et les suffragistes convaincus. Dans un tout autre registre, l'Église catholique s'avoue progressiste : le pape Benoît XV se prononce en faveur du vote des femmes ; cette position est suivie en France par le cardinal Baudrillart et le Père Sertillanges. Réunissant une « aile gauche » du catholicisme social et une « aile droite » de la démocratie chrétienne, le Parti démocrate populaire (PDP), fondé en 1924, soutient donc la revendication à travers les colonnes de sa revue, les *Cahiers de la démocratie populaire*.

« Nous sommes en France, soumis au suffrage universel. Or, rien n'est moins universel que le suffrage par lequel nos assemblées législatives sont élues. Un suffrage vraiment universel ne devrait-il pas être, en effet, l'expression aussi exacte que possible de la volonté de tous les citoyens parvenus à une maturité d'esprit suffisante, et que nulle indignité, légalement proclamée, ne prive de leur droit de participer aux affaires publiques ? Or, notre suffrage, soi-disant universel, n'aboutit à rien moins qu'à écarter, en fait, plus de la moitié de la nation adulte, et à confisquer, au profit d'une minorité dont le seul privilège réside dans le sexe, toutes les commandes de notre organisation politique.

Du moins, selon la logique, cet État, à l'organisation duquel les femmes n'ont point de part, devrait subsister sans elles. Cette démocratie, dont elles sont exclues, devrait les ignorer totalement. Ce suffrage universel, auquel elles ne participent point, devrait les laisser étrangères à ses décisions, et aux lois qu'elles engendrent. Mais ici, c'est le défi total à la logique. L'antiféminisme grognon, lui-même, en reste coi un instant.

Lorsqu'il s'agit de soumission aux lois, de paiement des impôts, de formalités administratives à accomplir, il n'y a plus qu'une catégorie de citoyens, et non pas deux. Les femmes sont soumises alors aux mêmes règles qui s'imposent aux hommes. Elles subissent les lois à l'élaboration desquelles elles n'ont pas eu de part. Elles payent les impôts qu'elles n'ont pas consentis ; peu importe, à cet égard, que la Déclaration des droits de l'homme ait inscrit dans sa charte le privilège, fort légitime, pour le citoyen, de voter ses impôts. Parce que femmes, il faut payer sans demander pourquoi, et surtout ne jamais émettre quelque exorbitante prétention, telle que contrôler ce qu'il peut advenir de ce paiement forcé.

Sans doute, le « Monsieur pour qui tout est bien » et qui, évidemment, a toujours raison, se chargera-t-il de rassurer notre logique inquiète en affirmant d'une voix docte quelques rassurantes vérités. L'une d'elles est sans réplique. Le suffrage est la contrepartie d'une obligation civique tout à fait spéciale et que la femme n'accomplit point. […] L'homme, qui fait à la cité un rempart de son corps, n'a-t-il point le droit, et le droit exclusif, d'administrer, de diriger, de gouverner cette même cité qui lui doit, dans le passé – et chaque fois qu'un danger la menace – l'existence et même le salut.

À cela, nous répondons que si le sacrifice du citoyen s'immolant pour sa patrie est grand et fécond, il ne faudrait point, pour autant, oublier celle à qui le citoyen doit la vie : la mère de famille, la continuatrice de la race, la créatrice des soldats dans la guerre, des bons citoyens dans la paix. Si la femme ne fait point la guerre avec son propre sang, on ne saurait nier qu'elle la fasse avec le sang de son sang, avec la chair de sa chair, et que, pour qui aime vraiment, il soit plus aisé de s'immoler soi-même, que d'immoler l'objet de son amour et la vie de son cœur.

Plus encore, la femme n'accomplit-elle point, sans se plaindre, la dure tâche civique du service maternel, combien plus ingrat, aussi héroïque parfois, toujours plus fécond pour le pays, que le service militaire ? Faut-il donner le pas, dans l'ordre des valeurs, aux vertus guerrières, qui sauvent en détruisant, sur les vertus constructives de la maternité, qui sauve en créant ? »

(Extraits)

En 1935, alors que l'Union française pour le suffrage des femmes réunit 100 000 adhérents, la Chambre des députés se prononce pour la cinquième fois en faveur du vote féminin, en vain. Un an plus tard, Léon Blum nomme trois femmes sous-secrétaires d'État dont la présidente de l'UFSF, Cécile Brunschvicg. La même année, un sixième vote de Chambre des députés ne trouve, encore une fois, aucune issue à cause d'une nouvelle obstruction du Sénat. Finalement, il faut attendre la fin de la Seconde Guerre mondiale pour voir aboutir ce combat de longue haleine : l'ordonnance du 21 avril 1944 prise par le Gouvernement provisoire du général de Gaulle à Alger dispose que « les femmes sont électrices et éligibles dans les mêmes conditions que les hommes ». Les Françaises sont parmi les dernières femmes du monde occidental à gagner ces droits. Aujourd'hui, malgré leur participation aux suffrages et des dispositifs législatifs comme celui de la parité, elles restent sous-représentées dans la vie politique.

BIBLIOGRAPHIE

Sur l'histoire des femmes

- Georges Duby et Michelle Perrot (dir.), *Histoire des femmes en Occident*, 5 tomes, Perrin, Tempus, 2002.
- Michelle Perrot, *Mon histoire des femmes*, Seuil, Points, 2008.
- Michelle Perrot, *Les femmes ou Les silences de l'histoire*, Flammarion, Champs, 2001.
- Marie-Josèphe Bonnet, *Histoire de l'émancipation des femmes*, Ouest France, 2012.

Sur le droit de vote des femmes

- Christine Bard, *Les femmes dans la société française au 20e siècle*, Armand Colin, 2001.
- Christine Fauré (dir.), *Nouvelle encyclopédie politique et historique des femmes*, Les Belles lettres, 2010.
- Le Monde, *Les femmes et la politique, du droit de vote à la parité*, Librio, 2001.
- Christine Bard, *Les filles de Marianne : histoire des féminismes, 1914-1940*, Fayard, 1995.
- Christine Bard (dir.), *Un siècle d'antiféminisme*, Fayard, 1999.

FILMOGRAPHIE

- *Les suffragettes, ni paillassons ni prostituées* de Michèle Dominici, 2011.
- *La Française doit voter !* de Fabrice Cazeneuve, 2007.

Le Front populaire

Marceau Pivert, *Le Populaire*, 27 mai 1936.[1]

Marceau Pivert est né en 1895. Enseignant de profession, il adhère d'abord au Syndicat national des instituteurs (SNI) et se déclare laïque. En 1924, il rejoint les rangs de la SFIO où il anime la tendance marxiste du parti, d'abord à la *Bataille socialiste* de Jean Zyromski, puis à la *Gauche révolutionnaire* qu'il fonde en 1935.

Entré au gouvernement Blum de 1936 pour être nommé responsable de l'information par la radio et le cinéma, Marceau Pivert en démissionne un an plus tard, déçu d'une politique trop modérée à ses yeux. Exclu de la SFIO en 1938, il fonde le Parti socialiste ouvrier et paysan (PSOP). Après avoir passé la guerre au Mexique où il est en contact avec d'autres groupes de sa tendance politique, il rentre en France pour retrouver la SFIO et s'opposer à la guerre d'Algérie. Il meurt en 1958.

1. Titre original de l'article : « Tout est possible ».

CONTEXTE

Le krach boursier de New York, survenu le fameux « jeudi noir » du 24 octobre 1929, précipite, plus ou moins rapidement, les grands pays du monde dans une crise économique de plusieurs années. La France n'est pas épargnée par le phénomène ; elle subit une baisse de sa production industrielle et voit une partie de sa population active sombrer dans le chômage. Dans ce contexte difficile, les gouvernements se succèdent sans parvenir à régler la situation. L'impuissance des politiques contribue à l'affirmation de ligues d'extrême droite qui défendent l'antiparlementarisme, la xénophobie et l'antisémitisme, et dont l'apogée se situe lors des émeutes parisiennes du 6 février 1934. On craint alors que la République ne soit renversée.

Pour épargner la IIIe République instituée en 1870, les partis de gauche choisissent de s'unir sous le titre de Front populaire en juillet 1935. L'alliance politique rassemble la SFIO de Léon Blum, le Parti communiste de Maurice Thorez et le Parti radical-socialiste d'Édouard Daladier. Sa victoire aux élections législatives de 1936 conduit le socialiste Léon Blum à former un gouvernement dont les ouvriers et les employés attendent beaucoup après les conséquences désastreuses de la crise qui s'est abattue sur le pays. Pour se faire entendre, ces derniers provoquent des grèves et des occupations d'usines et de magasins, dans l'attente de réformes profondes du système capitaliste. Marceau Pivert, représentant de la Gauche révolutionnaire au sein de la SFIO, espère des manifestations populaires et de la paralysie économique le début d'un « changement radical », comme il l'exprime dans les colonnes du *Populaire*, l'organe de presse des socialistes. Il lui sera répondu par un article intitulé « Tout n'est pas possible » de Marcel Gitton dans *L'Humanité* deux jours plus tard, qualifiant Pivert d'aventuriste.

« Qu'on ne vienne pas nous chanter des airs de berceuse : tout un peuple est désormais en marche, d'un pas assuré, vers un magnifique destin.

Dans l'atmosphère de victoire, de confiance et de discipline qui s'étend sur le pays, oui TOUT EST POSSIBLE aux audacieux !

Tout est possible, et notre Parti a ce privilège et cette responsabilité, tout à la fois, d'être porté à la pointe du mouvement.

Qu'il marche ! Qu'il entraîne ! Qu'il tranche ! Qu'il exécute ! Qu'il entreprenne ! Et aucun obstacle ne lui résistera !

Il n'est pas vrai que nos amis radicaux puissent, ou même désirent s'opposer à certaines revendications d'ordre économique, comme la nationalisation du crédit, de l'énergie électrique ou des trusts. Il n'est pas vrai qu'ils soient destinés à servir de terre-neuves aux compagnies d'assurances ! Le goût du suicide politique n'est pas tellement développé sous la pression croissante des masses vigilantes.

Il n'est pas vrai que nos frères communistes puissent, ou même désirent retarder l'heure de la révolution sociale en France pour répondre à des considérations diplomatiques d'ailleurs dignes d'examen. *On ne freinera pas, on ne trahira pas la poussée invincible du Front populaire de combat.*

Ce qu'appellent, du fond de leur conscience collective, des millions et des millions d'hommes et de femmes, *c'est un changement radical, à brève échéance, de la situation politique et économique.* On ne pourrait pas impunément remettre à plus tard, sous prétexte que le programme du Rassemblement populaire ne l'a pas explicitement définie, l'offensive anticapitaliste la plus vigoureuse.

Les masses sont beaucoup plus avancées qu'on ne l'imagine ; elles ne s'embarrassent pas de considérations doctrinales compliquées, mais d'un instinct sûr elles appellent les solutions les plus substantielles ; elles attendent beaucoup ; *elles ne se contenteront pas d'une modeste tisane de guimauve portée à pas feutrés au chevet de la mère malade…* Au contraire : les opérations chirurgicales les plus risquées entraîneront leur consentement, car elles savent que le monde capitaliste agonise, et qu'il faut construire un monde nouveau si l'on veut en finir avec la crise, le fascisme et la guerre.

Des camarades tremblent à l'idée que devant le Congrès national du Parti, un sectarisme de mauvais aloi contrarie tout effort de synthèse loyale. Mais la synthèse est facile, si l'on veut bien se placer dans le cadre des préoccupations fondamentales des masses qui animent le mouvement du Front populaire. *Tout est possible, là aussi.* Il suffit de traduire en décisions la volonté du peuple ; il suffit de donner un mandat précis à nos délégués au gouvernement. Abrogation des décrets-lois ; dissolution des ligues fascistes et arrestation de leurs chefs ; amnistie ; contrats collectifs ; vacances payées, etc..., oui. Mais en outre, on ne comprendrait pas que le retour, par décret AU SERVICE D'UN AN, ne soit pas *immédiat.* Il n'y a qu'à relire les discours de Daladier, de Blum, de Thorez contre les deux ans, pour être convaincu de cette nécessité. Cette mesure aurait un immense retentissement dans la jeunesse, sur les finances et dans le monde. NOUS Y TENONS ABSOLUMENT.

D'autre part, sans aborder les problèmes financiers, ne peut-on pas donner quelques avertissements à messieurs les nouveaux émigrés ; par exemple, à ces capitalistes lyonnais qui achètent des immeubles à Genève, alors que 6 000 appartements sont vacants dans cette ville ? Ce n'est certes pas un placement de rapport que vont chercher en Suisse ces bons patriotes. Il n'est pas difficile, pourtant, grâce à notre ami Nicole, de retrouver la trace de ces mutations.

Toutes les opérations à caractère spéculatif, de ces trois derniers mois devront donc donner lieu à enquête, et il ne faudra pas hésiter à sanctionner les déserteurs du franc en confisquant leurs biens.

De même chez nos « munitionnaires ». Croient-ils donc, eux aussi, que nous ignorons leurs trafics ? Et les ministres en exercice qui expédient les affaires courantes en passant par télégramme 7 ou 8 millions de matériels de 380, de manière que tout soit terminé *avant le 31 mai*, croient-ils que nous allons endosser une telle succession sans mettre un peu en vedette le Russe blanc qui passe de tels contrats ?

Et cette mystérieuse commande de mousquetons fabriqués par nos manufactures nationales, vendus à la Pologne, puis rachetés APRÈS USAGE à la même Pologne (au prix de 435 francs pièce ?). Les fils d'archevêque qui ont conduit cette opération s'imaginent-ils qu'il suffit de déplacer *in extremis* un haut fonctionnaire courageux pour que le silence se fasse sur leurs pirateries ?

Tout ceci, à titre d'exemple, et simplement comme critérium. Si, par hasard, des personnes trop prudentes voulaient nous mettre en garde, sous prétexte de « *ne pas gêner le gouvernement* », nous leur répondrions que c'est là méconnaître la volonté de combat qui inspire le Parti, depuis le plus modeste militant jusqu'à ses chefs les plus éminents. Cette volonté de combat, à elle seule, est un élément dynamique dans la bataille qui s'engage ; *il faudra que le Congrès l'exprime en termes catégoriques et concrets.* Les mauvais serviteurs du socialisme ne seraient pas ceux qui, quoi qu'il arrive, entendent conserver leur franc-parler, mais ceux qui voudraient transformer en couvent silencieux un grand parti de démocratie prolétarienne ouvert à toutes les idées, et tout entier dressé dans un décisif combat de classe.

CAR TOUT EST POSSIBLE, *avec un tel Parti fidèle à son objet, à sa structure et à ses principes.*

Enfin, *tout est possible encore dans le domaine pour lequel nous devons loyalement reconnaître une certaine supériorité du Parti communiste : LE TRAVAIL DE MASSE.* Bien loin de vouloir affaiblir notre Parti, nous voulons, au contraire, le mettre au niveau de ses obligations en modernisant et adaptant ses techniques de propagande et de pénétration dans les masses populaires. Il n'y a aucune raison pour que nous soyons incapables de porter dans tous les milieux la pensée socialiste. Non pas en fraude, par tolérance, mais par décision régulière ; non pas d'une manière anarchique, mais selon un plan systématique. Les liens entre le gouvernement et le Parti, entre le Parti et les masses seront d'autant plus solides que la confiance réciproque développera les contacts et les échanges dans tous les sens.

Voilà pourquoi nous sommes favorables à la création de *Comités populaires* entraînant dans le mouvement toutes les énergies démocratiques et prolétariennes sans gêner, bien au contraire, le développement du Parti ni des syndicats.

Tout est possible: la croissance des effectifs et du rayonnement du Parti, le renforcement de son unité, le respect absolu de sa liberté intérieure, la discipline totale de son action extérieure, la hardiesse et l'énergie de ses délégués au gouvernement, l'ardeur passionnée des enthousiasmes soulevés par ses décisions successives...

Tout est possible, maintenant, à toute vitesse...

Nous sommes à une heure qui ne repassera sans doute pas de sitôt au cadran de notre histoire.

Alors, puisque TOUT est possible, droit devant nous, en avant, camarades ! »

(Texte intégral)

Au pouvoir, Léon Blum et son gouvernement instituent le progrès social dans leurs premières mesures. Dans la nuit du 7 au 8 juin 1936, ils signent les accords de Matignon qui prévoient notamment l'augmentation des salaires et l'élection de délégués ouvriers au sein des usines. Dans les jours qui suivent, de nouvelles décisions, encore plus importantes pour les ouvriers et les employés, sont prises : les deux semaines de congés payés et la semaine de travail de 40 heures. Pour l'alimentation, le gouvernement crée un Office national interprofessionnel du blé. Le premier bilan du Front populaire est néanmoins un échec : ne parvenant pas à freiner la crise, le chômage continue d'augmenter. Divisée sur la question de la guerre d'Espagne, la coalition perd en crédibilité et doit assister à la démission de son chef emblématique en juin 1937. Le Front populaire se disloque véritablement durant les prémices de la Seconde Guerre mondiale.

BIBLIOGRAPHIE

Sur l'histoire des socialistes français

- Michel Winock, *Le socialisme en France et en Europe : XIXe-XXe siècle*, Seuil, Points, 1992.
- Michel Winock, *La gauche en France*, Perrin, Tempus, 2006.
- Pierre Bezbakh, *Histoire du socialisme français*, Larousse, 2005.
- Claude Estier, *Un combat centenaire : 1905-2005 : histoire des socialistes français*, Le Cherche Midi, 2005.
- Louis Mexandeau, *Histoire du parti socialiste : 1905-2005*, Tallandier, 2005.
- Alain Bergougnioux (dir.), *Des poings et des roses : le siècle des socialistes*, La Martinière, 2005.

Sur le Front Populaire

- Danielle Tartakowsky, *Le Front populaire : la vie est à nous*, Gallimard, Découvertes, 1996.
- Jean Vigreux, *Le Front populaire, 1934-1938*, PUF, Que sais-je ?, 2011.
- Jacques Kergoat, *La France du Front populaire*, La Découverte, 2006.
- Michel Margairaz, *Le Front populaire*, Larousse, 2009.

FILMOGRAPHIE

- *Été 36, les premières vacances des Français* de Georges-Marc Benamou et Emmanuel Descombes, 2006.
- *Le Front populaire : à nous la vie* de Jean-François Delassus, 2011.
- *La vie est à nous* de Jean Renoir, 1936.
- *Faubourg 36* de Christophe Barratier, 2008.

DISCOGRAPHIE

- *Léon Blum, 22 discours historiques : 1929-1947*, Frémeaux et associés, 2005.
- *Le Front populaire : Paris 1934-1939*, Frémeaux et associés, 1996.
- *Le Front populaire ou « La grande illusion »*, Marianne mélodie, 2007.

Le suicide de Roger Salengro

François Mauriac, *Le Figaro*, 22 novembre 1936.[1]

François Mauriac est né en 1885. Issu d'une famille bourgeoise, catholique et conservatrice, il fait un bref passage à l'École des Chartes avant de se consacrer essentiellement à la littérature. Épargné par les combats de la Première Guerre mondiale, il connaît bientôt ses premiers grands succès d'édition : *Génitrix* (1923), *Le désert de l'amour* (1925), *Thérèse Desqueyroux* (1927), *Le nœud de vipères* (1932). En 1933, il entre à l'Académie française.

Au milieu des années 1930, François Mauriac s'engage dans le combat politique : il dénonce la menace fasciste et condamne le bombardement de Guernica. Durant l'Occupation, il rejoint les rangs de la résistance intellectuelle. Après-guerre, Au *Figaro*, puis à *L'Express* à travers son « Bloc-notes », il formule sa critique des hommes et des événements de l'actualité. Prix Nobel de Littérature en 1952, il n'hésite pas se servir de ses honneurs pour faire avancer la cause de la décolonisation, comme par l'intermédiaire de sa présidence du comité France-Maghreb. Il meurt en 1970.

1. Titre original de l'article : « Le désespoir des puissants ».

CONTEXTE

Le matin du mercredi 18 novembre 1936, Augustine Renard découvre le corps inanimé de Roger Salengro, gisant dans une cuisine emplie de l'odeur insupportable du gaz : le ministre de l'Intérieur du gouvernement Blum s'est donné la mort à son domicile de Lille, la ville dont il est le député-maire socialiste. Surmené et profondément marqué par le décès de son épouse, l'artisan des accords de Matignon a surtout voulu échapper à une odieuse campagne de calomnie dirigée contre lui par la presse d'extrême droite. Depuis l'été 1936, *L'Action française*, puis *Gringoire*, réveillent une vieille rumeur inventée par les communistes, celle de sa désertion lors de la Grande Guerre. L'accusation n'est pas pour déplaire au député conservateur du Nord Henri Becquart qui alimente la polémique sur le plan parlementaire. Pour ses avancées sociales et la dissolution des ligues d'extrême droite, le ministre est devenu l'homme à abattre. Le 13 novembre, il gagne le soutien officiel de la Chambre des députés qui constate l'inanité des accusations et « flétrit les campagnes d'outrage et de calomnie ». L'opinion publique reste néanmoins suspicieuse et les mensonges ont eu raison de la gaité naturelle de l'homme politique. Quelques jours avant sa mort, son médecin diagnostique une importante fatigue cérébrale, accompagnée d'un pessimisme morbide.

Le jour de la triste découverte, un mot destiné à la femme de ménage est retrouvé (« Je m'excuse, madame Renard, des ennuis que je vous cause »), ainsi que trois lettres, pour son chef de cabinet Roger Verlomme, son frère Henri et Léon Blum. Au président du Conseil, il écrit : « Ma femme est morte il y a bientôt dix-huit mois, de la calomnie qu'on ne lui épargna pas et dont elle souffrit tant. Ma mère ne se remet pas des suites de son opération et la calomnie la ronge jusqu'aux moelles. J'ai lutté de mon côté, vaillamment. Mais je suis à bout. S'ils n'ont pu réussir à me déshonorer, du moins porteront-ils la responsabilité de ma mort, car je ne suis ni un déserteur, ni un traître. Mon parti aura été ma vie et ma joie. Mon affection aux miens. Mon souvenir aux nôtres. À vous ma reconnaissance. » Le jour de ses funérailles, François Mauriac rend hommage au disparu à travers les colonnes du *Figaro* dans lesquelles il souligne davantage la solitude de la victime que la violence des propos haineux des feuilles de l'ultra-droite.

« Il n'est pas naturel à l'homme d'éprouver de la pitié pour ses maîtres : il les hait ou il les adore, il les vénère ou il les méprise ; il n'a pas pitié d'eux.

Un ministre de l'Intérieur évoque des idées de puissance. Que ce soit un devoir de ménager, comme on ferait un adversaire débile, celui qui règne sur les préfets, ces quatre-vingt-dix muets de la République, sur la Garde, sur toutes les forces policières de l'État, cette idée-là ne peut venir à un polémiste qui, croyant viser Goliath, se sait cruel peut-être, mais à la façon de David.

Pascal dit qu'il faudrait avoir une raison bien épurée pour regarder comme un autre homme le grand Seigneur environné dans son superbe sérail de quarante mille janissaires. Il faudrait à un journaliste de l'opposition une raison encore mieux épurée pour deviner que ce ministre qui a pour lui à la fois le Parlement et la Rue, est en réalité une créature à bout de résistance, un pauvre gibier forcé.

Quel Français imaginerait que le ministre de l'Intérieur puisse être cet homme, qui, au soir d'une journée exténuante, se retrouve seul dans un petit appartement vide, en province, cet abandonné que sa femme de ménage n'a même pas attendu et dont la pitance refroidit sur un coin de table entre deux assiettes ?

Dangereuse frugalité ! Les princes savent pourquoi ils s'entourent de faste : l'exercice du pouvoir tue le petit bourgeois solitaire.

Les masses vont s'ébranler aujourd'hui pour honorer la mémoire du désespéré. Mais un désespéré n'a que faire des masses. Ce qu'il aurait fallu à celui-là, ce ne sont pas les suffrages d'un million de partisans ; c'est sur son front, à l'heure où les autres hommes s'éloignent, la main d'un unique ami.

Plus notre vie est publique et plus nous avons besoin d'une tendresse cachée ; plus nous sommes exposés aux regards et aux coups, et plus nous est nécessaire l'ombre d'un cœur. Je ne sais pas ce qu'est un homme politique, mais je sais ce qu'est un simple écrivain : invulnérable au milieu de ceux qu'il aime et qui le chérissent, mais si facilement atteint dès qu'il se retrouve seul !

Sans doute la plume leur serait tombée des mains, à ces accusateurs impitoyables, s'ils avaient vu se dérouler le film muet : un ministre de l'Intérieur, le plus abandonné de tous les hommes, dans cette grande ville dont il était deux fois le chef, cherchant au milieu de la nuit, sur le carreau d'une petite cuisine, la place où dix-huit mois plus tôt sa femme s'était couchée pour mourir. Cette scène, ses ennemis ne pouvaient même pas l'imaginer… mais ses amis ?

Qu'ils aillent donc voir, dans le camp adverse, de quelle chaleur d'amitié, de quelle adoration est entouré un Maurras[2] ! Dans tous les partis, c'est à nous de créer autour des chefs que nous aimons cette atmosphère passionnée que la calomnie ne traverse pas. Naguère encore, à l'occasion d'un autre suicide dans les rangs du colonel de La Rocque[3], Dieu sait que vous vous êtes abattu sur ce cadavre avec une immense espérance qui a été déçue… Mais là aussi, celui que vous visiez, un rempart vivant le protège : il est à l'abri parce qu'il est aimé.

L'amour nous prémunit contre la diffamation, et non les lois. Aucune loi sur la Presse n'empêchera le polémiste-né d'aboyer aux chausses des puissants qu'il hait, ni de tout ramasser de ce qui peut leur nuire.

Le polémiste de vocation n'est pas toujours méchant dans le privé. Les familiers de Léon Daudet[4] assurent que sa cruauté ne se manifeste guère en dehors de ses articles. Tous les amis de Béraud[5], tous ses camarades, savent que ce qui domine chez lui, c'est le cœur.

---

2. Charles Maurras (1868-1952) est un nationaliste intégral qui dirige le mouvement politique de l'Action française et son journal officiel.

3. Le colonel François de La Rocque (1885-1946) est président de la ligue nationaliste des Croix-de-feu de 1932 à 1936, année de la dissolution des ligues d'extrême droite décidée par le Front populaire.

4. Léon Daudet (1867-1942) est un monarchiste qui s'illustre au sein l'Action française et de son journal officiel.

5. Henri Béraud (1885-1958) est un polémiste dont les articles publiés dans *Gringoire* font beaucoup au succès de la revue d'extrême droite.

Le polémiste-né est l'homme le plus dépourvu de cette sorte d'imagination (dont je suis moi-même très doué) qui sous les robes rouges, les habits verts et les hermines, sous les chamarrures des dictateurs et tout l'appareil auguste du pouvoir se représente la créature telle qu'elle se comporte, loin des regards humains, quand elle se couche seule et dépouillée.

À une heure tardive de la nuit, le maître d'un grand nombre d'hommes s'enferme avec lui-même entre quatre murs, et là, terré au secret de son gîte, le loup exténué lèche ses blessures. Il découvre que, durant cette interminable journée, tandis qu'il recevait des solliciteurs, des délégués, qu'il présidait des cérémonies et arbitrait des conflits, il n'a pas cessé de perdre son sang, et qu'à son insu il a déjà accompli plus que la moitié du chemin vers ces sombres bords où nos bien-aimés nous attendent et où les flèches des chasseurs ne nous atteignent plus. »

(Texte intégral)

Le jour des funérailles de Roger Salengro, alors qu'un immense défilé se forme entre la Bastille et la Nation à Paris, Léon Blum prend la parole à Lille et rend, non sans émotion, un vibrant hommage au disparu, dont le cortège funèbre est suivi par un million de personnes : « La fatigue, la lésion organique, le chagrin n'ont fait qu'altérer sa force de résistance contre le poison versé en lui jour à jour. Ses lettres intimes, ses lettres posthumes disent la vérité : il est la victime de l'atroce, de l'infâme calomnie. Voilà trois mois que j'ai senti le venin opérer jour après jour. Ses amis, ses collaborateurs, dont certains étaient pour lui des camarades fraternels, ont pu suivre le progrès quotidien du mal. L'invincible meurtrissure s'étendait chaque jour. Il restait apparemment le même, toujours tranquille, toujours méthodique, toujours souriant. Il faisait bonne figure. Il haussait les épaules en disant ; « Bah ! ce n'est rien… » Mais le mal intérieur gagnait, touchait aux racines mêmes de la vie, ou plutôt de la volonté de vivre. Tant qu'il fallut résister, tant qu'il fallut combattre, son courage ne broncha pas. Mais quand la victoire définitive eut été remportée sur le mensonge, le ressort intérieur se brisa. Il s'abandonna hors de la vie comme le coureur qui s'abat après avoir touché le but. »

Le président du Conseil conclut sur la question des limites de la liberté d'expression : « Il faut donc tarir la calomnie à sa source. Il faut en finir avec l'inexplicable esprit de tolérance qui la considère à peu près excusable dans le cas où elle est pourtant le plus crimimel, c'est-à-dire quand elle est employée froidement, systématiquement comme une arme politique, comme un moyen de propagande, de vengeance ou de représailles. » Adversaire du Front Populaire, le cardinal Liénart rejoint Léon Blum en rappelant dans la presse « que la politique ne justifie pas tout ; que la calomnie ou même la médisance sont des fautes que Dieu condamne et qu'on n'a pas le droit de se servir de tous les moyens pour arriver à ses fins ». Cette question reste aujourd'hui posée ; en 1993, une autre campagne calomnieuse conduit un ancien Premier ministre au suicide, Pierre Bérégovoy.

BIBLIOGRAPHIE

Sur Roger Salengro

- Daniel Bermond, *L'affaire Salengro : quand la calomnie tue*, Larousse, 2011.
- Christian Blanckaert, *L'affaire Salengro : chronique d'une calomnie*, Michalon, 2009.

Sur François Mauriac

- Jean Lacouture, *François Mauriac*, 2 tomes, Seuil, Points, 1990.
- Violaine Massenet, *François Mauriac*, Flammarion, 1998.
- Jean-Luc Barré, *François Mauriac : biographie* intime, 2 tomes, Fayard, 2009 et 2010.

FILMOGRAPHIE

- *L'Affaire Salengro* d'Yves Boisset, 2008.

L'abandon de la Tchécoslovaquie

Léon Blum, *Le Populaire*, 20 septembre 1938.

Léon Blum est né en 1872. Issu d'une famille de commerçants alsaciens installés à Paris, il fait de brillantes études, intègre l'École normale supérieure, puis entre comme auditeur au Conseil d'État en 1895. Élu député socialiste de la Seine en 1919, il refuse d'adhérer à la IIIe Internationale lors du congrès de Tours et s'affirme comme le chef incontesté de la SFIO. Dans les années 1930, il rassemble les principaux partis de gauche pour constituer le Front populaire.

La victoire du Front populaire aux élections législatives de 1936 conduit Léon Blum à la présidence du Conseil jusqu'en 1937 où il accomplit d'importantes mesures sociales et économiques comme les congés payés et la semaine de quarante heures. En 1940, il fait partie des parlementaires qui refusent les pleins pouvoirs à Pétain. Arrêté par le régime de Vichy, il est traduit devant la cour suprême de justice de Riom et déporté en Allemagne. À la Libération, il redevient la grande voix du socialisme français. En 1946, il forme un gouvernement éphémère. Il meurt en 1950.

CONTEXTE

Quand, en 1933, Hitler est nommé chancelier d'Allemagne puis se fait accorder les pleins pouvoirs, il institue progressivement dans le pays un régime autoritaire qu'il avait prôné quelques années plus tôt dans *Mein Kampf*. La démocratie est abolie et les libertés sont supprimées ; seul le Parti nazi a le droit d'exister. La société toute entière est contrôlée par la police et les opposants sont envoyés dans les premiers camps de concentration. Parallèlement, l'économie du pays est principalement dédiée au réarmement et à la préparation de la guerre, violant délibérément les clauses du traité de Versailles de 1919. Successivement, Hitler recompose une aviation militaire, rétablit le service militaire obligatoire, occupe la Rhénanie et établit l'Axe Rome-Berlin.

Le 12 mars 1938, les soldats du Troisième Reich réalisent l'annexion de l'Autriche, sans rencontrer la moindre difficulté : c'est l'*Anchluss*. Hitler peut défiler fièrement à Braunau-am-Inn, sa ville natale, avant de recevoir un triomphe à Vienne. Le Führer poursuit l'élargissement de son pays, ou du *Lebesraum* (espace vital), en réclamant pour les Allemands des Sudètes, en Tchécoslovaquie, au nombre de trois millions, le droit de disposer d'eux-mêmes. Cette exigence, qui annonce une nouvelle annexion, n'est pas sans intérêt pour Hitler : la région dispose d'une position stratégique au cœur de l'Europe et d'une économie dynamique. L'opinion internationale est divisée sur la question, d'autant plus que la Tchécoslovaquie a signé un traité d'alliance avec la France en 1925. Le Premier ministre britannique, Neville Chamberlain, tente d'établir un compromis en rencontrant Hitler à Berchtesgaden le 15 septembre. Trois jours plus tard, il amène son cabinet et le gouvernement français d'Édouard Daladier à reconnaître la prétention de Hitler sur les Sudètes. Léon Blum, qui se scandalise d'une situation « honteuse » de démembrement de la Tchécoslovaquie dans les colonnes du *Populaire*, pense néanmoins que toute déclaration de guerre semble écartée avec un tel accord.

« Je résume la situation en quelques phrases sèches, mais dont chacune pourra être développée et justifiée.

M. Neville Chamberlain, parti pour négocier un arrangement « honorable et équitable », est revenu de Berchtesgaden porteur d'un ultimatum du Führer-chancelier.

Le gouvernement britannique a cédé devant cet ultimatum.

Le gouvernement français, si l'on s'en rapporte à son communiqué officiel, a donné son acquiescement pur et simple. Si l'on se fie à certaines rumeurs il a fait réserve mentale de son assentiment définitif jusqu'à ce que la réponse de Prague fût connue.

Le gouvernement français s'est donc jugé hors d'état d'obtenir un changement de la position anglaise. Cette impuissance est le résultat des divisions intérieures et des pressions qui se traduisaient sourdement depuis plusieurs semaines, qui depuis huit jours sont patentes à Berlin comme à Londres et qu'au surplus leurs auteurs ont pris à tâche de rendre publiques.

Il n'est pas exclu que le fléchissement du cabinet britannique soit imputable dans une certaine mesure à cet état du cabinet français et d'une fraction des milieux politiques français.

Le gouvernement de Prague, saisi au début de l'après-midi, après les séances des conseils des ministres anglais et français, a délibéré à son tour. M. Neville Chamberlain était allé à Berchtesgaden ; personne n'a invité M. Benès ou M. Hodza[1] à venir à Londres. On leur a notifié, débattu en dehors d'eux, arrêté sans eux, un plan qui mutile le territoire de l'État tchécoslovaque, ampute sa souveraineté et qui par voie de conséquence rompt et désavoue ses alliances.

Je ne connais pas, à l'heure où j'écris, la réponse de la Tchécoslovaquie. Mais, quelle qu'elle soit, la partie de Hitler est gagnée contre l'Angleterre et la France. Son plan est devenu le leur. C'est

1. Edvard Benes (1884-1948) est président de la première République tchécoslovaque, Milan Hodza (1878-1944) son Premier ministre. Ils quittent le pouvoir à la suite de la crise de Munich.

elles qui l'ont présenté à la Tchécoslovaquie. Rien ne manque à son succès, puisqu'il serait même parvenu à leur faire accepter le rejet de l'U.R.S.S. en dehors du système des puissances qui garantirait le territoire tchécoslovaque mutilé, et sans doute aussi la rupture du pacte tchéco-soviétique.

Quoi qu'il advienne, les conséquences iront loin, en Europe et en France. La guerre est probablement écartée. Mais dans des conditions telles que moi, qui n'ai cessé de lutter pour la paix, qui depuis bien des années lui avais fait d'avance le sacrifice de ma vie, je n'en puis éprouver de joie et que je me sens partagé entre un lâche soulagement et la honte. »

(Texte intégral)

Le 22 septembre, Chamberlain rencontre à nouveau Hitler, à Godesberg. Ce dernier l'informe que ses plans ont changé : la Hongrie et la Pologne faisant également valoir des revendications sur la Tchécoslovaquie, le Führer réclame la cession immédiate des territoires de langue allemande. Dans les jours qui suivent, le ton monte et les exigences allemandes se font plus pressantes ; la guerre semble imminente. Les 29 et 30 septembre, dans une conférence qui réunit Daladier, Chamberlain, Hitler et Mussolini à Munich, un accord est conclu en l'absence de la Tchécoslovaquie : les Sudètes seront cédées à l'Allemagne avant le 10 octobre. Si la population française célèbre le retour de Chamberlain, considéré comme l'homme de la paix, les accords de Munich vont rester dans les mémoires un échec de la diplomatie franco-britannique : la signature du texte n'empêche pas Hitler d'envahir la Tchécoslovaquie en mars 1939 et conduire l'Europe vers une guerre mondiale. Les mots de Churchill étaient prophétiques : « Ils ont accepté le déshonneur pour avoir la paix. Ils auront le déshonneur et la guerre ».

BIBLIOGRAPHIE

Sur le Troisième Reich et les accords de Munich

- Richard J. Evans, *Le Troisième Reich*, 3 tomes, Flammarion, 2009.
- Ian Kershaw, *Hitler*, 2 tomes, Flammarion, 1999 et 2000.
- François Kersaudy, *Hitler*, Perrin, 2011.
- Pierre Miquel, *Le piège de Munich*, Denoël, 1998.

Sur Léon Blum

- Jean Lacouture, *Léon Blum*, Seuil, Points, 1979.
- Ilan Greilsammer, *Blum*, Flammarion, 1996.
- Serge Berstein, *Léon Blum*, Fayard, 2006.

FILMOGRAPHIE

- *Les dessous des accords de Munich* de Christine Rütten, 2008.

LIEUX

- Mémorial de Caen.

« Conseils à l'occupé »

Jean Texcier, été 1940.

Jean Texcier est né en 1888. Adhérent au Parti ouvrier français, il fonde son premier journal pendant ses études de droit et participe aux écrits publiés par les jeunes socialistes. Il est correspondant lors de la Grande Guerre, puis réalise des dessins et des chroniques pour les *Nouvelles littéraires* tout en étant fonctionnaire au ministère du Commerce et de l'Industrie. En 1936, il rejoint les rangs de la SFIO.

Pendant la Seconde Guerre mondiale, Jean Texcier publie clandestinement ses *Conseils* et ses *Propos à l'occupé* avant de condamner la collaboration dans une brochure intitulée *La France livrée*. Il participe à la création du mouvement de résistance *Libération* (Nord) et devient responsable de son journal. À ce titre, il siège à la Commission de la presse clandestine. À la Libération, il collabore à *Nord Matin*, le quotidien socialiste de Lille. Il meurt en 1957.

CONTEXTE

Le 13 mai 1940, après avoir traversé les Pays-Bas et la Belgique, les armées allemandes entrent sur le territoire français. Cinq jours plus tard, Philippe Pétain est nommé vice-président du Conseil dans le gouvernement de Paul Reynaud. Fidèle à la stratégie qu'il a toujours défendue, il s'oppose à ceux qui soutiennent l'idée de se replier dans les territoires coloniaux pour poursuivre le combat et avance déjà l'idée d'un armistice. Pendant ce temps, les Allemands poursuivent leur avancée et s'emparent de milliers de prisonniers. La population du nord du pays, elle, prend peur et participe à un exode massif. Quand les armées hitlériennes entrent dans Paris le 14 juin, le gouvernement doit se replier à Bordeaux. N'étant pas parvenu à convaincre Roosevelt d'une intervention des États-Unis, Paul Reynaud démissionne de la présidence du Conseil le 16 juin. Pétain lui succède immédiatement et demande, dès le lendemain, l'armistice.

Le 22 juin, l'armistice est bel et bien signé. Le lieu, décidé par les Allemands, a été choisi pour humilier les vaincus : les généraux Huntzinger et Keitel, représentant respectivement la France et l'Allemagne, se retrouvent dans le wagon de Rethondes, près de Compiègne, qui avait servi à la signature de l'armistice du 11 novembre 1918 signifiant la défaite allemande. L'avancée des armées hitlériennes est donc stoppée et la France est coupée en deux par une ligne de démarcation : la zone au nord et à l'ouest reste occupée par les Allemands et la zone au sud est libre. Quant à l'Alsace-Lorraine, elle est directement annexée à l'Allemagne. En zone occupée, la vie des Français est transformée et un sentiment de résistance se fait jour. Simultanément à l'appel du 18 juin du général de Gaulle sur les ondes de la BBC, des habitants refusent l'installation allemande dans la moitié du pays et développent un sentiment d'insoumission. Celui-ci s'incarne par des tracts comme les « Conseils à l'occupé » pleins d'ironie de Jean Texcier, écrits vers le 14 juillet et parus en août. Il s'agit de l'une des toutes premières feuilles clandestines éditées sous l'Occupation que son auteur qualifiera plus tard de « petit manuel de dignité ».

« 1. Les camelots leur offrent des plans de Paris et des manuels de conversation ; les cars déversent leurs vagues incessantes devant Notre-Dame et le Panthéon ; pas un qui n'ait, vissé dans l'œil, son petit appareil photographique. Ne te fais pourtant aucune illusion : CE NE SONT PAS DES TOURISTES.

2. Ils sont vainqueurs. Sois correct avec eux. Mais ne va pas pour te faire bien voir au-devant de leurs désirs. Ils ne t'en sauraient, au surplus, aucun gré.

3. Tu ne sais pas leur langue ou tu l'as oubliée. Si l'un d'eux t'adresse la parole en allemand, fais un signe d'ignorance, et, sans remords, poursuis ton chemin.

4. S'il te questionne en français, ne te crois pas tenu de le mettre toi-même sur la voie en lui faisant un brin de conduite. Ce n'est pas un compagnon de route.

5. Si au café, ou au restaurant, il tente la conversation, fais-lui comprendre poliment que ce qu'il va te dire ne t'intéresse pas du tout.

6. S'il te demande du feu, tends ta cigarette. Jamais, depuis les temps les plus lointains, on n'a refusé du feu – pas même à son ennemi le plus immortel.

7. S'ils croient habile de verser le défaitisme au cœur des citadins en offrant des concerts sur nos places publiques, tu n'es pas obligé d'y assister. Reste chez toi, ou va à la compagne écouter les oiseaux.

8. Depuis que tu es « occupé » ils paradent en ton déshonneur. Resteras-tu à les contempler ? Intéresse-toi plutôt aux étalages. C'est bien plus émouvant, car, au train où s'emplissent leurs camions, tu ne trouveras bientôt plus rien à acheter.

9. Ton marchand de bretelles a cru bon d'inscrire sur sa boutique : « Man spricht deutsch » ; va chez le voisin, même s'il paraît ignorer la langue de Goethe.

10. Si tu vois une fille en conversation d'affaire avec l'un d'eux, ne t'en offusque pas. Ce garçon en aura juste pour son argent qui ne vaut rien. Et dis-toi que les trois quarts des Français ne se montreraient pas avec cette fille plus délicats que ce blondin de la Forêt-Noire.

11. Devant le marivaudage d'une de ces femmes que l'on dit honnêtes avec un de tes occupants, rappelle-toi qu'au-delà du Rhin, cette jolie personne serait publiquement fouettée. Alors, en la détaillant, repère soigneusement la tendre place et savoure d'avance ton plaisir.

12. Si la nécessité veut que tu t'adresses à une de ces sentinelles de bronze qui veillent aux Kommandanturs, ne te crois pas tenu de te découvrir, comme je l'ai vu faire. Porte sombrement l'index à la haute du couvre-chef. Sois ménager de tes grâces.

13. C'est entendu, ils savent chanter en chœur et d'une voix juste. Mais c'est au commandement, comme pour un exercice respiratoire. Chez nous, le soldat chante faux et rarement en mesure ; mais il ignore la corvée du chant. Il chante quand ça lui chante.

14. La lecture des journaux de chez nous n'a jamais été conseillée à ceux qui voulaient apprendre à s'exprimer correctement en français. Aujourd'hui, c'est mieux encore, les quotidiens de Paris ne sont même plus « pensés » en français.

15. Abandonné par la TSF, abandonné par ton journal, abandonné par ton parti, loin de ta famille et de tes amis, apprends à penser par toi-même. Mais dis-toi que, dans cette désolation entretenue, la voix qui prétend te donner du courage est celle du Dr Goebbels. Esprit abandonné, méfie-toi de la propagande allemande !

16. Ils sont très « causants ». Ayant caressé les enfants, ils sourient à la mère et bientôt gémissent sur le sort de la France. Alors, suit le boniment : « Pauvres Français, vous avez été entraînés dans une funeste guerre par un gouvernement de coquins à la solde de l'Angleterre » – et ils récitent leur couplet à n'importe qui, à propos de n'importe quoi. Leur grande muette est une bien grande bavarde.

17. À l'autre guerre, on les a tout de suite appelés : « les Boches ». Ce n'était pas très élégant. Cette fois, on s'est contenté de dire simplement les Allemands. Progrès certain dans la tenue si, à ce souci de correction, ne s'était mêlé, chez beaucoup, comme un secret désir d'abandon.

18. Aujourd'hui qu'ils sont partout, aux champs comme à la ville, un surnom leur est venu : les « doryphores ». Se fâcheraient-ils ? On aurait pu, pour la rime que tu sais, choisir le phylloxéra.

19. L'entomologie peut, d'ailleurs, fournir d'autres images. Du fond de l'horizon, ils arrivent en masse, obscurcissent le ciel, couvrent la terre. Ne songes-tu pas à une nuée de sauterelles vertes ? Raidis-toi. Ils finiront bien par user leurs mandibules.

20. Il est interdit de lacérer leurs affiches. Ainsi te gardes-tu de les frôler – même par temps de pluie. Pourquoi diable leur saint Vincent de Paul en uniforme a-t-il donc tant de mal à garder sa figure ?

21. Étale une belle indifférence ; mais entretiens secrètement ta colère. Elle pourra servir.

22. Je connais un philosophe qui, las comme toi de les voir circuler à pleins camions, a trouvé un curieux moyen de se consoler. « Nous avons vraiment fait trop de prisonniers ! » soupire-t-il simplement.

23. L'aigle allemand marche pompeusement et c'est le pas de l'oie. Partant en guerre contre l'Angleterre, il chante avec ostentation. Et c'est peut-être le chant du cygne.

24. Comme jadis les Ardennes, voici Paris renseigné et conseillé par les gazettes de leur confection. Bien peu de signatures ; mais s'il est vrai que « le style c'est l'homme », tous les articles sont signés : Ferdonnet.

25. Pour constituer une rédaction de choix, il ne leur suffisait pas que la frontière fût ouverte ; ils ont fait ouvrir aussi les prisons de France. Tel qui avait plaidé pacifisme a troqué en riant ses chaussons de lisière contre une paire de bottes. Tel autre, fait prisonnier par erreur, a échangé avec reconnaissance sa vareuse de soldat contre une livrée de propagandiste.

À la fin du mois, passant à la caisse, l'un et l'autre toucheront, sans étonnement, leurs trente deniers en papier sombre.

La France paiera !

26. Leurs docteurs leur avait dit que Paris était à la fois Sodome, Gomorrhe et Babylone ; que les délices de la chair s'y mêlaient affreusement aux plaisirs de la table et que tous les vices du monde s'y donnaient rendez-vous.

Sans doute, n'est-ce pas seulement pour avoir leur part de luxure qu'ils ont mis tant d'empressement à gagner cette ville perdue.

En tout cas, aujourd'hui, ils baffrent dans les bons restaurants, sirotent à la terrasse des grands cafés, vident les confiseries, dévalisent les rayons de lingerie pour dames et, dans les librairies spéciales, il n'y aura pas assez de photos d'art pour satisfaire la friandise de ces soldats du Graal.

Prends patience.

Ni Sodome, ni Gomorrhe, pas même Babylone. Peut-être, tout simplement, Capoue.

27. Tu me dis que dans cette impressionnante et victorieuse organisation, faite surtout de discipline, si tu découvrais une faille, tu respirerais mieux, car ce serait un mécanisme plus humain et, partant, plus destructible. Très juste.

Mais tu m'annonces aujourd'hui, d'un air triomphant, qu'ils ne prennent pas toujours les clous pour traverser la chaussée et qu'ils négligent bien souvent de passer par le portillon du métro.

Je te croyais plus sérieux.

28. Un citoyen romain acheta, pendant qu'Annibal assiégeait la ville, un bout de terrain sur lequel campaient les Carthaginois.

Il savait qu'Annibal n'était là qu'en passant.

29. Une dame que leur vue rendait au début littéralement malade me dit aujourd'hui d'un ton dégagé : « Je crois bien que je finis par ne plus les voir ».

Quand elle avait si mal au cœur, j'aurais embrassé cette clairvoyante. Maintenant qu'elle digère tout si facilement, j'ai envie de mordre cette somnambule.

30. Tu grognes parce qu'ils t'obligent à être rentré chez toi à vingt-trois heures précises. Innocent, tu n'as pas compris que c'est pour te permettre d'écouter la radio anglaise ?

31. Tu en as déjà vu de toutes les couleurs.

Les verts, les gris, les noirs se sont présentés les premiers. C'étaient les militaires. Puis sont venus les moutardes avec, au bras, une bague rouge comme en ont les cigares. C'étaient les militants.

Voici venir les sans couleur.

Ils arrivent par paquets, avec leurs petits et leurs femmes. À les voir tu jurerais des civils. Vêtus de pacifiques vestons et de paisibles jupons, ils logent dans ta maison, écoutent à ta porte, épient tes gestes, dénoncent tes propos.

Ils sont insonores. Aussi quand ils marchent près de toi n'entends-tu pas ce fameux bruit de bottes qui, en te faisant dresser l'oreille, te ferme automatiquement la bouche.

Méfie-toi de tous. Aussi de toutes.

32. En prévision des gaz, on t'a fait suer sous un grouin de caoutchouc et pleurer dans des chambres d'épreuve.

Tu souris maintenant de ces précautions.

Tu es satisfait d'avoir sauvé tes poumons. Saurais-tu maintenant préserver ton cœur et ton cerveau ?

Ne vois-tu pas qu'ils ont réussi à vicier l'atmosphère que tu respires, à polluer les sources auxquelles tu crois pouvoir encore te désaltérer, à dénaturer le sens des mots dont tu prétends encore te servir ?

Voici venue l'heure de la véritable DÉFENSE PASSIVE.

Surveille tes barrages contre leur radio et leur presse.

Surveille tes blindages contre la peur et les résignations faciles.

Surveille-TOI.

Civil, mon frère, ajuste avec soin ton beau masque de réfractaire.

33. Inutile d'envoyer tes amis acheter ces « Conseils » chez le libraire. Sans doute n'en possèdes-tu qu'un exemplaire et tiens-tu à le conserver. Alors, fais-en des copies que tes amis copieront à leur tour.

Bonne occupation pour des occupés. »

(Texte intégral)

Soumise à la censure et à une propagande orchestrée par les Allemands, la presse autorisée cohabite rapidement avec des journaux clandestins. S'engage une « guerre des mots » dont les modestes rédactions abritent également des mouvements de résistance de plus en plus structurés. Quand les feuilles ne sont pas imprimées mécaniquement, elles sont patiemment recopiées pour leur offrir une diffusion plus large. Et, malgré les difficultés matérielles et les arrestations, de nouveaux titres apparaissent et tentent de survivre : *L'Alsace*, *L'Homme libre*, *Liberté*, *Libération*, *Résistance*, *Défense de la France*, *Socialisme et liberté*, *Franc-Tireur*, *Combat*. Ils reproduisent souvent en épigraphe une citation : « Un peuple n'est vaincu que lorsqu'il accepte de l'être. Foch », « Dans la guerre comme dans la paix, le dernier mot est à ceux qui ne se rendent jamais. Clémenceau ». En 1944, les journaux clandestins disposent de leurs propres agences de presse et atteignent un tirage total de deux millions d'exemplaires. À la Libération, la Fédération nationale de la presse clandestine donne naissance à la Fédération nationale de la presse française qui veille à ce que les nouvelles entreprises de presse se conforment aux idéaux hérités de la Résistance.

BIBLIOGRAPHIE

Sur la France sous l'Occupation

- Henry Rousso, *Les années noires : vivre sous l'Occupation*, Gallimard, Découvertes, 2009.
- Robert O. Paxton, *La France de Vichy : 1940-1944*, Seuil, Points, 1999.
- Jean-Pierre Azéma et François Bédarida (dir.), *La France des années noires*, 2 tomes, Seuil, Points, 2000.
- Éric Alary, Bénédicte Vergez-Chaignon, *Dictionnaire de la France sous l'Occupation*, Larousse, 2011.
- Jean-Louis Bory, *Mon village à l'heure allemande*, J'ai Lu, 1982.
- Vercors, *Le silence de la mer*, Le Livre de poche, 1994.

Sur la presse sous l'Occupation

- Olivier Barrot, Raymond Chirat, *La vie culturelle dans la France occupée*, Gallimard, Découvertes, 2009.
- Gilles Ragache, Jean-Robert Ragache, *La vie quotidienne des écrivains et des artistes sous l'Occupation : 1940-1944*, Hachette, 1992.
- Claude Bellanger *et al.* (dir.), *Histoire générale de la presse française. 4. De 1940 à 1958*, PUF, 1975.
- Claude Bellanger, *Presse clandestine, 1940-1944*, Armand Colin, 1961.

FILMOGRAPHIE

- *Le chagrin et la pitié* de Marcel Ophüls, 1969.
- *Le silence de la mer* de Jean-Pierre Melville, 1947.
- *La traversée de Paris* de Claude Autant-Lara, 1956.

LIEUX

- Musée de la Résistance nationale, Champigny.

« Comment reconnaître les juifs »

Georges Montandon, *Le Matin*, 5 août 1941.

Georges Montandon est né en 1879. Après des études de médecine et plusieurs voyages d'exploration, il entre à l'École d'Anthropologie à Paris où il occupe la chair d'ethnologie. Dans son livre *La race, les races*, sorti en 1933, il propose une classification précise qui divise l'espèce humaine en cinq grand-races. En 1935, il publie *L'ethnie française* qui jette les bases de l'ethno-racisme ; ce titre donne naissance à une revue qu'il dirige et dans laquelle il rédige notamment des articles sur « l'ethnie juive ». En 1940, alors que la France de Vichy établit le premier statut des Juifs, il sort un ouvrage intitulé *Comment reconnaître un Juif* ?

À partir de 1941, Georges Montandon est attaché au Commissariat général aux questions juives en qualité d'ethnologue. À ce titre, il délivre des certificats d'appartenance ou de non-appartenance à la « race juive » après avoir soumis ses sujets à un examen ethno-racial. En 1943, il est nommé directeur de l'Institut d'études des questions juives et ethnoraciales où il enseigne « l'hygiène sociale ». Il serait abattu par la Résistance en août 1944.

CONTEXTE

Accusés de déicide en ayant refusé de croire que Jésus était le « fils de Dieu », les Juifs font l'objet de préjugés, de haines, de persécutions et de massacres depuis plus d'un millénaire. Au XIXe siècle, l'antijudaïsme religieux se mue en un antisémitisme fondé sur des thèses racistes. Parmi les préjugés alimentant leur diabolisation, les Juifs sont considérés comme des traîtres qui cherchent à détruire l'ordre social pour imposer leur domination. En France, le succès populaire du livre d'Édouard Drumont, *La France juive* (1886), réalimente cette peur de l'autre avant que ne s'abattent sur le pays les effets du scandale de Panama, puis de l'Affaire Dreyfus, et les écrits virulents de *L'Action française* de Charles Maurras. Le mouvement sioniste, initié par Theodor Herzl qui fait part de la nécessité de la création d'un État national juif dont le siège naturel serait en Palestine, et la publication des *Protocoles des Sages de Sion*, un faux révélant l'existence d'un « directoire » juif mondial, contribuent à actualiser les thèses antisémites. Dans les années 1930, le scandale du banquier Stavisky, l'instabilité parlementaire et l'arrivée au pouvoir du gouvernement Blum produisent un discours haineux rarement atteint de la part des ligues d'extrême droite qui pavent le chemin des lois racistes de la France de Vichy.

Quand Hitler arrive au pouvoir en Allemagne en janvier 1933, ses idées concernant les Juifs sont déjà bien connues ; elles sont contenues dans le programme du Parti nazi et dans *Mein Kampf*. L'idée essentielle défendue est que la race allemande, relevant de la « race aryenne », est supérieure à toutes les autres ; les Juifs, jugés responsables de la défaite de la Première Guerre mondiale et des difficultés du pays, sont indésirables et doivent être écartés de la vie publique. Les lois de Nuremberg de 1935 et la Nuit de Cristal de 1938 viennent violemment concrétiser ces principes, avant que la déportation ne soit une véritable machine de destruction de masse. En France, le régime de Vichy, installé en juillet 1940, se montre également profondément antisémite. Le 3 octobre, de sa propre initiative, il instaure un premier statut des Juifs qui écarte ces derniers de certaines professions. Le 29 mars 1941 est créé le

Commissariat général aux questions juives dont la tâche est de durcir l'appareil législatif et de participer activement à la propagande anti-juive. Cette administration est à l'origine du second statut des Juifs du 2 juin 1941, plus discriminatoire encore, et de la loi d'aryanisation relative à la liquidation des biens juifs du 22 juillet. Dans cette atmosphère de stigmatisation généralisée et officialisée, l'anthropologue Georges Montandon trouve une place de choix. Auteur de l'ouvrage *Comment reconnaître un Juif ?* sorti en 1940 et dont le contenu va bientôt servir de matériau aux panneaux de l'exposition *Le Juif et la France*, il participe à la propagande de l'Institut d'études des questions juives en délivrant les résultats de ses études scientifiques très « orientées » dans les colonnes de la presse nationale contrôlée.

« *On se rappelle que M. Montandon, à la suite d'une cabale, avait été privé de la nationalité française. Cette injustice, commise à l'instigation des juifs, contre l'un de leurs adversaires, vient d'être heureusement réparée.*

« Comment reconnaît-on le juif ?

C'est une question qu'on entend fréquemment poser, et bien des personnes se montrent sceptiques quant à l'existence réelle d'un type racial judaïque.

Elles sont sceptiques pour deux raisons.

Premièrement, parce qu'il existe de nombreux juifs qui le sont généalogiquement, mais qui descendent de sujets englobés secondairement dans l'ethnie juive (le phénomène a été très fréquent en Europe orientale).

En second lieu, parce que les juifs ont toujours eu intérêt à cacher et nier leur type racial afin d'œuvrer d'autant plus facilement inaperçus.

En sus de ces deux raisons, prétextes à ne pas reconnaître le type racial judaïque, ce dernier est certainement moins tranché – par rapport au Blanc européen – que ne le sont les Noirs ou les Jaunes. Il n'en est pas moins très réel, reposant sur les deux principes suivants :

a) un très ancien métissage d'une souche europoïde avec des Négroïdes et des Flavoïnes ou Mongoloïdes (Jaunes) ;

b) une autodomestication comparable à celle que l'on constate chez les animaux domestiques (ces phénomènes de même ordre se produisent chez de nombreux autres groupements humains), phénomènes comportant une influence superficielle sur les parties molles du visage, sur la mimique et sur l'allure.

Si les caractères de ce masque, de cette mimique, de cette allure, ne sont pas régulièrement au complet chez le juif, plusieurs ou du moins quelques-uns d'entre eux sont presque toujours manifestes. L'ensemble donne le tableau suivant, dans ses grandes lignes, du reste en somme fort connues :

Le nez est convexe. La lèvre inférieure est forte et souvent proéminente. Les yeux, humides, sont à fleur de tête. La chevelure est frisée. L'oreille est grande et décollée. La mimique faciale est très vive. Le geste manque de maîtrise. Le tonus musculaire est déficient. L'allure est négligée. La démarche, en battoirs, est la résultante de cette allure et de pieds très souvent plats.

On constate dans les communautés juives la fréquence ou la rareté de certaines maladies. Par rapport aux autres communautés, les maladies particulièrement fréquentes sont le diabète et les affections nerveuses. Parmi ces dernières, on mentionnera comme affection bénigne la neurasthénie (on a même dit que tout juif était neurasthénique), et comme forme d'aliénation mentale, la schizophrénie (c'est-à-dire la rupture du conscient d'avec la réalité). Des affections rares chez les juifs sont par contre l'éthylisme (alcoolisme) et l'épilepsie.

Au point de vue des groupes sanguins, le sang dit B, qui est le sang proprement asiatique, est celui de 5 % des individus dans les groupes européens nordiques (blonds), de 10 % des Français, et de 20 % des communautés juives.

Cet ensemble de caractères est plus que suffisant pour la caractérisation d'un type racial judaïque. Ajoutons que, dans la majorité des cas, le simple effet sur la rétine suffit à l'homme de la rue pour établir sa certitude.

Quant aux traits psychologiques qui flanquent le type racial, c'est un autre chapitre de l'ethnisme juif, qu'ont disséqué des historiens et sociologues comme Capefigue et Drumont, ou qu'ont chanté des poètes comme Céline.

Et c'était aussi un trait juif de tenter, « par la bande », de fermer la bouche à un adversaire en le faisant dénationaliser – comme si le Jura n'était pas plus près de la France que Jérusalem ! »

(Texte intégral)

Au fil des mois, l'appareil législatif anti-juif continue de se durcir : le 11 décembre 1942, le régime de Vichy impose de faire apposer la mention « Juif » sur les cartes d'identité. Parallèlement, une collaboration policière est mise en place avec les autorités allemandes. Des agents de la police nationale participent aux rafles de Juifs, français et étrangers, en zone occupée. Le 26 août 1942, six semaines après la massive rafle du Vel' d'Hiv' entièrement contrôlée par les forces de maintien de l'ordre de Vichy, une grande arrestation a lieu dans la zone sud où les nazis sont pourtant absents : le gouvernement, qui continue de radicaliser sa politique antisémite, a accepté de livrer 10 000 Juifs étrangers aux Allemands. À partir de 1943, le régime de Vichy choisit de ne plus apporter son aide aux arrestations. Au total, de mars 1942 à août 1944, 75 000 Juifs sont déportés hors de France, dont un tiers de nationalité française. Par sa propagande et sa participation active dans les rafles, l'État français s'est montré complice et responsable de l'envoi d'une partie des Juifs d'Europe vers les camps de la mort.

BIBLIOGRAPHIE

Sur l'antisémitisme

- Léon Poliakov, *Histoire de l'antisémitisme*, 2 tomes, Seuil, Points, 1991.
- Gérard Noiriel, *Immigration, antisémitisme et racisme en France, XIXe-XXe siècle : discours publics, humiliations privées*, Hachette, Pluriel, 2009.
- Ralph Schor, *L'antisémitisme en France dans l'entre-deux-guerres*, Complexe, 2005.
- Pierre-André Taguieff, Grégoire Kauffmann, *L'antisémitisme de plume : 1940-1944 : études et documents*, Berg international, 1999.

Sur la collaboration

- Pascal Ory, *Les collaborateurs*, 1940-1945, Seuil, Points, 1980.
- *La France allemande, 1933-1945 : paroles du collaborationnisme français, 1933-1945*, Gallimard, 1977.
- Cécile Desprairies, *Paris dans la collaboration*, Seuil, 2009.

FILMOGRAPHIE

- *Le Juif Süss* (film de propagande nazi) de Veit Harlan, 1940.
- *L'œil de Vichy* de Claude Chabrol, 1993.
- *Ces Français qui ont choisi Hitler* de Christophe Weber, 2009.
- *Dénoncer sous l'Occupation* de David Korn-Brzoza, 2011.

L'épuration : Albert Camus contre François Mauriac

Albert Camus est né en 1913 en Algérie. Issu d'un milieu très modeste, il fait des études supérieures de philosophie, fonde la maison de la culture d'Alger et la troupe Théâtre du travail. Journaliste à *Alger Républicain* puis à *Paris-Soir*, il entre dans la Résistance pendant la Seconde Guerre mondiale. Membre du réseau Combat, il en anime le journal clandestin jusqu'en 1947. Sur les instances d'André Malraux, il publie *L'étranger* (1942) qui est un succès et le conduit à rencontrer Jean-Paul Sartre. Suivent *La peste* (1947), *Les justes* (1949), *L'homme révolté* (1951) et *La chute* (1956).

L'œuvre d'Albert Camus, constituée de pièces de théâtre, de romans, de nouvelles, de poèmes, d'essais et d'articles de presse, développe une prise de conscience de l'absurde à laquelle répond la révolte, clef de voûte de sa pensée. Elle aborde les grands sujets politiques du XXe siècle tels que le franquisme, le communisme et la crise algérienne. Prix Nobel de Littérature en 1957 « pour l'ensemble d'une œuvre qui met en lumière, avec un sérieux pénétrant, les problèmes qui se posent de nos jours à la conscience des hommes », il meurt trois ans plus tard dans un accident de la route.

CONTEXTE

Alors que le territoire français finit d'être libéré dans les derniers jours de l'année 1944, s'ouvre l'ère de l'épuration, réclamée par le programme du Conseil national de la Résistance adopté au mois de mars. Les actes postérieurs au 18 juin 1940 sont jugés par des cours de justice dans les chefs-lieux et par une Haute cour de justice pour les actes de collaboration en qualité de représentant de l'État. Des comités d'épuration, implantés dans les administrations et les entreprises, soumettent des propositions de sanctions aux chambres civiques. Cet appareil juridique masque néanmoins la partialité de certains jurys ainsi que des actes de vengeance sommaires commis dès le lendemain de la libération des villes. Parmi les condamnés, les écrivains et les journalistes sont les plus durement frappés par l'épuration. Le maréchal Pétain, lui, coupable de haute trahison, est condamné à mort et à l'indignité nationale en août 1945 ; le général de Gaulle, alors chef du Gouvernement provisoire de la République, commue la peine de mort en détention à perpétuité. Quant à Pierre Laval, chef du gouvernement de Vichy d'avril 1942 à août 1944, il est exécuté en octobre.

Dans cette atmosphère de règlements de compte, licites ou non, deux intellectuels débattent fermement par voie de presse : l'académicien, reconnu et célébré, François Mauriac et le jeune Albert Camus, auteur de *L'étranger*. Leurs échanges sont représentatifs de la division qui règne au sein de l'opinion française sur l'épineuse question de la forme d'épuration à adopter. Mais la polémique reste ouverte et donne naissance à un dialogue respectueux de plusieurs mois. Si, en septembre 1944, les deux écrivains s'entendent sur le principe même de la punition des traîtres, Mauriac préconise la prudence pour ne pas contrarier une réconciliation et une unité nationale indispensables. Cette posture lui vaut le surnom de « Saint François des Assises ». Camus, athée et républicain, refuse cette forme de charité chrétienne et souhaite que les comptes soient immédiatement soldés ; son point de vue doit pourtant évoluer au regard des condamnations abusives et icohérentes qu'il commence à réprouver. Finalement, l'éditorialiste de *Combat* condamne l'épuration en août 1945.

Albert Camus, *Combat*, 30 août 1944.[1]

« Trente-quatre Français torturés, puis assassinés à Vincennes, ce sont là des mots qui ne disent rien si l'imagination n'y supplée pas. Et que voit l'imagination ? Deux hommes face à face dont l'un s'apprête à arracher les ongles d'un autre qui le regarde.

Ce n'est pas la première fois que ces insupportables images nous sont proposées. En 1933, a commencé une époque qu'un des plus grands parmi nous a justement appelée le temps du mépris[2]. Et pendant dix ans, à chaque nouvelle que des êtres nus et désarmés avaient été patiemment mutilés par des hommes dont le visage était fait comme le nôtre, la tête nous tournait et nous demandions comment cela était possible.

Cela pourtant était possible. Pendant dix ans, cela a été possible et aujourd'hui, comme pour nous avertir que la victoire des armes ne triomphe pas de tout, voici encore des camarades éventrés, des membres déchiquetés et des yeux dont on a écrasé le regard à coups de talon. Et ceux qui ont fait cela savaient céder leur place dans le métro, tout comme Himmler, qui a fait de la torture une science et un métier, rentrait pourtant chez lui par la porte de derrière, la nuit, pour ne pas réveiller son canari favori.

Oui, cela était possible, nous le voyons trop bien. Mais tant de choses le sont et pourquoi avoir choisi de faire celle-ci plutôt qu'une autre ? C'est qu'il s'agissait de tuer l'esprit et d'humilier les âmes. Quand on croit à la force, on connaît bien son ennemi. Mille fusils braqués sur lui n'empêcheront pas un homme de croire en lui-même à la justice d'une cause. Et s'il meurt, d'autres justes diront « non » jusqu'à ce que la force se lasse. Tuer le juste ne suffit donc pas, il

---

1. Titre original de l'article : « Le temps du mépris ».

2. En 1935, André Malraux publie *Le temps du mépris* qui dénonce le nazisme.

faut tuer son esprit pour que l'exemple d'un juste renonçant à la dignité de l'homme décourage tous les justes ensemble et la justice elle-même.

Depuis dix ans, un peuple s'est appliqué à cette destruction des âmes. Il était assez sûr de sa force pour croire que l'âme était désormais le seul obstacle et qu'il fallait s'occuper d'elle. Ils s'en sont occupés et, pour leur malheur, ils y ont quelquefois réussi. Ils savaient qu'il est toujours une heure de la journée et de la nuit où le plus courageux des hommes se sent lâche.

Ils ont toujours su attendre cette heure. Et à cette heure, ils ont cherché l'âme à travers les blessures du corps, ils l'ont rendue hagarde et folle, et, parfois, traîtresse et menteuse.

Qui oserait parler ici de pardon ? Puisque l'esprit a enfin compris qu'il ne pouvait vaincre l'épée que par l'épée, puisqu'il a pris les armes et atteint la victoire, qui voudrait lui demander d'oublier ? Ce n'est pas la haine qui parlera demain, mais la justice elle-même, fondée sur la mémoire. Et c'est de la justice la plus éternelle et la plus sacrée, que de pardonner peut-être pour tous ceux d'entre nous qui sont morts sans avoir parlé, avec la paix supérieure d'un cœur qui n'a jamais trahi, mais de frapper terriblement pour les plus courageux d'entre nous dont on a fait des lâches en dégradant leur âme, et qui sont morts désespérés, emportant dans un cœur pour toujours ravagé leur haine des autres et leur mépris d'eux-mêmes. »

(Texte intégral)

François Mauriac, *Le Figaro*, 26 juillet 1945.[3]

« Que l'armistice fût ou non inévitable, il portait dans ses flancs la politique de Montoire[4]. Le maréchal Pétain a-t-il pu en douter un seul instant ? L'armistice avec l'Allemagne impliquait la collaboration avec l'Allemagne. Mais collaborer avec le Troisième Reich dont les méthodes immondes, pour être moins connues qu'elles ne sont aujourd'hui, se manifestaient déjà depuis plusieurs années, c'était donner la main au crime, c'était emboîter le pas à un fou, tout ensemble sournois et furieux ; c'était engager la France dans une politique d'entente avec un monstre. Le double jeu ici n'excuse rien, car il n'existe pas de marchandage sans complicité.

Mais combien en Europe, plus ou moins, furent aussi des complices ? Nous ne cherchons pas d'excuses au vieux maréchal ; seulement, il faut avoir le courage de l'attester : il n'a pas inauguré une politique ; il en a été l'aboutissement. À Munich[5], il avait eu des précurseurs ; et Munich même ne fut pas un point de départ : l'Europe y recueillit le fruit d'une suite ininterrompue de trahisons et de lâchetés. Avant et après cette démission fatale des démocraties, Hitler n'a jamais cessé d'accumuler des stocks de matières premières qu'elles seules lui fournissaient. Jusqu'à la dernière minute, à la veille de son suprême attentat, il a bénéficié de l'aide ouverte ou dissimulée du monde.

Le maréchal Pétain a librement assumé, devant Dieu et devant les hommes, des responsabilités dont il n'appartient à personne de le décharger. Mais nous serions des hypocrites si, avant de mêler

---

3. Titre original de l'article : « Le procès d'un seul homme ».

4. Le 24 octobre 1940, le maréchal Pétain et Adolf Hitler se rencontrent en gare de Montoire. Leur poignée de main ouvre l'ère de la collaboration.

5. Voir l'article sur l'abandon de la Tchécoslovaquie (Léon Blum, *Le Populaire*, 20 septembre 1938), p. 66.

nos voix à toutes celles qui l'accusent, chacun de nous ne se demandait : qu'ai-je dit, qu'ai-je écrit ou pensé au moment de Munich ? De quel cœur ai-je accueilli l'armistice ? Au lendemain de Munich, cette foule immense qui, à sa descente d'avion, acclamait le pâle Daladier (stupéfait lui-même de ne pas avoir de crachats à essuyer sur sa figure) donnait aux complices masqués ou déclarés du Führer l'assurance qu'ils pouvaient aller de l'avant et qu'ils seraient portés par la faiblesse, par la démission de tout un peuple. Les Français mêlés à cette foule ravie, ou qui en ont partagé les sentiments, qu'ils gardent donc le silence aujourd'hui, car, en vérité, ce procès n'est-il pas aussi un peu leur procès ?

Leur procès, mais aussi celui des nations et celui des partis. La politique de marchandage et de double jeu qu'a menée pendant quatre ans, pour notre honte, le gouvernement de Vichy, fut celle de la plupart des neutres, quand ils n'avaient pas ouvertement partie liée avec l'Allemagne. À quoi bon insister ? L'exemple venait de haut. Nous savons par qui le maréchal Pétain a été soutenu, conseillé, approuvé.

Et déjà, sans doute, notre peuple se reprenait, disait non à l'envahisseur. Si nous avons mérité d'avoir Pétain, nous avons mérité aussi, grâce à Dieu, d'avoir de Gaulle : l'esprit d'abandon et l'esprit de résistance, l'un et l'autre se sont incarnés parmi les Français et se sont mesurés dans un duel à mort. Mais chacun de ces deux hommes représentait infiniment plus que lui-même, et puisque le plus modeste d'entre nous partage la gloire du premier résistant de France, ne reculons pas devant cette pensée qu'une part de nous-même fut peut-être complice, à certaines heures, de ce vieillard foudroyé. »

(Texte intégral)

Voir biographie, p. 60.

Albert Camus, *Combat*, 30 août 1945.

« On nous excusera de commencer aujourd'hui par une vérité première : il est certain désormais que l'épuration en France est non seulement manquée, mais encore déconsidérée. Le mot d'épuration était déjà assez pénible en lui-même. La chose est devenue odieuse. Elle n'avait qu'une chance de ne point le devenir qui était d'être entreprise sans esprit de vengeance ou de légèreté. Il faut croire que le chemin de la simple justice n'est pas facile à trouver entre les clameurs de la haine d'une part et les plaidoyers de la mauvaise conscience d'autre part. L'échec en tout cas est complet.

C'est qu'aussi bien la politique s'en est mêlée, avec tous ses aveuglements. Trop de gens ont crié à la mort comme si les travaux forcés, par exemple, étaient une peine qui ne tirait pas à conséquence. Mais trop de gens, au contraire, ont hurlé à la terreur lorsque quelques années de prison venaient récompenser l'exercice de la délation et du déshonneur. Dans tous les cas, nous voici impuissants. Et peut-être le plus sûr aujourd'hui est de faire ce qu'il faut pour que des injustices trop flagrantes n'empoisonnent pas un peu plus un air où les Français ont déjà du mal à respirer.

C'est d'une de ces injustices que nous voulons parler aujourd'hui. La même cour qui condamna Albertini, recruteur à la L.V.F.[6], à cinq ans de travaux forcés, a condamné à huit ans de la même peine le pacifiste René Gérin[7], qui avait tenu la chronique littéraire de *L'Œuvre* pendant la guerre. Ni en logique, ni en justice, cela ne peut

---

6. Georges Albertini (1911-1983) était recruteur à la Légion des volontaires français, une organisation militaire rassemblant des Français volontaires partis se battre en URSS sous l'uniforme allemand. Il était plus précisément le bras droit du collaborationniste Marcel Déat au Rassemblement national populaire puis son directeur de cabinet quand il fut nommé ministre dans les derniers mois de l'Occupation.

7. René Gérin (1892-1957), pacifiste intégral, était chroniqueur littéraire à *L'Œuvre*, quotidien dont le directeur politique était Marcel Déat.

s'admettre. Nous n'approuvons pas ici René Gérin. Le pacifisme intégral nous paraît mal raisonné et nous savons désormais qu'il vient toujours un temps où il n'est plus tenable. Nous ne pouvons approuver non plus que Gérin ait écrit, même sur des sujets littéraires, dans *L'Œuvre*.

Mais il faut cependant respecter les proportions et juger les hommes selon ce qu'ils sont. On ne punit pas de travaux forcés quelques articles littéraires, même dans les journaux de l'occupation. Pour le reste, la position de Gérin n'a jamais varié. On peut ne pas partager son point de vue, mais son pacifisme du moins était l'aboutissement d'une certaine conception de l'homme qui ne peut être que respectable. Une société se juge elle-même si au moment où elle n'est pas capable, faute de définition ou d'idées claires, de punir d'authentiques criminels, elle envoie au bagne un homme qui ne s'est trouvé que par hasard en compagnie de ces faux pacifistes qui aimaient l'hitlérisme et non la paix. Et une société qui veut et qui prétend opérer sa renaissance, peut-elle ne pas avoir ce souci élémentaire de clarté et de distinction ?

Gérin n'a dénoncé personne et il n'a participé à aucune des entreprises de l'ennemi. Si l'on jugeait que sa collaboration littéraire à *L'Œuvre* méritait une sanction, il fallait la prendre, mais il fallait la mesurer au délit. À ce degré d'exagération, une telle sanction ne répare rien. Elle donne seulement le soupçon qu'un pareil jugement n'est pas celui de la nation, mais celui d'une classe. Elle humilie un homme sans profit pour personne. Elle discrédite une politique pour le dommage de tous.

Ce procès, dans tous les cas, demande à être révisé. Et non pas seulement pour éviter à un homme des souffrances disproportionnées à ses fautes, mais pour que la justice elle-même soit préservée et devienne, dans un cas au moins, respectable. Bien que René Gérin ait été dans un autre camp que le nôtre, il nous semble que sur ce point toute l'opinion résistante devrait être avec nous pour sauver décidément tout ce qui peut encore être sauvé dans ce domaine. »

(Texte intégral)

La polémique trouve sa conclusion définitive en 1948, quand, dans un exposé fait au couvent des Dominicains de Latour-Maubourg, Albert Camus avoue qu'il a eu tort : « … il y a trois ans, une controverse m'a opposé à l'un d'entre vous et non des moindres. La fièvre de ces années, le souvenir difficile de deux ou trois amis assassinés, m'avaient donné cette prétention. Je puis témoigner cependant que, malgré quelques excès de langage venus de François Mauriac, je n'ai jamais cessé de méditer ce qu'il disait. Au bout de cette réflexion, je vous donne ainsi mon opinion sur l'utilité du dialogue croyant-incroyant, j'en suis venu à reconnaître en moi-même, et publiquement ici, que, pour le fond et sur le point précis de notre controverse, monsieur François Mauriac avait raison contre moi ».

BIBLIOGRAPHIE

Sur l'épuration

- Herbert R. Lottman, *L'épuration : 1943-1953*, Le Livre de poche, 1994.
- Peter Novick, *L'épuration française : 1944-1949*, Seuil, Points, 1991.
- Bénédicte Vergez-Chaignon, *Vichy en prison : les épurés à Fresnes après la Libération*, Gallimard, 2006.
- Philippe Bourdrel, *L'épuration sauvage*, Perrin, Tempus, 2008.

Sur Albert Camus

- Virgil Tanase, *Camus*, Gallimard, Folio, 2010.
- Olivier Todd, *Albert Camus : une vie*, Gallimard, Folio, 1999.
- Jeanyves Guérin (dir.), *Dictionnaire Albert Camus*, Robert Laffont, Bouquins, 2009.
- Albert Camus, *Camus à "Combat"*, Gallimard, 2002.
- Jean-François Mattéi (coord.), *Albert Camus, du refus au consentement*, PUF, 2011.

FILMOGRAPHIE

- *Albert Camus, le journalisme engagé* de Joël Calmettes, 2009.

DISCOGRAPHIE

- *Table ronde autour d'Albert Camus*, Frémeaux et associés, 2010.

« La civilisation mécanique vient de parvenir à son dernier degré de sauvagerie »

Albert Camus, *Combat*, 8 août 1945.

CONTEXTE

Dès 1939, Albert Einstein alerte Franklin D. Roosevelt sur la capacité qu'a l'Allemagne nazie d'élaborer une arme nucléaire. Le président américain lance le projet Manhattan en 1942 : il s'agit de faire réaliser par des scientifiques la première bombe atomique au monde. Trois centres de recherche complémentaires sont créés et emploient 150 000 personnes. Le site le plus connu est celui de Los Alamos, près de Santa Fe, où le général Groves supervise les recherches sur l'atome. À la mort de Roosevelt, survenue le 12 avril 1945, alors que se déroulent les derniers épisodes meurtriers de la Seconde Guerre mondiale, Harry S. Truman prend en charge la présidence des États-Unis. À l'image de son prédécesseur, il parait soucieux de mettre un point final au conflit qui s'éternise en Extrême-Orient.

Et, justement, le 16 juillet 1945, la bombe atomique *Trinity*, produit des scientifiques américains, explose à Alamogordo, dans le désert du Nouveau Mexique. L'essai est couronné de succès et l'arme accroît considérablement la force de frappe des États-Unis. Dix jours plus tard, Truman peut se permettre de lancer aux Japonais un ultimatum que ces derniers rejettent. Les Américains décident donc de lancer leur nouvelle arme sur le Japon pour obtenir sa capitulation et éviter toute intervention indésirable des Soviétiques. Le 6 août 1945, à 8h15, le bombardier B29 Enola Gay, commandé par le colonel Tibbets, largue la bombe à uranium *Little Boy* sur Hiroshima. L'explosion, survenue à 300 mètres d'altitude, détruit près de 90 % de la ville, faisant 75 000 morts et 90 000 blessés. Devant l'inédit, Albert Camus fait partie des rares Français – avec Marc Schérer et François Mauriac – à saisir aussitôt l'horreur d'une telle arme et le danger pour l'avenir de l'humanité ; la majorité de la presse du pays préfère s'aligner sur les propos des Américains qui s'enthousiasment sur le défi scientifique qui vient d'être relevé.

« Le monde est ce qu'il est, c'est-à-dire peu de chose. C'est ce que chacun sait depuis hier grâce au formidable concert que la radio, les journaux et les agences d'information viennent de déclencher au sujet de la bombe atomique. On nous apprend, en effet, au milieu d'une foule de commentaires enthousiastes, que n'importe quelle ville d'importance moyenne peut être totalement rasée par une bombe de la grosseur d'un ballon de football. Des journaux américains, anglais et français se répandent en dissertations élégantes sur l'avenir, le passé, les inventeurs, le coût, la vocation pacifique et les effets guerriers, les conséquences politiques et même le caractère indépendant de la bombe atomique. Nous nous résumerons en une phrase : la civilisation mécanique vient de parvenir à son dernier degré de sauvagerie. Il va falloir choisir, dans un avenir plus ou moins proche, entre le suicide collectif ou l'utilisation intelligente des conquêtes scientifiques.

En attendant, il est permis de penser qu'il y a quelque indécence à célébrer ainsi une découverte, qui se met d'abord au service de la plus formidable rage de destruction dont l'homme ait fait preuve depuis des siècles. Que dans un monde livré à tous les déchirements de la violence, incapable d'aucun contrôle, indifférent à la justice et au simple bonheur des hommes, la science se consacre au meurtre organisé, personne sans doute, à moins d'idéalisme impénitent, ne songera à s'en étonner.

Ces découvertes doivent être enregistrées, commentées selon ce qu'elles sont, annoncées au monde pour que l'homme ait une juste idée de son destin. Mais entourer ces terribles révélations d'une littérature pittoresque ou humoristique, c'est ce qui n'est pas supportable.

Déjà, on ne respirait pas facilement dans un monde torturé. Voici qu'une angoisse nouvelle nous est proposée, qui a toutes les chances d'être définitive. On offre sans doute à l'humanité sa dernière chance. Et ce peut être après tout le prétexte d'une édition spéciale. Mais ce devrait être plus sûrement le sujet de quelques réflexions et de beaucoup de silence.

Au reste, il est d'autres raisons d'accueillir avec réserve le roman d'anticipation que les journaux nous proposent. Quand on voit le rédacteur diplomatique de l'Agence Reuter annoncer que cette invention rend caducs les traités ou périmées les divisions mêmes de Potsdam[1], remarquer qu'il est indifférent que les Russes soient à Koenigsberg ou la Turquie aux Dardanelles, on ne peut se défendre de supposer à ce beau concert des intentions assez étrangères au désintéressement scientifique.

Qu'on nous entende bien. Si les Japonais capitulent après la destruction d'Hiroshima et par l'effet de l'intimidation, nous nous en réjouirons. Mais nous nous refusons à tirer d'une aussi grave nouvelle autre chose que la décision de plaider plus énergiquement encore en faveur d'une véritable société internationale, où les grandes puissances n'auront pas de droits supérieurs aux petites et aux moyennes nations, où la guerre, fléau devenu définitif par le seul effet de l'intelligence humaine, ne dépendra plus des appétits ou des doctrines de tel ou tel État.

Devant les perspectives terrifiantes qui s'ouvrent à l'humanité, nous apercevons encore mieux que la paix est le seul combat qui vaille d'être mené. Ce n'est plus une prière, mais un ordre qui doit monter des peuples vers les gouvernements, l'ordre de choisir définitivement entre l'enfer et la raison. »

(Texte intégral)

Dans la soirée du 6 août 1945, Truman prononce un discours dans lequel il justifie l'usage de la bombe. Considérant l'élaboration de l'arme atomique comme une prouesse de la recherche scientifique du pays, le président américain s'adresse tout particulièrement aux Japonais, qu'il menace de nouvelles attaques s'ils ne veulent pas cesser les hostilités, en vain. Le 9 août 1945, la bombe au plutonium *Fat Man* est larguée sur la ville de Nagasaki. Elle fait 40 000 morts et autant de blessés. Dès le lendemain, le Japon accepte la paix. Le 15 août, un message radiodiffusé de l'empereur Hirohito annonce la capitulation du pays. Celle-ci est signée le 2 septembre.

---

1. La conférence de Potsdam qui a réuni les puissances alliées à l'été 1945 a fixé le sort des nations ennemies.

Malgré la position du Vatican qui, dès le 7 août, condamne « ce nouvel instrument de mort », le largage des bombes atomiques n'alarme pas l'opinion publique américaine qui se satisfait de voir évitées les pertes humaines qu'aurait occasionnées un débarquement et définitivement terminée la Seconde Guerre mondiale. Les Américains souhaitent aussi affirmer aux Russes leur avance technologique en matière d'armement. Envieux, les Soviétiques se lancent aussitôt dans la course à l'armement nucléaire et disposent, eux aussi, de la bombe atomique en 1949. Trois ans plus tard, les États-Unis mettent au point une nouvelle arme, plus puissante encore, la bombe à hydrogène. En pleine guerre froide, la compétition fait rage et personne ne s'inquiète des conséquences de la prolifération des armes de destruction massive.

BIBLIOGRAPHIE

Sur la bombe atomique

- Samy Cohen, *La bombe atomique : la stratégie de l'épouvante*, Gallimard, Découvertes, 1995.
- Bruno Tertrais, *L'arme nucléaire*, PUF, Que sais-je ?, 2008.
- Pascal Boniface, Barthélémy Courmont, *Le monde nucléaire : arme nucléaire et relations internationales depuis 1945*, Armand Colin, 2006.

Sur Hiroshima

- John Hersey, *Hiroshima : lundi 6 août 1945, 8h15*, Tallandier, Texto, 2011.
- Keiji Nakazawa, *J'avais six ans à Hiroshima le 6 août 1945, 8h15*, Le Cherche Midi, 2005.

FILMOGRAPHIE

- *Hiroshima, le jour où le monde a changé pour toujours* de Stephen Walker, 2003.
- *Hiroshima* de Paul Wilmshurst, 2005.
- *Bombe atomique, l'échec de Copenhague* de Mike Smith, 2003.
- *Hiroshima, la technologie derrière la tragédie* d'Alice H. Ikeda, 2004.

LIEUX

- Mémorial de la Paix, Hiroshima (Japon).

Voir biographie, p. 86.

« Le procès des médecins allemands du camp de Struthof »

Jean-Marc Théolleyre, *Le Monde*, 23 décembre 1952.

Jean-Marc Théolleyre est né en 1924. Déporté au camp de Buchenwald pour actes de résistance, il entre à la rédaction du *Monde* en 1945. Chroniqueur judiciaire, il suit les grands procès politiques de l'après-guerre, les dossiers de la décolonisation, les grandes affaires criminelles dont celle de Marie Besnard qui lui vaut le Prix Albert-Londres en 1959, jusqu'au procès du « boucher de Lyon », Klaus Barbie. Il achève sa carrière comme chef des Informations générales du *Monde*. Il meurt en 2001.

CONTEXTE

À partir de l'arrivée d'Hitler au pouvoir en Allemagne en 1933, une partie du corps médical dévie de ses objectifs premiers, fondés sur le serment d'Hippocrate, pour servir les thèses racistes du Parti nazi. La communauté scientifique, épurée et domestiquée, s'obstine à démontrer la supériorité de la race aryenne par tous les moyens possibles. L'entrée en guerre, en 1939, précipite les professeurs dans des expériences humaines toujours plus effroyables et dont les déportés sont les principales victimes. Les camps de concentration deviennent des réserves de « cobayes » sur lesquels tout est permis : parmi les multiples expériences mortelles commises, les médecins observent des hémorragies volontairement déclenchées, testent la réaction du corps humain au froid et à la basse pression, étudient les lésions aux poumons causées par le gaz et expérimentent la stérilisation. Le camp de Struthof, seul camp de concentration nazi installé sur le sol français annexé au Troisième Reich, n'est pas épargné par cette folie médicale. Durant la guerre, le camp fournit à des professeurs de l'université allemande de Strasbourg des cadavres, tout juste sortis de la chambre à gaz, pour poursuivre leurs études sur le typhus et l'intoxication au gaz. Des dépeçages sont également commis sur les corps des détenus asphyxiés pour observer la réaction des chairs. À la Libération, les Alliés retrouvent des corps précipitamment démembrés et plongés dans des cuves de formol.

En décembre 1952 s'ouvre le procès des médecins nazis du camp de Struthof devant le tribunal militaire de Metz. Des six accusés, deux seuls sont présents : Eugen Haagen et Otto Bickenbach, poursuivis pour empoisonnement ; les quatre autres – August Hirt, Helmut Ruhl, Otto Bong et Helmut Graefe – n'ont pas été retrouvés et font l'objet d'une procédure de contumace. Pendant les audiences, Haagen et Bickenbach affirment rester convaincus de l'utilité de leurs expériences : « Je crois que si la guerre avait continué, j'aurais pu perfectionner mon vaccin qui serait alors devenu une véritable bénédiction pour tous les hommes et même pour les camps de concentration » (Haagen). Dans l'article reproduit, le journaliste du *Monde* Jean-Marc Théolleyre revient sur les déclarations des derniers témoins du procès, dont celle du docteur de Larebeyrette qui offre des précisions accablantes sur le comportement des deux médecins allemands.

« Le docteur Ragot a bien posé le problème quand il a dit aux juges militaires : « Si Haagen voulait des sujets pour expérimenter son vaccin contre le typhus, pourquoi ne les a-t-il pas choisis parmi les SS qui combattaient sur le front de l'Est ? Je pense qu'il aurait trouvé là-bas autant de volontaires qu'il en aurait désiré. »

On a beaucoup discuté samedi encore de cette question du volontariat. M. Robert Waitz, professeur à la faculté de médecine de Strasbourg, a apporté à ce propos un témoignage capital. Il ne fut pas déporté au Struthof, mais il a connu à Buchenwald le bloc 50, installé par l'institut d'hygiène, où l'on recherchait également des vaccins contre le typhus, et où l'on en éprouvait les effets sur les internés sélectionnés.

« À Buchenwald, a déclaré M. Waitz, on a ainsi inoculé le typhus à neuf cent cinquante à mille personnes, la plupart dans un état de santé déplorable, et il y avait neuf décès sur dix. »

Il ajoute cette phrase terrible pour Haagen : « Le médecin SS Schuler-Ding, qui dirigeait ce bloc expérimental de Buchenwald, m'a dit en 1945 que les mêmes méthodes étaient appliquées au Struthof. Il a même ajouté qu'il savait que le vaccin utilisé par le professeur Haagen était insuffisamment atténué et que de nombreux cas de décès s'étaient produits. »

Que retenir maintenant du long témoignage du docteur de Larebeyrette ? Ancien déporté au Struthof, il y fut affecté à l'infirmerie, où il a vu, lui aussi, les Tziganes livrés à Haagen, comme ceux qui furent remis entre les mains de Bickenbach. Il raconta comment il lui arriva d'être désigné pour effectuer sur les premiers des ponctions hépatiques, qui entraînèrent des cas d'infections graves.

Il apporte également sur le comportement de Haagen certaines précisions.

« Un jour, dit-il, à la suite d'amputations, je vis des malheureux passer devant moi. Je crus un moment qu'ils marchaient sur des lambeaux de chaussettes. En réalité ils étaient pieds nus. Ce que je prenais pour de la laine grisâtre étaient en réalité des tendons et des muscles rompus sur lesquels ils se traînaient dans la poussière. J'ai alerté Haagen aussitôt. Il vient et il a eu devant ce spectacle horrible cette simple phrase : « Oh ! très intéressant. » Et il est reparti.

– Mais vous savez bien que je ne pouvais rien », répond Haagen, affolé.

La déposition s'est poursuivie aussi accablante pour Bickenbach, dont le docteur de Larebeyrette déclare :

« De temps en temps on le voyait arriver en trombe dans la chambre où étaient rassemblés les Tziganes soumis aux épreuves du gaz phosgène. Il était entouré de cinq ou six autres savants ou de SS. Brutalement il jetait ses ordres et repartait. »

Mais c'est surtout quand il aborde la question du volontariat que M. de Larebeyrette retient l'attention du tribunal.

« Volontaires ! s'exclame-t-il. Nous savons de quel volontariat il pouvait s'agir. Lorsque je fus plus tard au camp de Dachau j'ai vu des pauvres gars de dix-huit à vingt ans qui me disaient : « Dis donc, toubib, il y a un bloc où, paraît-il, on mange bien. Est-ce que je peux y aller ? J'ai faim, je ne veux pas mourir. » C'est cela, reprend le docteur, qu'on ose appeler des volontaires. »

Et il cite le cas d'un Tzigane qui, réchappé d'une expérience de Bickenbach, se vit en récompense nommer « pendeur » de ses camarades : c'est lui qui les attachait au crochet du four crématoire pour une soupe de plus. « Car on en arrivait à réduire l'homme à cette condition épouvantable de bassesse : il était prêt à n'importe quoi, pourvu qu'il se sente accorder une nouvelle échéance devant la mort… »

On a encore écouté la déposition de Mlle Schmitt, qui fut assistante de Haagen à Strasbourg, et qui vit dans un bureau du professeur une étrange liste de noms, dont certains portaient en marge une croix. On ne pouvait, dit-elle, avoir de doute sur sa signification.

On a également entendu Hirtz, l'ancien infirmier du camp Schirmeck, où Haagen fit d'autres expériences. Deux Polonais, à qui l'on avait inoculé le virus antityphique, moururent.

Haagen s'efforce de contester cette déposition, mais le commissaire du gouvernement la retient.

Enfin il y a eu l'assez bizarre déposition d'un ami de l'infirmier Hirtz, le docteur Schultz, qui vint déclarer inopinément que Hirtz aurait été menacé par Haagen au cours de l'été dernier :

« Hirtz m'a déclaré formellement qu'il avait reçu à cette époque la visite d'un ancien SS, qui fut interné à la prison de Metz en compagnie de Haagen. Cet homme lui conseilla de tenir sa langue s'il venait témoigner. »

À ce moment on a cherché Hirtz, mais il était déjà parti reprendre son train. Le tribunal a décidé de le faire revenir ce matin. »

(Texte intégral)

Les dernières déclarations de Bickenbach au procès témoignent de son obstination : il reste « convaincu d'avoir finalement réussi à sauver des vies humaines ». Au terme d'une demi-heure de délibérés, les deux accusés sont déclarés coupables d'empoisonnement mais bénéficient de circonstances atténuantes : ils sont condamnés aux travaux forcés à perpétuité ; August Hirt et Helmut Ruhl sont condamnés à mort par contumace. Otto Bong n'est pas reconnu coupable de recel de cadavre dont on l'accusait et est acquitté ; enfin, l'action contre Helmut Graefe est déclarée éteinte à l'annonce officielle de son décès. En 1954, le jugement est cassé : le tribunal militaire de Lyon transforme la peine en 20 ans de travaux forcés. Libérés un an plus tard, Haagen et Bickenbach retournent en Allemagne.

BIBLIOGRAPHIE

Sur le camp de Struthof

- Robert Steegmann, *Le Struthof : KL-Natzweiler : histoire d'un camp de concentration en Alsace annexée, 1941-1945*, La Nuée bleue, 2005.
- Robert Steegmann, *Le camp de Natzweiler-Struthof*, Seuil, 2009.

Sur d'autres camps nazis

- Annette Wieviorka, Michel Laffitte, *À l'intérieur du camp de Drancy*, Perrin, 2012.
- Bernhard Strebel, *Ravensbrück : un complexe concentrationnaire*, Fayard, 2005.
- Laurence Rees, *Auschwitz : les nazis et la Solution finale*, Le Livre de poche, 2008.
- Raul Hilberg, *La destruction des Juifs d'Europe*, 3 tomes, Gallimard, Folio, 2006.
- Primo Levi, *Si c'est un homme*, Pocket, 1988.

FILMOGRAPHIE

- *Le Struthof : l'histoire du seul camp de concentration nazi en France, 1941-1944* de Monique Seemann, 1995.

DISCOGRAPHIE

- *Struthof : un camp nazi sur le sol français*, France Bleue Alsace, 2007.

LIEUX

- Le Struthof – Centre européen du résistant déporté, Matzwiller.

«Week-end à Dien-Bien-Phu»

Robert Guillain, *Le Monde*, 14-15 février 1954.

Robert Guillain est né en 1908. À 22 ans, il est le plus jeune docteur en droit de France. En 1934, il entre à l'agence Havas, ancêtre de l'Agence France-Presse, et s'envole pour la Chine couvrir la guerre civile qui oppose les nationalistes aux communistes. Il devient chef de bureau de son agence à Tokyo où il reste durant toute la Seconde Guerre mondiale. Il est alors l'un des premiers à visiter la ville d'Hiroshima après la catastrophe atomique. À ce sujet, il avouera : « J'ai eu honte pour l'Occident, pour la science et pour l'homme ».

Rentré en France en 1946, Robert Guillain rejoint la rédaction du *Monde* où il prend en charge la rubrique Asie, puis tout le service Étranger. Correspondant à Tokyo jusqu'à sa retraite en 1976, il s'éloigne de la capitale japonaise pour écrire des reportages sur les guerres de Corée et du Vietnam. Fait commandeur de l'ordre du Soleil levant, il publie de nombreux ouvrages sur son continent de prédilection dont *Le peuple japonais et la guerre : choses vues, 1939-1946* (1947), *600 millions de chinois sous le drapeau rouge* (1956), *Dans trente ans la Chine* (1965) et *Japon, troisième grand* (1969). Il meurt en 1998.

CONTEXTE Au lendemain de la Seconde Guerre mondiale, des mouvements indépendantistes s'affirment dans toute l'Asie colonisée. Pour la France, il n'est pas question de se séparer de l'Indochine, et encore moins de céder son pouvoir au Parti communiste, le Viêt-minh, dont le chef, Hô Chi Minh, a déclaré le Vietnam indépendant et l'a converti en une république démocratique en septembre 1945. L'armée française s'engage donc dans une guerre en Indochine à partir de novembre 1946. Sept ans plus tard, le conflit continue de faire rage. En septembre 1953, la France applique la stratégie de barrer la route à l'influence du Viêt-minh au Laos, un État indépendant mais membre de l'Union française. Pour cela, le général Navarre, nouveau commandant en chef de l'Indochine, fait installer un camp militaire sur la base de Diên Biên Phu. Son objectif est d'y attirer les communistes vietnamiens et de les affaiblir. Le lieu, situé à 300 kilomètres à l'ouest de Hanoï, permet de contrôler la route de Louang-Prabang. Son principal défaut est qu'il s'apparente à une cuvette.

Le 20 novembre 1953, l'opération Castor est déclenchée : des bataillons aéroportés sont ostensiblement parachutés sur le site. Placés sous le commandement du colonel de Castries, ils font de Diên Biên Phu un camp retranché abritant plus de 10 000 soldats ; les neuf points d'appui sont baptisés de noms de femme. Mais les militaires français ont largement sous-estimé les forces de leur ennemi : le général Giap dispose de cinq divisions que rejoint bientôt une partie de la population locale reconvertie en soldats lourdement équipés. À l'aube de l'année 1954, les hommes du général Navarre se trouvent entièrement encerclés par un réseau de tranchées de 400 kilomètres de long. C'est dans cette atmosphère pesante, dans laquelle tous attendent le combat, que Robert Guillain, pour les lecteurs du *Monde*, découvre la base française et annonce le désastre qui s'y trame.

« Pour l'avion qui arrive de Hanoï par-dessus 200 kilomètres de pays occupé par les Viets, elle n'est pas bien large, la fameuse cuvette de Dien-Bien-Phu, seul bout de terre plate dans un océan tempétueux de montagnes. À l'atterrissage on aimerait voir d'un peu moins près la pointe des pitons, et surtout on se dispenserait volontiers de frôler au passage le balcon des hauteurs d'alentour : au ras de nos ailes, ces forêts en dessous de nous, ces savanes où courent des pistes fraîchement ouvertes, abritent des milliers de Viets, dont rien pourtant ne révèle la présence. Quelle cible nous sommes pour leur D.C.A. ! Mais elle a heureusement des tâches plus importantes que de s'occuper de nous ; elle ne tire pas sur les avions du pont aérien.

À terre, le paysage reprend ses proportions, la cuvette apparaît avec toute sa largeur. Le mot de « cuvette » donne d'ailleurs une idée fausse. L'image juste serait plutôt celle d'un stade, mais d'un stade immense, de 20 kilomètres au moins dans sa longueur, de 7 ou 8 par le travers. Le fond du stade est à nous ; les gradins des montagnes tout autour sont au Vietminh.

Le visiteur qui tombe là-dedans du haut du ciel est assailli au premier moment par un désordre d'impressions qui lui coupent le souffle. L'impression d'abord d'être encerclé, encagé, cerné ; celle encore d'être vu de partout, que chacun de ses mouvements doit être aperçu par l'ennemi, qui plonge ses regards d'en haut, tandis que lui-même, derrière le rideau des forêts, ne nous est visible nulle part.

Le visiteur est surpris par surcroît de constater que, au rebours de toute forteresse connus, celle-ci n'a pas choisi de laisser la place à l'ennemi pour se placer sur les hauteurs, mais bien le contraire. À nous le creux, le plat ; à l'ennemi tout ce qui domine…

Mais bientôt aussi naît un sentiment rassurant : celui de pénétrer dans un système formidable. C'est une espèce de piège gigantesque et compliqué, hérissé de pointes, boursouflé d'ouvrages, miné, creusé, compartimenté, labouré sur des kilomètres carrés, et plus habité qu'une fourmilière.

C'est une immense plaine de poussière jaune et de terre remuée, et le contraste est saisissant avec le reste du paysage, où tout est d'un vert exubérant. Jusqu'au bord de la cuvette la végétation bouillonne et dégouline tout autour, et soudain elle s'arrête au seuil de l'étrange désert. Naguère cette plaine portait une fourrure presque aussi verte et riche que celle de ces montagnes : on la lui a arrachée, dirait-on, comme on arrache une peau de lapin.

En l'occurrence des milliers d'hommes pendant un mois ont travaillé jour et nuit à abattre des milliers de troncs d'arbres et à raser de sa jungle tropicale quelque chose comme l'espace allant du bois de Boulogne au Mont-Valérien. « Je me suis fabriqué une plaine », dit le colonel de Castries, qui commande ici.

Et tous les troncs d'arbres sont rentrés sous terre dans les trous où vivent les hommes, comme des fétus de paille que les fourmis ramènent dans le secret de leurs galeries. À la surface plus rien n'a poussé, sinon la prolifération d'une ronce de métal : les barbelés. Les barbelés en nappes immenses, en buissons, en haies parallèles, en brise-lames qui rejetteraient les assaillants vers les espaces ouverts, où les couvriraient de leur feu au ras du sol les museaux pivotants des mitrailleuses enterrées.

Le cœur de tout le système est l'aérodrome. Dien-Bien-Phu n'existe que grâce au pont aérien depuis Hanoï. Parachutages dans la matinée, quand le brouillard ou les nuages ne se sont pas encore dissipés. Atterrissages l'après-midi. À la plus forte « pointe », on a compté plus de deux cents vols de ravitaillement dans la journée. De l'artillerie lourde, des tanks sont arrivés par avions, en pièces détachées, remontée à terre en deux jours : les Américains n'avaient pas fait cela en Corée. Des caisses d'obus sortent des carlingues, et la salade arrive par la voie des airs.

Autour de l'aérodrome les blockhaus, les postes de commandement, les abris où vivent des centaines d'hommes, les ouvrages de défense, tout cela, au milieu d'un labyrinthe de barbelés, est presque aussi aplati que la piste aérienne elle-même. Pas la moindre « guitoune » dépassant au ras du sol. C'est le règne du sac de terre et des tunnels sous les rondins, à l'abri des coups de 105 de l'artillerie vietminh, qui n'a d'ailleurs pas encore tiré. Même pendant la dernière guerre l'armée française n'avait jamais monté pareil système de fortifications de campagne.

Nous n'avons d'ailleurs pas ici, à la différence de la forteresse de l'an passé à Na-San, un hérisson unique. Dien-Bien-Phu comporte tout un réseau de points forts s'articulant les uns avec les autres à distance et sur de vastes espaces, pour obtenir à la fois une couverture mutuelle, une dispersion de l'attaquant et la possibilité de manœuvrer avec des réserves.

Outre le terrain plat, nous tenons tout de même quelques points élevés : une couronne de pitons, dressés à la périphérie de la plaine comme des avant-gardes de la montagne. Gabrielle, Claudine, Éliane, etc. : ces points d'appui, formidablement défendus ont été baptisés de noms de femmes. La forêt tropicale couvrait certains d'entre eux. Il n'en reste ni une branche ni une feuille ; seulement quelques troncs colossaux jetés à terre : impossibles à scier, ces géants de la forêt servent de remparts.

Hauteurs rousses trouées de meurtrières, ces pitons au-dessus de la plaine ressemblent étrangement à on ne sait quels villages fortifiés d'Afrique ou d'Afghanistan. Le peuple qui les habite ajoute à l'illusion.

La surprenante armée ! À Paris ou en France quand on parle de l'Indochine ou de notre armée qui la défend on pense à une armée de Français, une armée d'hommes blancs combattant un adversaire jaune. C'était le cas en 1947 quand je vis cette guerre à ses débuts. Ce n'était déjà plus vrai en 1951, date de mon deuxième séjour. Aujourd'hui je surprendrai peut-être bien des gens de chez nous en leur décrivant l'apparence de cette armée à Dien-Bien-Phu.

On est maintenant devant le plus extraordinaire mélange de couleurs et de races : Marocains, Annamites, Algériens, Sénégalais, légionnaires, Méos, Tonkinois, Thaïs, Muongs. Si bien que dans cette foule bigarrée le Français de France finit par faire figure de rareté tant le « jaunissement » du corps expéditionnaire, sa « coloration » par les troupes coloniales, son gonflement par le développement de l'armée vietnamienne, ont noyé les Européens dans les troupes de couleur. Rares sont d'ailleurs les Français restés simples troupiers. Ils forment pour la plupart les cadres d'officiers et de sous-officiers.

Du haut du piton Gabrielle, surnommé aussi le piton Rouge, regardons le paysage. À l'extérieur de la cuvette : la forêt vierge et la brousse ; à l'intérieur : Verdun. Mais un Verdun artificiel, préfabriqué comme pour le cinéma, car le hérissement des troncs coupés au-dessus du sol ou à mi-hauteur, les restes d'arbres dépouillés, les trous dans la terre, tout cela est un décor constitué avant la bataille et en vue de la bataille et non pas le décor d'après la bataille.

Et précisément il ne manque plus qu'une chose dans ce champ de bataille, une chose et une seule : la bataille elle-même. La bataille n'est pas venue au rendez-vous. Il y a deux mois qu'on l'y prépare, qu'on l'attend, qu'on l'espère – mais en vain.

Le parachutage initial – six bataillons tombant du ciel – a eu lieu le 20 novembre. Un mois plus tard, à la veille de Noël, quelques durs combats au sud de la cuvette ; depuis, des coups de main des deux côtés pour avoir des renseignements et des prisonniers ; des tirs et des bombes de notre part. C'est tout. Les forêts d'alentour restent muettes et mystérieuses.

Avec la deuxième quinzaine de janvier, le dispositif des Viets se resserre. Ils nous tâtent à l'est. La pression se déplace, tourne, reparaît vers l'ouest. L'Ouest, où la plaine est plus vaste, plus parfaitement plate. Vont-ils s'y engager ?

Faire descendre le Viet dans la cuvette ! Voilà le rêve du colonel de Castries, commandant en chef à Dien-Bien-Phu et de tout l'état-major. S'il descend il est à nous. Le choc peut être dur, mais nous l'arrêtons. Et enfin nous aurons ce qui nous a toujours manqué : un objectif ; un objectif concentré que nous pourrons « matraquer ». Alors nous pourrons nous vanter de la réussite de notre manœuvre, qui aura consisté à aimanter l'ennemi sur nous, à le grouper, à le fixer, pour frapper.

Les 25 et 26 janvier la tension est au plus haut. Nos milliers d'hommes sont en alerte pendant la nuit. L'étau du Vietminh n'a jamais été si étroitement serré ; il grouille littéralement tout autour, bien que toujours invisible. Les renseignements et les indices concordent : l'assaut général est attendu pour la nuit même.

À Hanoï « black-out » général sur les nouvelles de Dien-Bien-Phu. Du Tonkin ou du Laos les journalistes ne peuvent plus s'envoler pour la forteresse…

Deux jours passent, trois… Il ne s'est rien produit. Quand j'arrive par avion sur les lieux il est à peu près certain que le Vietminh n'attaquera pas. Son dispositif se desserre, le contact se dérobe, tout redevient fluide de son côté. Cette visite à la forteresse en alerte aurait pu être un saut dans la gueule du loup, un rendez-vous avec la guerre. Mais la guerre n'était pas au rendez-vous, et tout n'est plus qu'un paisible week-end.

Week-end à Dien-Bien-Phu : tout est calme, et le drame c'est cela. Le Vietminh a *failli* attaquer, mais il a seulement *failli*, et voilà sa force. Il y a beau temps qu'il a appris sa leçon. Leçon écrite, longuement développée dans les instructions militaires de Mao Tse-Toung pour les soldats de la révolution chinoise, et bien connue de Giap, le général de Ho Chi-Minh : on n'attaque pas une place forte si on n'est pas sûr de l'enlever, et de l'enlever sans trop de pertes en hommes. Leçon pratique : Giap s'est blessé l'an passé sur le hérisson de Na-San, et l'enseignement a été retenu.

Le Vietminh a *failli* attaquer, et c'est peut-être aussi sa ruse. Car, par cet après-midi d'un samedi ensoleillé où nos hommes à Dien-Bien-Phu attendent et s'impatientent, une des divisions de Giap, et probablement sa meilleure, est en plein mouvement vers le sud. Elle est en marche vers Luang-Prabang. Elle a dû décrocher précisément au moment de la grande alerte, qui n'était donc qu'une feinte. »

(Texte intégral)

Un mois après la parution de l'article, une première attaque du Viêt-minh permet le contrôle de la piste d'aviation française, empêchant tout ravitaillement ou rapatriement possible. Dans la déroute, le colonel Piroth, commandant l'artillerie du camp, se suicide. Au terme de longues semaines de siège, les pluies de mousson rendent l'affrontement encore plus désespéré pour les Français. La base est clairement condamnée quand les Américains annoncent leur refus de soutenir leurs alliés sur le champ de bataille. Le 7 mai 1953, le camp retranché, réduit à quelques centaines de mètres carrés, doit abandonner le combat. Les Français ont perdu 1 700 soldats, le Viêt-Minh cinq fois plus ; la captivité prolongée des soldats faits prisonniers cause la mort de près de 7 000 d'entre eux.

Le lendemain du cessez-le-feu se tient la conférence de Genève qui aboutit à la signature d'accords en juillet. La France se retire de l'Indochine après plus de 70 ans de domination coloniale. Le Viêt-Minh doit quitter le Laos et le Cambodge. Le Vietnam devient officiellement indépendant et se divise en deux États au niveau du 17e parallèle : le nord du pays est placé sous l'influence communiste d'Hô Chi Minh, le sud sous l'influence occidentale incarnée par l'empereur Bao Daï. La trêve sera de courte durée : une nouvelle guerre va bien s'engager, celle du Vietnam.

BIBLIOGRAPHIE

Sur la guerre d'Indochine

- Philippe Franchini, *Les guerres d'Indochine*, 2 tomes, Tallandier, Texto, 2011.
- Georges Fleury, *La guerre en Indochine : 1945-1954*, Perrin, Tempus, 2003.
- Jacques Dalloz, *Dictionnaire de la guerre d'Indochine, 1945-1954*, Armand Colin, 2006.

Sur Diên Biên Phu

- Roger Bruge, *Les hommes de Diên Biên Phu*, Perrin, Tempus, 2003.
- Robert Guillain, *Diên-Biên-Phu : la fin des illusions : notes d'Indochine, février-juillet 1954*, Arléa, 2004.
- Pham Thanh Tâm, *Carnet de guerre d'un jeune Viêt-minh à Diên Biên Phu : 21 février-28 août 1954*, Armand Colin, 2011.
- Pierre Journoud, Hugues Tertrais, *Paroles de Dien Bien Phu : les survivants témoignent*, Tallandier, Texto, 2012.
- Geneviève de Galard, *Une femme à Diên Biên Phu*, J'ai Lu, 2004.

FILMOGRAPHIE

- *Dien Bien Phu : le rapport secret* de Patrick Jeudy, 2004.
- *La 317ème section* de Pierre Schoendoerffer, 1964.
- *Diên Biên Phù* de Pierre Schoendoerffer, 1991.
- *Indochine* de Régis Wargnier, 1992.

LIEUX

- Mémorial des Guerres en Indochine, Fréjus.
- Musée de la victoire historique de Diên Biên Phu, Diên Biên Phu (Vietnam).

« La Question »

François Mauriac, *L'Express*, 15 janvier 1955.

CONTEXTE

Dans le cadre de sa politique coloniale, la France entretient des liens très étroits avec l'Algérie. Investi depuis 1830, ce pays d'Afrique du Nord a été divisé en départements comme la métropole et abrite une importante population européenne. Il est regardé comme un élément indissociable du territoire français. Toute volonté d'émancipation est donc étouffée ou réprimée : les insurrections de Sétif et Guelma de 1945 conduisent à une méthode adoptée par les autorités, le massacre. La « Toussaint rouge » et ses attentats simultanés de novembre 1954, organisés par le FLN (Front de libération nationale), marquent le début d'une période très agitée de plusieurs années. Aux attaques terroristes, le président du Conseil Pierre Mendès France répond aussitôt qu'« entre l'Algérie et la métropole, il n'y a pas de sécession concevable ». Le MTLD (Mouvement pour le triomphe des libertés démocratiques), fondé par Messali Hadj en 1946, est dissous le 5 novembre et les premiers renforts militaires sont envoyés en Algérie. Au tout début de l'année 1955, le ministre de l'Intérieur François Mitterrand soutient le recours à la force et présente un programme de réformes au Conseil des ministres.

Les premiers événements de la guerre d'Algérie, et la décolonisation plus largement, donnent l'occasion aux intellectuels français d'intervenir dans vie politique française. Ce n'est pas une première ; l'Affaire Dreyfus, accompagnée du fameux « J'accuse » d'Émile Zola, avait déchiré la communauté des penseurs en opposant des écrivains de droite antidreyfusards aux universitaires de gauche. D'autres grandes affaires dans la première moitié du XXe siècle vont alimenter le débat national : la guerre d'Espagne, les grands procès de Moscou, l'épuration, la guerre froide. La guerre d'Algérie, elle aussi, va avoir sa « bataille de l'écrit ». Dans ces échanges, la question de la torture est ouverte par Claude Bourdet : son article du 13 janvier 1955, intitulé « Votre Gestapo d'Algérie » et publié dans *France Observateur*, énumère les supplices pratiqués sur des militants qui ont été arrêtés et sont interrogés. Deux jours plus tard, François Mauriac dénonce à son tour des séances de torture dans *L'Express*, sous le titre « la Question ». Déjà le 5 novembre 1954, l'écrivain avait lancé un appel aux lecteurs de l'hebdomadaire : « Il faut empêcher la police de torturer ».

« – Vous seul pouvez parler… Vous seul.

Je détourne la tête. Que de fois l'aurai-je entendu ce « vous seul » ! Mes ennemis croient que je cède à la passion d'occuper la scène. Je soupire :

– Il faudrait des preuves. On n'a jamais de preuves.

– Moi, j'ai vu, dit l'homme.

Je l'observe à la dérobée : je connais bien ce regard : celui de mon ami R., celui de ce prêtre de la Mission de France qui travaille dans la région de Constantine, le regard de ceux qui ont vu de leurs yeux, qui ne peuvent plus penser à rien d'autre ; toutes les fleurs du monde sont flétries pour eux. Des obsédés, bien sûr. Moi-même, je commence à la subir, cette obsession, mais un écrivain est habile à s'évader. J'insiste, presque suppliant :

– À quoi bon, puisque « ça » ne laisse pas de traces !

– Ils n'ont pas renoncé aux coups de nerf de bœuf, vous savez ! Mais la baignoire, ou plutôt le baquet d'eau sale où la tête est maintenue jusqu'à l'étouffement, mais le courant électrique sous les aisselles et entre les jambes, mais l'eau souillée introduite par un tuyau dans la bouche jusqu'à ce que le patient s'évanouisse…

– Ce n'est pas possible, dis-je.

– Mais oui : comme pour la Brinvilliers, comme pour Damiens… Cela ne laisse guère de traces en effet, non plus que les goulots de bouteille enfoncés…

Je l'interromps :

– Je sais… d'autres m'ont raconté. Mais pourquoi ? pourquoi ?

– Il s'agit d'obtenir des suspects (et je ne prétends certes pas qu'ils soient tous innocents) l'aveu de leur participation directe ou indirecte au terrorisme. Mais surtout, on attend d'eux qu'ils dénoncent leurs camarades. Je me rappelle celui qui avait fini par céder : il était fou de désespoir et de honte : « Je suis déshonoré, gémissait-il, je les ai livrés… ». Songez que ces tortures sont coupées d'interrogatoires qui se prolongent durant des heures et on les laisse presque toujours sans nourriture. Alors ils signent n'importe quoi.

– Mais… les juges ?

– Oh ! avant de les conduire au Palais de Justice, on rend les victimes présentables… Un rien de toilette, quoi ! Il n'empêche qu'au début de novembre, les comparutions avaient lieu très tôt ou très tard pour qu'il n'y eût pas de témoins. Le 12 novembre à 7 heures du matin, ma femme, qui faisait le guet, a tout de même vu des garçons encore tout sanglants, à leur entrée chez le juge.

– Sans avocat ? Je croyais que la présence de l'avocat était exigée par la loi.

– Nous ne sommes prévenus ni de l'heure ni du jour de la comparution. Pour avoir quelque chance d'assister un client, j'ai dû faire le guet, moi aussi, à la porte du juge : oui, huit heures d'affilée…

– La police a donc le droit de détenir un individu plus de vingt-quatre heures sans le déférer au magistrat ? On m'avait pourtant dit…

– L'article 114 du Code pénal réprime en effet la séquestration arbitraire.

– Mais là encore, comment faire la preuve ?

– Oh ! très aisément ; il suffit de rapprocher deux dates : celle de l'arrestation et celle du mandat de dépôt ou de l'ordonnance de mise en liberté.

– Alors pourquoi ne pas déposer plainte ?

– Croyez-vous que les victimes s'en privent ? Des plaintes ? Combien n'en a-t-on pas déposées ! Aucune n'a jamais été instruite. Vous entendez bien : aucune, à ma connaissance, du moins. Pauvres « citoyens français » ! Ils n'ont pas plus de recours que nos « protégés ».

– Écoutez, je me rappelle qu'une fois au moins vous vous êtes trompé. France-Maghreb était intervenu en faveur de Moulaï Merbah, secrétaire général d'une fraction du M.T.L.D. Le ministre de l'Intérieur a eu la preuve qu'il s'agissait d'une erreur, que ce suspect n'avait pas été torturé.

– Oui, et Mitterrand était de bonne foi. C'est lui qui a été dupe. Je connais bien toute l'histoire : Moulaï Merbah ne fut conduit devant le doyen des juges d'instruction que le 5 novembre et ce fut le 9 que son avocat, depuis cinq jours à Alger, put enfin communiquer avec lui et apprit de sa bouche les tortures qu'il avait endurées. Son dos était couvert de plaies ouvertes ou à peine fermées. Un gardien de prison affirma que l'accusé était dans cet état-là lorsqu'il avait été écroué. Mais le médecin légiste, invité à l'examiner, fut d'avis que

Moulaï Merbah se portait le mieux du monde : c'est ce certificat qu'a eu entre les mains le ministre de l'Intérieur.

– Vous voyez ! La preuve irrécusable fera toujours défaut.

– Non ! Pour beaucoup de cas, nous avons des témoins. Ma femme a vu la poitrine blessée d'Abd el Haziz. Le juge a consenti à appeler un médecin légiste, mais non à ce que l'examen ait lieu en présence d'un professeur de la Faculté d'Alger. Je pourrais vous raconter l'histoire d'Adad Ali, conseiller municipal d'Alger, dont journalistes, avocats, magistrats qui se trouvaient dans le couloir quand on l'amena, constatèrent l'état d'hébétude. À la face, aux jambes, les traces de coups étaient visibles. Le juge convoqua sur l'heure un médecin. Et Laichaoui, l'ami de Mme Mounier, de Domenach, du professeur Mandouze, comment douterions-nous de sa parole quand il raconte ce qu'il a subi ?

Nous nous taisons. L'homme rêve un instant, puis il dit :

– La détention en elle-même, quelle torture ! On parle d'Oudjda. Si vous connaissiez la prison de Tizi-Ouzou ! Les détenus y sont parqués à soixante et onze dans des pièces de cent-cinq mètres carrés. Il leur est interdit d'ouvrir la bouche, fût-ce pour prier. Des « droit commun » les surveillent : l'école de Himmler, quoi ! Quel héritage !

Encore un silence et j'entends de nouveau l'éternelle parole : « Vous seul… Si les gens savaient… vous, ils vous croiront. »

Je secoue la tête :

– Mais non ! ils s'irritent au contraire de ce qu'on les oblige à voir ce qu'ils sont résolus à ignorer. Ils admettent que toute civilisation repose sur une horreur cachée : prostitution, traite des femmes, police des mœurs, maisons de correction, geôles pour les fous et les idiots, toutes les tortures : c'est le mal nécessaire. Malheur à qui ose en parler ouvertement ! Les Aztèques scellaient des débris humains dans les pierres du temple élevé à la gloire du dieu Soleil.

– Mais nous ne sommes pas des Aztèques.

– Non, bien sûr ! Nous sommes les Français de cette France dont les meilleurs fils, de génération en génération, ont mieux compris qu'aucun autre peuple et mis en pratique le Sermon sur la Montagne. Nous sommes cette France qui a proclamé les Droits de l'Homme à la face d'une Europe enivrée.

– … Oui, et dire que pour la plupart de ceux que nous faisons souffrir, la France reste cette France-là !

– Les bourreaux n'auront donc même pas l'excuse des conquérants, car ce n'est pas par la force, c'est par son message humain que la France reste conquérante : en la déshonorant, ils la désarment.

Il soupire : « Les bourreaux perdront tout ! » Il se lève, me tend la main, hésite et d'une voix timide :

– Avez-vous lu mon livre sur les Malgaches ?

Je baisse la tête. Il insiste :

– Les parlementaires malgaches… Ils sont innocents, vous savez ! Ils souffrent depuis des années. L'un deux s'affaiblit, va peut-être mourir. Ce sont des chrétiens, vos frères. Vous devriez…

Je réponds : « Oui… oui… » Je l'accompagne jusqu'à la porte. Me voici seul. J'ouvre distraitement l'album des disques de Mozart, les Sonates pour piano interprétées par Gieseking, que J… m'a rapporté de New York. J'en choisis un… Mais non : l'horreur de ce que j'ai entendu emplit encore la pièce. Cette musique du ciel n'est pas pour moi. Je suis comme un homme qui a pris part, sans le vouloir, à un crime et qui hésite à aller se livrer. »

(Texte intégral)

En janvier 1955, à la lecture de « la Question », les réactions sont vives et nombreuses, mais François Mauriac est encore un des rares à sonner l'alarme ; la communauté intellectuelle n'est pas entièrement mobilisée. Le Nobel de Littérature, qui préside aussi le comité France-Maghreb, continue de défendre la piste d'une solution négociée en Algérie. Quelques mois plus tard, il figure, avec Claude Bourdet, parmi les personnalités qui soutiennent le Comité d'action contre la poursuite de la guerre en Afrique du Nord, « contre le principe même de la guerre coloniale et pour le principe même du droit des peuples ». La liste des signatures est composite et les revendications sont modérées : il est demandé la « cessation de la répression », l'absence de « discrimination raciale outre-mer et dans la métropole » et « l'ouverture de négociations ». Aucun type de solution politique à apporter à la guerre n'est suggéré par le Comité. Mauriac, lui, désire avant tout un « statut nouveau et dans l'égalité d'une alliance consentie » pour l'Algérie.

BIBLIOGRAPHIE

Sur la guerre d'Algérie

- Alain-Gérard Slama, *La guerre d'Algérie : histoire d'une déchirure*, Gallimard, Découvertes, 1996.
- Bernard Droz, Évelyne Lever, *Histoire de la guerre d'Algérie, 1954-1962*, Seuil, Points, 1991.
- Yves Courrière, *La guerre d'Algérie*, 2 tomes, Fayard, 2001.

Sur la torture en Algérie

- Henri Alleg, *La question*, éditions de Minuit, 2008.
- Paul Aussaresses, *Service spéciaux: Algérie 1955-1957*, Perrin, 2001.
- Raphaëlle Branche, *La torture et l'armée pendant la guerre d'Algérie : 1954-1962*, Gallimard, 2001.
- Pierre Vidal-Naquet (coord.), *Les crimes de l'armée française : Algérie 1954-1962*, La Découverte, 2001.

FILMOGRAPHIE

- *Quand l'Algérie était française, 1830-1962* de Serge de Sampigny, 2005.
- *Les années algériennes* de Benjamin Stora, Philippe Alfonsi, Bernard Favre et Patrick Pesnot, 1991.
- *L'ennemi intime* de Patrick Rotman, 2002.
- *Guerre d'Algérie, la déchirure* de Gabriel Le Bomin, 2012.

DISCOGRAPHIE

- *La guerre d'Algérie : 3 conférences de l'Université de tous les savoirs*, Frémeaux et associés, 2006.
- *Algérie 1954-1962 : témoignages sur une guerre*, Frémeaux et associés, 2011.

LIEUX

- Musée de l'histoire de France en Algérie, Montpellier (ouverture prévue en 2014).

Voir biographie, p. 60.

«Lettre à un jeune député»

Françoise Giroud, *L'Express*, 23 février 1956.

Françoise Giroud est née France Gourdji en 1916 en Suisse, dans une famille turque de la grande bourgeoisie juive. La mort prématurée de son père laisse le reste du foyer dans une situation financière difficile. Après avoir obtenu un diplôme de dactylo, elle devient script-girl dans les années 1930, puis scénariste durant la Seconde Guerre mondiale. De 1945 à 1953, elle est directrice de la rédaction du magazine féminin *Elle* et collabore à d'autres titres : *France-Soir*, *L'Intransigeant*, *France Dimanche*. En 1953, elle crée *L'Express* avec Jean-Jacques Servan-Schreiber ; elle en dirige la rédaction jusqu'en 1974. Ses importantes fonctions font d'elles l'une des femmes incontournables et emblématiques de la presse française d'après-guerre.

Attentive aux droits des femmes, Françoise Giroud est nommée secrétaire d'État chargée de la condition féminine, puis secrétaire d'État à la Culture, sous la présidence de Valéry Giscard d'Estaing. À partir de 1983, elle est éditorialiste au *Nouvel Observateur*. Elle écrit également essais, biographies et romans dont *La comédie du pouvoir* (1977), *Ce que je crois* (1978), *Le bon plaisir* (1982), *Alma Mahler ou l'art d'être aimée* (1987), *Lou : histoire d'une femme libre* (2002). Elle meurt en 2003.

CONTEXTE

Le 31 juillet 1920 est votée une loi qui interdit toute propagande favorable à la contraception et à l'avortement. Durant plusieurs décennies, ce texte va incarner à lui seul la répression des pratiques abortives. Il faut pourtant remonter bien plus loin dans le temps pour atteindre les sources législatives dans ce domaine : Le code pénal de 1810, avec son article 317, punit de réclusion les femmes ayant usé de pratiques abortives et aux travaux forcés les médecins complices ; le texte n'est absolument pas remis en cause par la loi de 1920. En 1923, une nouvelle étape est franchie avec le durcissement de l'article 317 : la loi institue la correctionnalisation de l'avortement. Cette modification vise à diminuer les acquittements car le « crime », qui jusqu'alors relevait des assises, obtenait l'indulgence du jury. Pour stigmatiser un peu plus les avortées, l'idée selon laquelle l'avortement est un mal qui est puni depuis la nuit des temps continue d'être répandu par les repopulateurs. Cette donnée est aujourd'hui largement nuancée par les historiens. Les partisans de la répression de l'avortement n'ont en effet pas hésité à maltraiter les sources du passé dans le seul but d'alimenter leur cause ; et certains courants de pensée ont été éclipsés, comme celui des Lumières qui accordaient à l'avortée le statut de victime plutôt que celui de criminelle.

À la Libération, les avorteurs et avorteuses continuent à subir durement l'appareil législatif mis en place contre eux et la stigmatisation organisée par les anti-malthusiens : en 1946, 5 251 condamnations sont prononcées en France, un chiffre qui dépasse celui de la période de l'Occupation. En octobre 1955 est publiée dans *Libération* une longue enquête sur la question de l'avortement ; celle-ci rappelle les nombreux avortements qui ne cessent de se pratiquer et qui, surtout, sont tolérés tant qu'ils s'en tiennent à la clandestinité. Cette succession d'articles conduit à l'ouverture du débat public sur la légalisation et la généralisation de la contraception. L'année suivante, Françoise Giroud, dans *L'Express*, exprime sa ferme opposition à une législation qui continue de lutter contre la contraception et l'avortement. Étant donné l'état de l'opinion de son époque, la journaliste préfère émettre la piste des « moyens modernes contraceptifs » que d'évoquer la possible dépénalisation de l'interruption volontaire de grossesse.

« Vous êtes, monsieur le jeune député, impatient de briller et de vous faire connaître.

Vous avez trente-cinq ou trente-huit ans, de l'audace, des électrices et – du moins je l'espère – des enfants. Pourquoi des enfants ? Parce qu'ils seront utiles au dessein que timidement je forme pour vous rendre à la fois populaire – ce qui n'est pas si courant – et utile – ce qui l'est moins encore.

Peut-être avez-vous entendu parler d'une loi du 31 juillet 1920 ? Sans doute êtes-vous déjà tombé vous-même sous le coup de cette loi et, si vous ne la connaissez pas par son nom, il est peu probable que son contenu vous soit étranger.

Les articles un et deux visent à punir tentatives d'avortement et intention de provoquer l'avortement. Son efficacité n'est plus à démontrer. Là où les médecins comptent 800 000 cas par an, les tribunaux en ont connu 2 022 en 1947.

Serez-vous d'accord pour considérer qu'une loi à laquelle échappent 40 000 pour cent coupables n'est pas une loi bien faite ?

Il faut se rappeler comment elle fut votée, dans l'improvisation d'une séance où la question n'était pas inscrite à l'ordre du jour, par des hommes accusés de « toucher de l'argent boche » lorsqu'ils prétendirent s'y opposer. En effet, elle répondait – mal, mais elle répondait – à une inquiétude légitime : la dénatalité qui, au lendemain de la guerre, menaçait la France [NdA : L'ouvrage de M. Jaques Derogy, « Des enfants malgré nous », auquel j'emprunte ces précisions, indique que de 1920 à 1940 la courbe des naissances n'a néanmoins cessé de s'effondrer, le taux tombant de 21 naissances pour 1 000 habitants à 13.].

Les articles trois et quatre de la même loi punissent la propagande anticonceptionnelle sous toutes ses formes.

C'est-à-dire que si, mariant votre jeune frère, vous lui avez dit : « Et puis débrouille-toi pour ne pas avoir d'enfants avant un ou deux ans… »

Vous vous êtes rendu coupable et relevez des tribunaux.

Ces dispositions de la loi ont été, contrairement aux précédentes, suivies de vastes effets.

L'absence de propagande a été si totalement respectée que, faute de pouvoir éviter de donner la vie, dix millions de Françaises – selon l'évaluation du professeur Péquignot – ont pratiqué délibérément l'assassinat clandestin [NdA : Professeur Henri Péquignot : « Simples remarques sur l'avortement ». Archives de Médecine sociale (mars 1946)].

Fallait-il mal les connaître pour imaginer qu'elles céderaient à la crainte !

Les femmes tremblent rarement pour elles. Quand elles imaginent la vie à laquelle elles risquent de condamner un enfant non souhaité, elles n'ont aucune peine à préférer le risque de leur propre condamnation.

Mais ce qui explique la résignation des Françaises devant une législation qui les contraint au plus morne des crimes, c'est l'ignorance où elles sont demeurées des moyens modernes contraceptifs, non seulement diffusés, mais recommandés en Scandinavie, en Angleterre, aux États-Unis.

Beaucoup en sont arrivées à considérer l'avortement comme une fatalité inhérente à la condition féminine.

On se communique des adresses comme s'il s'agissait d'une couturière. On n'en fait pas un drame. On a honte, on a mal, on a peur. Quoi ! C'est le sort commun.

Vous qui prétendez, monsieur le député, représenter le peuple, vous ne pouvez pas ignorer ce qui se passe aujourd'hui à tous les échelons de la société, y compris dans les plus respectables foyers où les plus respectables auteurs des plus respectables ouvrages sur la famille tentent discrètement de répandre l'usage de la fameuse méthode Ogino-Knaus[1], activité qui devrait les conduire tout droit en correctionnelle, si l'on prenait la loi au pied de la lettre.

Tout cela est fort désagréable à évoquer, je le reconnais. Je n'y tiens pas plus que vous, monsieur le député.

---

1. La méthode Ogino-Knaus consiste à s'abstenir de tout rapport sexuel pendant la période de fécondité de la femme.

Mais à quoi servirions-nous, vous et moi, si, convaincus de plaider une bonne cause et disposant d'une tribune pour la défendre, nous nous abstenions d'en user ?

Les risques, en vérité, sont limités.

La crainte d'une inculpation toujours possible justifie peut-être ceux qui, informés, se taisent. Mais ne jouissez-vous pas de l'immunité parlementaire ?

Le souci de ne pas offenser à la morale chrétienne ? Il est infiniment respectable. Pour ma part, j'en refuse l'alibi. Le conflit si douloureux qu'abritent, sur ce point précis, les véritables ménages chrétiens ne saurait être tranché par les dispositions du Code civil.

La peur des maîtres occultes qui règnent sur l'Assemblée ? Je vous propose, monsieur le député, cette perle rare : une prise de position qui va dans le sens de l'intérêt général sans léser le moindre intérêt particulier, un projet de loi qui, impitoyable à l'avortement, autoriserait l'usage et la diffusion des méthodes contraceptives admises, par exemple, dans les pays anglo-saxons.

L'opinion publique ? Elle est toujours en avance sur ceux qui prétendent la respecter.

– Voilà, direz-vous, bien de la véhémence, au sujet d'un problème qui n'est pas plus urgent aujourd'hui qu'il ne l'était hier, qu'il ne le sera demain. Et puis la famille, les enfants, l'hygiène… Je ne suis pas compétent. Vous devriez en parler à…

Le dites-vous ? Alors tout est perdu. Vous êtes déjà un vieux député.

Mais ceux qui n'auront pas le courage de dire « oui » auront-ils le courage de dire « non » ? »

(Texte intégral)

La route va encore être longue pour les femmes qui souhaitent disposer librement de leur corps. La fin des années 1960 conduit à une libération des mœurs et à une certaine « révolution sexuelle ». En 1967 est adoptée la loi Neuwirth qui autorise la contraception orale mais elle peine à être mise en place. Les avortements, eux, ne cessent pas : pour les femmes les plus privilégiées, ils s'accomplissent dans des cliniques étrangères, à l'abri des regards indiscrets ; pour les autres, le risque d'une condamnation reste toujours bien présent. Le procès de Bobigny de 1972 connaît un fort retentissement et le pouvoir reconnaît qu'une réforme s'impose.

Enfin, en 1974, Simone Veil, ministre de la Santé, présente un projet de loi visant à libéraliser l'interruption volontaire de grossesse. Pour la ministre, il ne s'agit pas de faire de l'avortement un acte banal mais d'offrir aux femmes en situation difficile une issue digne. Des conditions bien particulières sont d'ailleurs prévues pour encadrer le texte qui est proposé au palais Bourbon dans une ambiance masculine tout à fait hostile. Les échanges sont violents, le texte fait la navette entre les deux assemblées et une commission mixte paritaire doit être constituée. Le 20 décembre 1974, l'Assemblée nationale vote pour le texte à 277 voix contre 192. Après que le Conseil constitutionnel ait assuré sa conformité, la loi est promulguée le 17 janvier 1975. Mise à l'essai pour cinq ans, elle est définitivement reconduite en 1979.

BIBLIOGRAPHIE

Sur la contraception et l'avortement

▸ Henri Rozenbaum, Albert Netter, *Histoire illustrée de la contraception : de l'Antiquité à nos jours*, Roger Dacosta, 1985.

▸ Angus McLaren, *Histoire de la contraception de l'Antiquité à nos jours*, Noêsis, 1996.

▸ Jean-Yves Le Naour, Catherine Valenti, *Histoire de l'avortement, XIXe-XXe siècle*, Seuil, 2003.

▸ Xavière Gauthier, *Paroles d'avortées : quand l'avortement était clandestin*, La Martinière, 2004.

▸ Catherine Valenti, *Bobigny, le procès de l'avortement*, Larousse, 2010.

▸ Simone Veil, *Les hommes aussi s'en souviennent : discours du 26 novembre 1974*, Stock, 2004.

Sur Françoise Giroud

▸ Christine Ockrent, *Françoise Giroud : une ambition française*, Le Livre de poche, 2004.

▸ Laure Adler, *Françoise*, Pluriel, 2012.

FILMOGRAPHIE

▸ *La pilule : 50 ans après* de Michaela Kirst, 2010.

▸ *La bataille de l'avortement* de Robert Mugnerot, 1996.

▸ *Avortement, le procès de Bobigny* de Guy Beauché, 2006.

▸ *Simone Veil, la loi d'une femme* de Caroline Huppert, 2007.

▸ *Simone Veil, une loi au nom des femmes* de Valérie Manns et Richard Puech, 2010.

▸ *Une affaire de femmes* de Claude Chabrol, 1988.

▸ *Victoire ou la douleur des femmes* de Nadine Trintignant, 2000.

▸ *Le procès de Bobigny* de François Luciani, 2005.

DISCOGRAPHIE

▸ *L'interruption volontaire de grossesse : débats historiques, Assemblée nationale*, Frémeaux et associés, 2011.

LIEUX

▸ Assemblée nationale, Paris.

▸ Musée de la contraception et de l'avortement, Vienne (Allemagne).

«Le colonialisme est un système»

Jean-Paul Sartre, *Les Temps modernes*, mars-avril 1956.

Jean-Paul Sartre est né en 1905. Entré très tôt en littérature, il intègre l'École normale supérieure avant d'être reçu premier à l'agrégation de philosophie en 1929. Il rencontre alors Simone de Beauvoir qui va devenir sa compagne puis sa complice. Son premier roman, *La nausée* (1938), est un succès ; suivent *Le mur* (1939), *Les mouches* (1943) et *L'être et le* néant (1943) qui est son œuvre philosophique majeure.

À la Libération, après avoir résisté par l'écrit, Jean-Paul Sartre fonde la revue engagée *Les Temps modernes* et incarne le mouvement existentialiste qui devient une mode. Écrivain protéiforme, ses œuvres d'après-guerre lui valent une renommée mondiale : *Huis-clos* (1945), *Les chemins de la liberté* (1945), *Les mains sales* (1948). Proche du Parti communiste un temps, il refuse le Prix Nobel de Littérature pour *Les mots* (1964). Il meurt en 1980.

CONTEXTE

Aux premières heures de la guerre d'Algérie, face aux attaques terroristes du FLN, la France répond par l'envoi de renforts militaires et le vote de l'état d'urgence pour six mois. En août 1955, une grande offensive de l'ALN (Armée de libération nationale) dans le Nord-Constantinois cause la mort de 71 Européens ; s'enclenche aussitôt une répression violente qui fait officiellement 1273 tués, sans doute beaucoup plus. En appliquant la logique implacable terrorisme-représailles, les militaires français et les milices privées s'enfoncent encore un peu plus dans la guerre. En février 1956, le président du Conseil Guy Mollet, fraîchement nommé, se rend à Alger où il est conspué ; il nomme précipitamment Robert Lacoste ministre résidant. Le 12 mars, l'Assemblée nationale vote, à une forte majorité, les « pouvoirs spéciaux » au gouvernement. Et, devant le malaise grandissant de l'armée, les effectifs sont progressivement augmentés pour atteindre un total de 400 000 hommes, un chiffre qui sera maintenu jusqu'à la fin du conflit.

Jean-Paul Sartre entre discrètement dans le débat sur les événements algériens en soutenant Francis Jeanson qui publie en 1955 *L'Algérie hors la loi*, un ouvrage dénonçant l'échec de la politique coloniale française. Les idées anticolonialistes de l'intellectuel sont pourtant déjà bien connues : depuis plusieurs années, il appuie en Tunisie la cause du Néo-Destour et au Maroc celle du Parti de l'Istiqlal. Le 27 janvier 1956, il prend plus fermement la parole à l'occasion d'un meeting pour la paix en Algérie à la salle Wagram, à Paris. Son discours, semblable à une démonstration argumentée, est retranscrit et publié quelques semaines plus tard dans les colonnes de sa revue, *Les Temps modernes*. Dans ce texte, Sartre s'applique à démonter les mécanismes politiques et économiques du colonialisme et appelle à lutter contre ce « système ». Lui, qui a apporté son appui au Comité d'action contre la poursuite de la guerre en Afrique du Nord comme François Mauriac, adopte une vision beaucoup plus radicale du conflit algérien que son confrère.

« Je voudrais vous mettre en garde contre ce qu'on peut appeler la « mystification néo-colonialiste ».

Les néo-colonialistes pensent qu'il y a de bons colons et des colons très méchants. C'est par la faute de ceux-ci que la situation des colonies s'est dégradée.

La mystification consiste en ceci : on vous promène en Algérie, on vous montre complaisamment la misère du peuple, qui est affreuse, on vous raconte les humiliations que les méchants colons font subir aux Musulmans. Et puis, quand vous êtes bien indignés, on ajoute : « Voilà pourquoi les meilleurs Algériens ont pris les armes : ils n'en pouvaient plus. » Si l'on s'y est bien pris, nous reviendrons convaincus :

1° Que le problème algérien est *d'abord* économique. Il s'agit, par de judicieuses réformes, de donner du pain à neuf millions de personnes.

2° Qu'il est ensuite *social* : il faut multiplier les médecins et les écoles.

3° Qu'il est, enfin, *psychologique* : vous vous rappelez De Man avec son « complexe d'infériorité » de la classe ouvrière. Il avait trouvé du même coup la clé du « caractère indigène » : mal traité, mal nourri, illettré, l'Algérien a un complexe d'infériorité vis-à-vis de ses maîtres. C'est en agissant sur ces trois facteurs qu'on le tranquillisera : s'il mange à sa faim, s'il a du travail et s'il sait lire, il n'aura plus la honte d'être un sous-homme et nous retrouverons la vieille fraternité franco-musulmane.

Mais surtout n'allons pas mêler à cela la *politique*. La politique, c'est abstrait : à quoi sert de voter si l'on meurt de faim ? Ceux qui viennent nous parler de libres élections, d'une Constituante, de l'indépendance algérienne, ce sont des provocateurs ou des trublions qui ne font qu'embrouiller la question.

Voilà l'argument. À cela, les dirigeants du F.L.N. ont répondu : « Même si nous étions heureux sous les baïonnettes françaises, nous nous battrions. » Ils ont raison. Et surtout il faut aller plus loin qu'eux : sous les baïonnettes françaises, on ne peut qu'être malheureux. Il est vrai que la majorité des Algériens est dans une misère insupportable ; mais il est vrai aussi que les réformes nécessaires ne peuvent être opérées ni par les bons colons ni par la « Métropole » elle-même, tant qu'elle prétend garder sa souveraineté en Algérie. Ces réformes seront l'affaire du peuple algérien lui-même, quand il aura conquis sa liberté.

C'est que la colonisation n'est ni un ensemble de hasards ni le résultat statistique de milliers d'entreprises individuelles. C'est un système qui fut mis en place vers le milieu du XIXe siècle, commença de porter ses fruits vers 1880, entra dans son déclin après la Première Guerre mondiale et se retourne aujourd'hui contre la nation colonisatrice.

Voilà ce que je voudrais vous montrer, à propos de l'Algérie, qui est, hélas ! l'exemple le plus clair et le plus lisible du système colonial. Je voudrais vous faire voir la rigueur du colonialisme, sa nécessité interne, comment il devait nous conduire exactement où nous sommes et comment l'intention la plus pure, si elle naît à l'intérieur de ce cercle infernal, est pourrie sur-le-champ.

Car il n'est pas vrai qu'il y ait de bons colons et d'autres qui soient méchants : il y a des colons, c'est tout [NdA : Je n'appelle colons ni les petits fonctionnaires, ni les ouvriers européens à la fois victimes et profiteurs innocents du régime]. Quand nous aurons compris cela, nous comprendrons pourquoi les Algériens ont raison de s'attaquer *politiquement d'abord* à ce système économique, social et politique et pourquoi leur libération et *celle de la France* ne peut sortir que de l'éclatement de la colonisation.

[...] Oui, le fellah meurt de faim, oui, il manque de tout, de terres, de travail et d'instruction ; oui, les maladies l'accablent ; oui, l'état présent en Algérie est comparable aux pires misères d'Extrême-Orient. Et pourtant il est impossible de commencer par les transformations économiques parce que la misère et le désespoir des Algériens sont l'effet direct et nécessaire du colonialisme et qu'on ne les supprimera jamais tant que le colonialisme durera. C'est ce que savent *tous* les Algériens conscients. Et tous sont d'accord avec ce mot d'un Musulman : « Un pas en avant, deux pas en arrière. Voilà la réforme coloniale. »

C'est que le système anéantit par lui-même et sans effort toutes les tentatives d'aménagement : il ne peut se maintenir qu'en devenant chaque jour plus dur, plus inhumain.

Admettons que la Métropole propose une réforme. Trois cas sont possibles :

1° La réforme tourne automatiquement à l'avantage du colon et du colon *seul*.

Pour accroître le rendement des terres, on a construit des barrages et tout un système d'irrigation. Mais vous comprenez que l'eau ne peut alimenter que les terres des vallées. Or, ces terres ont toujours été les meilleures d'Algérie et les Européens les ont accaparées. La loi Martin, dans ses considérants, reconnaît que les trois quarts des terres irriguées appartiennent aux colons. Allez donc irriguer le Sud présaharien !

2° On la dénature de manière à la rendre inefficace.

Le statut de l'Algérie est monstrueux par lui-même. Le gouvernement français espérait-il mystifier les populations musulmanes en octroyant cette Assemblée à deux collèges ? Ce qui est sûr, c'est qu'on ne lui a même pas laissé le loisir de conduire jusqu'au bout sa mystification. Les colons n'ont même pas voulu laisser à l'indigène la chance d'être mystifié. C'était déjà trop pour eux : ils ont trouvé plus simple de truquer publiquement les élections. Et, de leur point de vue, ils avaient parfaitement raison : quand on assassine les gens, mieux vaut les bâillonner d'abord. C'est le colonialisme qui se tourne, en leur personne, contre le néo-colonialisme pour en supprimer les dangereuses conséquences.

3° On la laisse en sommeil avec la complicité de l'administration.

La loi Martin prévoyait que les colons, en compensation de la plus-value donnée à leur terre par l'irrigation, céderaient quelques parcelles du sol de l'État. L'État aurait *vendu* ces parcelles à des

Algériens qui auraient eu licence de s'acquitter de leurs dettes en vingt-cinq ans. Vous le voyez : la réforme était modeste : il s'agissait tout simplement de revendre à quelques indigènes choisis une infime partie des terres qu'on avait volées à leurs parents. Les colons n'y perdaient pas un sou.

Mais il ne s'agit pas pour eux de ne pas point perdre : il faut gagner toujours davantage. Habitués depuis cent ans aux « sacrifices » que la métropole fait *pour eux*, ils ne sauraient admettre que ces sacrifices puissent profiter aux indigènes. Résultat : la loi Martin a été mise en sommeil.

On comprendra l'attitude colonialiste si l'on réfléchit au sort qu'ils ont réservé aux « offices agricoles pour l'instruction technique du paysan musulman ». Cette institution, créée sur le papier et à Paris, n'avait d'autre but que d'élever légèrement la productivité du fellah : juste assez pour l'empêcher de mourir de faim. Mais les néo-colonialistes de la Métropole ne se rendaient pas compte qu'elle allait directement contre le système : pour que la main-d'œuvre algérienne fût abondante, il fallait que le fellah continuât à produire peu et pour des prix élevés. Si l'on répandait l'instruction technique, les ouvriers agricoles ne se feraient-ils pas plus rares ? plus exigeants ? La concurrence du propriétaire musulman ne serait-elle pas à redouter ? Et puis surtout, l'instruction, quelle qu'elle soit et d'où qu'elle vienne, est un instrument d'émancipation. Le gouvernement, quand il est de droite, le sait si bien qu'il refuse d'instruire, en France, nos pauvres paysans. Ce n'est tout de même pas pour aller répandre le savoir technique parmi les indigènes ! Mal vus, attaqués partout – sournoisement en Algérie, violemment au Maroc – ces offices restent inopérants.

À partir de là, toutes les réformes restent inefficaces. En particulier, elles coûtent cher. Trop lourdes pour la métropole, les colons d'Algérie n'ont ni les moyens ni la volonté de les financer. La scolarisation totale – réforme souvent proposée – reviendrait à 500 milliards d'anciens francs (en comptant à 32 000 francs le coût annuel d'un écolier). Or, le revenu total de l'Algérie est de

300 milliards. La réforme de l'enseignement ne peut être réalisée que par une Algérie industrialisée et qui aurait au moins triplé ses revenus. Mais le système colonial s'oppose, nous l'avons vu, à l'industrialisation. La France peut engloutir des milliards dans de grands travaux : on sait parfaitement qu'il n'en restera rien.

Et, quand nous parlons de « système colonial », il faut nous entendre : il ne s'agit pas d'un mécanisme abstrait. Le système existe, il fonctionne ; le cycle infernal du colonialisme est une réalité. Mais cette réalité s'incarne dans un million de colons, fils et petits-fils de colons, qui ont été modelés par le colonialisme et qui pensent, parlent et agissent selon les principes mêmes du système colonial.

Car le colon est fabriqué comme l'indigène : il est fait par sa fonction et par ses intérêts.

Lié à la Métropole par le pacte colonial, il est venu commercialiser pour elle, en échange d'un gros profit, les denrées du pays colonisé. Il a même créé des cultures nouvelles qui reflètent les besoins de la Métropole beaucoup plus que ceux des indigènes. Il est donc double et contradictoire : il a sa « patrie », la France, et son « pays », l'Algérie. En Algérie, il représente la France et ne veut avoir de rapports qu'avec elle. Mais ses intérêts *économiques* l'amènent à s'opposer aux institutions *politiques* de sa patrie. Les institutions françaises sont celles d'une démocratie bourgeoise fondée sur le capitalisme libéral. Elles comportent le droit de vote, celui d'association et la liberté de la presse.

Mais le colon, dont les intérêts sont directement contraires à ceux des Algériens et qui ne peut asseoir la surexploitation que sur l'oppression pure et simple, ne peut admettre ces droits que *pour lui* et pour en jouir *en France*, au milieu des Français. Dans cette mesure, il déteste l'universalité – au moins formelle – des institutions métropolitaines. Précisément parce qu'elles s'appliquent à tout le monde, l'Algérien pourrait s'en réclamer. Une des fonctions du racisme, c'est de compenser l'universalisme latent du libéralisme bourgeois : puisque tous les hommes ont les mêmes droits, on fera de l'Algérien un sous-homme. Et ce refus des institutions de sa patrie, lorsque ses concitoyens veulent les étendre à « son » pays, détermine chez tout colon une tendance sécessionniste. N'est-ce pas le président des maires d'Algérie qui disait, il y a quelques mois : « Si la France est défaillante, nous la remplacerons » ?

Mais la contradiction prend tout son sens quand le colon explique que les Européens sont isolés au milieu des Musulmans et que le rapport des forces est de neuf contre un. Précisément parce qu'ils sont isolés, ils refusent tout statut qui donnerait le pouvoir à une majorité. Et, pour la même raison, ils n'ont d'autre ressource que de se maintenir par la force.

Mais justement à cause de cela – et parce que les rapports de force eux-mêmes ne peuvent que se retourner contre eux – ils ont besoin de la puissance métropolitaine, c'est-à-dire de l'Armée française. De sorte que ces séparatistes sont aussi d'hyperpatriotes. Républicains en France – dans la mesure où nos institutions leur permettent de constituer *chez nous* un pouvoir politique – ils sont en Algérie des fascistes qui haïssent la république et qui aiment passionnément l'Armée républicaine.

Peuvent-ils être autrement ? Non. Pas tant qu'ils seront des colons. Il est arrivé que des envahisseurs, installés dans un autre pays, se mélangent à la population autochtone et finissent par faire une nation : c'est alors qu'on voit naître – au moins pour certaines classes – des intérêts nationaux communs. Mais les colons sont des envahisseurs que le pacte colonial a complètement coupés des envahis : depuis plus d'un siècle que nous occupons l'Algérie, on ne signale presque pas de mariages mixtes ni d'amitiés franco-musulmanes. Colons, leur intérêt c'est de ruiner l'Algérie au profit de la France. Algériens, ils seraient obligés, d'une manière ou d'une autre et *pour leurs propres intérêts*, de s'intéresser au développement économique – et par conséquent culturel – du pays.

Pendant ce temps, la Métropole est prise au piège du colonialisme. Tant qu'elle affirme sa souveraineté sur l'Algérie, elle est compromise par le système, c'est-à-dire par des colons qui nient ses institutions ; et le colonialisme oblige la Métropole à envoyer des Français démocrates à la mort pour protéger la tyrannie que des colons anti-démocrates exercent sur les Algériens. Mais là encore, le piège fonctionne et le cercle se resserre : la répression que nous exerçons à leur profit les rend chaque jour plus haïssables ; dans la mesure même où elles les protègent, nos troupes augmentent le danger qu'ils courent, ce qui rend la présence de l'Armée d'autant plus indispensable. La guerre coûtera cette année, si on la continue, plus de 300 milliards, ce qui correspond à la totalité des revenus algériens.

Nous en arrivons au point où le système se détruit lui-même : les colonies coûtent plus qu'elles ne rapportent.

En détruisant la communauté musulmane, en refusant l'assimilation des Musulmans, les colons étaient logiques avec eux-mêmes ; l'assimilation supposait qu'on garantisse aux Algériens tous les droits fondamentaux, qu'on les fasse bénéficier de nos institutions de sécurité et d'assistance, qu'on fasse place, dans l'Assemblée métropolitaine, à cent députés d'Algérie, qu'on assure aux Musulmans un niveau de vie égal à celui des Français en opérant une réforme agraire et en industrialisant le pays. L'assimilation poussée jusqu'au bout, c'était tout simplement la suppression du colonialisme : comment voulait-on l'obtenir du colonialisme lui-même ? Mais puisque les colons n'ont rien à offrir aux colonisés que la misère, puisqu'ils les tiennent à distance, puisqu'ils en font un bloc inassimilable, cette attitude radicalement négative doit avoir pour contrepartie nécessaire une prise de conscience des masses. La liquidation des structures féodales, après avoir affaibli la résistance arabe, a pour effet de faciliter cette prise de conscience collective : de nouvelles structures prennent naissance. C'est par réaction à la ségrégation et dans la lutte quotidienne que s'est découverte et formée la personnalité algérienne. Le nationalisme algérien n'est pas la simple reviviscence d'anciennes traditions, d'anciens attachements : c'est l'unique issue dont les Algériens disposent pour faire cesser leur exploitation. Nous avons vu Jules Ferry déclarer à la Chambre : « Là où est la prédominance politique, là est la prédominance économique… » Les Algériens meurent de notre prédominance économique, mais ils font leur profit de cet enseignement :

pour la supprimer, c'est à notre prédominance politique qu'ils ont décidé de s'attaquer. Ainsi les colons ont formé eux-mêmes leurs adversaires ; ils ont montré aux hésitants qu'aucune solution n'était possible en dehors d'une solution de force.

L'unique bienfait du colonialisme, c'est qu'il doit se montrer intransigeant pour durer et qu'il prépare sa perte par son intransigeance.

Nous, Français de la Métropole, nous n'avons qu'une leçon à tirer de ces faits : le colonialisme est en train de se détruire lui-même. Mais il empuantit encore l'atmosphère : il est notre honte, il se moque de nos lois ou les caricature ; il nous infecte de son racisme, comme l'épisode de Montpellier l'a prouvé l'autre jour[1], il oblige nos jeunes gens à mourir *malgré eux* pour les principes nazis que nous combattions il y a dix ans ; il tente de se défendre en suscitant un fascisme jusque chez nous, en France. Notre rôle, c'est de l'aider à mourir. Non seulement en Algérie, mais partout où il existe. Les gens qui parlent d'abandon sont des imbéciles : il n'y a pas à abandonner ce que nous n'avons jamais possédé. Il s'agit, tout au contraire, de construire avec les Algériens des relations nouvelles entre une France libre et une Algérie libérée. Mais n'allons pas, surtout, nous laisser détourner de notre tâche par la mystification réformiste. Le néo-colonialiste est un niais qui croit encore qu'on peut aménager le système colonial – ou un malin qui propose des réformes parce qu'il sait qu'elles sont inefficaces. Elles viendront en leur temps, ces réformes : c'est le peuple algérien qui les fera. La seule chose que nous puissions et devrions tenter – mais c'est aujourd'hui l'essentiel – c'est de lutter à ses côtés pour délivrer *à la fois* les Algériens et les Français de la tyrannie coloniale. »

(Extraits)

1. En janvier 1956, à Montpellier, les participants d'un meeting organisé par l'UGEMA (Union générale des étudiants musulmans algériens) contre la répression française en Algérie sont poursuivis à travers la ville par un groupe d'étudiants français dirigé par Jean-Marc Mousseron de l'UNEF (Union nationale des étudiants de France) qui pratique la chasse au faciès.

Selon les mots de Roland Dumas à l'égard de Jean-Paul Sartre, « la guerre d'Algérie, ce fut *sa* guerre… Il aura manqué tous les grands événements politiques de son temps, sauf celui-là, la guerre d'Algérie. Qui fut, en quelque sorte, la rencontre d'une grande cause avec une grande personnalité. » L'intellectuel poursuit son combat idéologique et s'attire les foudres des tenants de l'Algérie française. En mai 1957, dans un texte intitulé « Vous êtes formidables », il dénonce à son tour la torture : « C'est que nous sommes malades, très malades ; fiévreuse et prostrée, obsédée par ses vieux rêves de gloire et par le pressentiment de sa honte, la France se débat au milieu d'un cauchemar indistinct qu'elle ne peut ni fuir ni déchiffrer. Ou bien nous verrons clair ou bien nous allons crever. » En mars 1958, il renouvelle son accusation en saluant la parution du livre d'Henri Alleg, *La question*. Le mois suivant, il signe avec trois autres prix Nobel – André Malraux, François Mauriac et Roger Martin du Gard – une adresse personnelle au président de la République pour protester contre la saisie du livre et sommer « les pouvoirs publics au nom de la Déclaration des droits de l'homme et du citoyen de condamner sans équivoque l'usage de la torture ».

BIBLIOGRAPHIE

Sur la colonisation

- Marc Ferro, *Histoire des colonisations : des conquêtes aux indépendances : XIIIe-XXe siècle*, Seuil, Points, 1996.
- Henri Wesseling, *Les empires coloniaux européens : 1815-1919*, Gallimard, Folio, 2009.
- Anne Stamm, *L'Afrique de la colonisation à l'indépendance*, PUF, Que sais-je ?, 2003.
- Pierre Pluchon, Denise Bouche, *Histoire de la colonisation française*, 2 tomes, Fayard, 1991.
- Claude Liauzu (dir.), *Dictionnaire de la colonisation française*, Larousse, 2007.
- Raoul Girardet, *L'idée coloniale en France : de 1871 à 1962*, Hachette, Pluriel, 2005.

Sur l'anticolonialisme

- Claude Liauzu, *Histoire de l'anticolonialisme en France : du XVIe à nos jours*, Pluriel, 2012.
- Jean Lacouture, Dominique Chagnollaud, *Le désempire : figures et thèmes de l'anticolonialisme*, Denoël, 1993.

Sur Jean-Paul Sartre

- Aliocha Wald Lasowski, *Jean-Paul Sartre, une introduction*, Pocket, 2011.
- Annie Cohen-Solal, *Sartre : un penseur pour le XXIe siècle*, Gallimard, Découvertes, 2005.
- Annie Cohen-Solal, *Sartre : 1905-1980*, Gallimard, Folio, 1999.

FILMOGRAPHIE

- *Les trois couleurs de l'empire* de Jean-Claude Guidicelli et Virginie Adoutte, 2001.
- *Afrique 50* de René Vautier, 1950.
- *Avoir vingt ans dans les Aurès* de René Vautier, 1972.
- *Sartre par lui-même* d'Alexandre Astruc et Michel Contat, 1976.

Le manifeste des 121

Vérité-Liberté,
septembre-octobre 1960.

CONTEXTE

En Algérie, où 400 000 soldats français sont déployés à partir de l'été 1956, le FLN poursuit ses attentats. La proclamation de l'indépendance du Maroc le conforte dans la légitimité de sa lutte. En janvier 1957, le général Massu reçoit les pleins pouvoirs de police pour la zone d'Alger et la bataille qui s'y engage aboutit à un démantèlement du réseau. La France continue néanmoins de souffrir d'une instabilité politique qui l'empêche de mettre un terme au conflit. Le 13 mai 1958, le siège du Gouvernement à Alger est envahi par la foule, provoquant la formation d'un Comité de salut public ; le général Massu demande l'intervention de de Gaulle pour régler une situation devenue intenable. Considéré comme l'homme providentiel, de Gaulle, sorti de sa « traversée du désert » et appelé à la tête du gouvernement par le président Coty, accomplit son premier voyage en Algérie. Les perspectives annoncées dans son discours du 4 juin sont ambigües (« nous verrons comment faire le reste ») et l'atmosphère reste agitée après son élection à la présidence de la République en décembre.

Dans ce contexte, le débat des intellectuels continue de faire rage. Le philosophe Francis Jeanson ne s'est donné aucune limite : il monte un réseau de soutien au FLN, opérationnel dès 1957. L'organisation collecte des fonds, héberge et favorise les déplacements des militants. Le 24 février 1960, plusieurs membres du réseau sont arrêtés et leur procès s'ouvre le 5 septembre devant un tribunal militaire. Le même jour, 121 intellectuels et artistes – parmi lesquels Jean-Paul Sartre, Alain Robbe-Grillet, Florence Malraux, Nathalie Sarraute, Signoret, Vercors, Jean-François

Revel et Pierre Boulez – signent un appel à « l'insoumission dans la guerre d'Algérie ». Rédigé par Dionys Mascolo et Maurice Blanchot, le texte est publié dans *Vérité-Liberté* mais la revue est saisie. Ne voulant pas prendre le risque de poursuites, les quotidiens nationaux, qui ont bien reçu la déclaration, choisissent de ne pas relayer le texte provocateur. Seul *Le Monde* en fait une rapide mention dans son édition du 6 septembre. Quant aux *Temps modernes*, la revue politique fondée par Sartre, son numéro du mois d'octobre contient deux pages blanches : destinées au texte, l'imprimeur a refusé de les éditer.

« Déclaration sur le droit à l'insoumission dans la guerre d'Algérie

Un mouvement très important se développe en France, et il est nécessaire que l'opinion française et internationale en soit mieux informée, au moment où le nouveau tournant de la guerre d'Algérie doit nous conduire à voir, non à oublier, la profondeur de la crise qui s'est ouverte il y a six ans.

De plus en plus nombreux, des Français sont poursuivis, emprisonnés, condamnés, pour s'être refusés à participer à cette guerre ou pour être venus en aide aux combattants algériens. Dénaturées par leurs adversaires, mais aussi édulcorées par ceux-là mêmes qui auraient le devoir de les défendre, leurs raisons restent généralement incomprises. Il est pourtant insuffisant de dire que cette résistance aux pouvoirs publics est respectable. Protestation d'hommes atteints dans leur honneur et dans la juste idée qu'ils se font de la vérité, elle a une signification qui dépasse les circonstances dans lesquelles elle s'est affirmée et qu'il importe de ressaisir, quelle que soit l'issue des événements.

Pour les Algériens, la lutte, poursuivie, soit par des moyens militaires, soit par des moyens diplomatiques, ne comporte aucune équivoque. C'est une guerre d'indépendance nationale. Mais, pour les Français, quelle en est la nature ? Ce n'est pas une guerre étrangère. Jamais le territoire de la France n'a été menacé. Il y a plus : elle est menée contre des hommes que l'État affecte de considérer comme Français, mais qui, eux, luttent précisément pour cesser de l'être. Il ne suffirait même pas de dire qu'il s'agit d'une guerre de conquête, guerre impérialiste, accompagnée par surcroît de racisme. Il y a de cela dans toute guerre, et l'équivoque persiste.

En fait, par une décision qui constituait un abus fondamental, l'État a d'abord mobilisé des classes entières de citoyens à seule fin d'accomplir ce qu'il désignait lui-même comme une besogne de police contre une population opprimée, laquelle ne s'est révoltée que par un souci de dignité élémentaire, puisqu'elle exige d'être enfin reconnue comme communauté indépendante.

Ni guerre de conquête, ni guerre de « défense nationale », ni guerre civile, la guerre d'Algérie est peu à peu devenue une action propre à l'armée et à une caste qui refusent de céder devant un soulèvement dont même le pouvoir civil, se rendant compte de l'effondrement général des empires coloniaux, semble prêt à reconnaître le sens.

C'est, aujourd'hui, principalement la volonté de l'armée qui entretient ce combat criminel et absurde, et cette armée, par le rôle politique que plusieurs de ses hauts représentants lui font jouer, agissant parfois ouvertement et violemment en dehors de toute légalité, trahissant les fins que l'ensemble du pays lui confie, compromet et risque de pervertir la nation même, en forçant les citoyens sous ses ordres à se faire les complices d'une action factieuse et avilissante. Faut-il rappeler que, quinze ans après la destruction de l'ordre hitlérien, le militarisme français, par suite des exigences d'une telle guerre, est parvenu à restaurer la torture et à en faire à nouveau comme une institution en Europe ?

C'est dans ces conditions que beaucoup de Français en sont venus à remettre en cause le sens de valeurs et d'obligations traditionnelles. Qu'est-ce que le civisme, lorsque, dans certaines circonstances, il devient soumission honteuse ? N'y a-t-il pas des cas où le refus est un devoir sacré, où la « trahison » signifie le respect courageux du vrai ? Et lorsque, par la volonté de ceux qui l'utilisent comme instrument de domination raciste ou idéologique, l'armée s'affirme en état de révolte ouverte ou latente contre les institutions démocratiques, la révolte contre l'armée ne prend-elle pas un sens nouveau ?

Le cas de conscience s'est trouvé posé dès le début de la guerre. Celle-ci se prolongeant, il est normal que ce cas de conscience se soit résolu concrètement par des actes toujours plus nombreux d'insoumission, de désertion, aussi bien que de protection et d'aide aux combattants algériens. Mouvements libres qui se sont développés en marge de tous les partis officiels, sans leur aide et, à la fin, malgré leur désaveu. Encore une fois, en dehors des cadres et des mots d'ordre préétablis, une résistance est née, par une prise de conscience spontanée, cherchant et inventant des formes d'action et des moyens de lutte en rapport avec une situation nouvelle dont les groupements politiques et les journaux d'opinion se sont entendus, soit par inertie ou timidité doctrinale, soit par préjugés nationalistes ou moraux, à ne pas reconnaître le sens et les exigences véritables.

Les soussignés, considérant que chacun doit se prononcer sur des actes qu'il est désormais impossible de présenter comme des faits divers de l'aventure individuelle, considérant qu'eux-mêmes, à leur place et selon leurs moyens, ont le devoir d'intervenir, non pas pour donner des conseils aux hommes qui ont à se décider personnellement face à des problèmes aussi graves, mais pour demander à ceux qui les jugent de ne pas se laisser prendre à l'équivoque des mots et des valeurs, déclarent :

– Nous respectons et jugeons justifié le refus de prendre les armes contre le peuple algérien.

– Nous respectons et jugeons justifiée la conduite des Français qui estiment de leur devoir d'apporter aide et protection aux Algériens opprimés au nom du peuple français.

– La cause du peuple algérien, qui contribue de façon décisive à ruiner le système colonial, est la cause de tous les hommes libres.

Arthur Adamov, Robert Antelme, Georges Auclair, Jean Baby, Hélène Balfet, Marc Barbut, Robert Barrat, Simone de Beauvoir, Jean-Louis Bédouin, Marc Beigbeder, Robert Benayoun, Maurice Blanchot, Roger Blin, Arsène Bonnafous-Murat, Geneviève Bonnefoi, Raymond Borde, Jean-Louis Bory, Jacques-Laurent Bost, Pierre Boulez, Vincent Bounoure, André Breton, Guy Cabanel, Georges Condominas, Alain Cuny, Dr Jean Dalsace, Jean Czarnecki, Adrien Dax, Hubert Damisch, Bernard Dort, Jean Douassot, Simone Dreyfus, Marguerite Duras, Yves Elleouet, Dominique Eluard, Charles Estienne, Louis-René des Forêts, Dr Théodore Fraenkel, André Frénaud, Jacques Gernet, Louis Gernet, Édouard Glissant, Anne Guérin, Daniel Guérin, Jacques Howlett, Édouard Jaguer, Pierre Jaouen, Gérard Jarlot, Robert Jaulin, Alain Joubert, Henri Krea, Robert Lagarde, Monique Lange, Claude Lanzmann, Robert Lapoujade, Henri Lefebvre, Gérard Legrand, Michel Leiris, Paul Lévy, Jérôme Lindon, Éric Losfeld, Robert Louzon, Olivier de Magny, Florence Malraux, André Mandouze, Maud Mannoni, Jean Martin, Renée Marcel-Martinet, Jean-Daniel Martinet, Andrée Marty-Capgras,

Dionys Mascolo, François Maspero, André Masson, Pierre de Massot, Jean-Jacques Mayoux, Jehan Mayoux, Théodore Monod, Marie Moscovici, Georges Mounin, Maurice Nadeau, Georges Navel, Claude Ollier, Hélène Parmelin, José Pierre, Marcel Péju, André Pieyre de Mandiargues, Édouard Pignon, Bernard Pingaud, Maurice Pons, J.-B. Pontalis, Jean Pouillon, Denise René, Alain Resnais, Jean-François Revel, Paul Revel, Alain Robbe-Grillet, Christiane Rochefort, Jacques-Francis Rolland, Alfred Rosmer, Gilbert Rouget, Claude Roy, Marc Saint-Saëns, Nathalie Sarraute, Jean-Paul Sartre, Renée Saurel, Claude Sautet, Jean Schuster, Robert Scipion, Louis Seguin, Geneviève Serreau, Simone Signoret, Jean-Claude Silbermann, Claude Simon, René de Solier, D. de la Souchère, Jean Thiercelin, Dr René Tzanck, Vercors, J.-P. Vernant, Pierre Vidal-Naquet, J.-P. Vielfaure, Claude Viseux, Ylipe, René Zazzo. »

(Texte intégral)

Le procès du réseau Jeanson devient une tribune pour les insoumis et une accusation des pratiques de l'armée française. L'absence de Sartre, retenu au Brésil, est rattrapée par la lecture de sa lettre choc, faite par Roland Dumas : « Si Jeanson m'avait demandé de porter des valises ou d'héberger des militants et que j'aie pu le faire sans risques pour eux, je l'aurais fait sans hésitation [...]. Ce que les accusés représentent, c'est l'avenir de la France. Et le pouvoir qui s'apprête à les juger ne représente déjà plus rien. » Jeanson est condamné par contumace à dix ans de prison. En réponse aux 121, un « Manifeste des trois cents intellectuels français » de droite est publié le 7 octobre. *L'Aurore* inscrit à sa une : « Les apologistes de la désertion sont des imposteurs et des traîtres » et une manifestation organisée par des mouvements d'anciens combattants à l'Arc de triomphe scande « Fusillez Sartre ». Les partis de gauche légalistes, eux-mêmes, ne soutiennent pas entièrement les 121 : s'ils partagent leur réprobation de la politique gouvernementale, ils n'acceptent pas le choix de la désertion.

De Gaulle pourrait faire inculper Sartre mais y renonce : « On n'arrête pas Voltaire ». Des sanctions sont néanmoins prises : des professeurs sont suspendus ou révoqués, des artistes sont surveillés ou censurés.

L'intellectuel, lui, poursuit son activisme politique en faveur du FLN malgré les menaces – le local de sa revue et son domicile sont plastiqués – : il rivalise en formules choc, en particulier dans sa préface des *Damnés de la terre* de Frantz Fanon : « Car, en le premier temps de la révolte, il faut tuer : abattre un Européen, c'est faire d'une pierre deux coups, supprimer en même temps un oppresseur et un opprimé : restent un homme mort et un homme libre ; le survivant, pour la première fois, sent un sol *national* sous la plante de ses pieds. » Finalement, en novembre 1960, De Gaulle lance le thème de « l'Algérie algérienne » ; la perspective de l'indépendance est officiellement reconnue. L'année suivante, il provoque le vote sur le droit à l'autodétermination des Algériens. Les accords d'Évian, signés le 18 mars 1962, conduisent au cessez-le-feu et à l'indépendance du pays.

BIBLIOGRAPHIE

Sur les intellectuels et la guerre d'Algérie

- Pascal Ory, Jean-François Sirinelli, *Les intellectuels en France : de l'affaire Dreyfus à nos jours*, Perrin, Tempus, 2004.
- Jean-François Sirinelli, *Intellectuels et passions françaises : manifestes et pétitions au XXe siècle*, Gallimard, Folio, 1996.
- Jean-Pierre Rioux et Jean-François Sirinelli (dir.), *La guerre d'Algérie et les intellectuels français*, Complexe, 1991.
- Catherine Brun, Olivier Penot-Lacassagne, *Engagements et déchirements : les intellectuels et la guerre d'Algérie*, Gallimard, 2012.

Sur Francis Jeanson

- *Le procès du réseau Jeanson*, La Découverte, 2002.
- Francis Jeanson, *Notre guerre*, Berg international, 2001.
- Marie-Pierre Ulloa, *Francis Jeanson : un intellectuel en dissidence : de la Résistance à la guerre d'Algérie*, Berg international, 2001.

FILMOGRAPHIE

- *Sartre, l'âge des passions* de Claude Goretta, 2006.

« Salut les copains »

Edgar Morin, *Le Monde*, 6 juillet 1963.

Edgar Morin est né Edgar Nahoum en 1921. Après avoir obtenu deux licences, une en histoire et géographie, une en droit, il s'engage dans la Résistance. Au terme d'un séjour dans l'Allemagne de l'immédiat après-guerre, il se consacre au journalisme et rédige *L'homme et la mort*. En 1950, il entre au CNRS et en devient directeur de recherche en 1970. Il est également co-directeur du Centre d'études transdisciplinaires (sociologie, anthropologie, politique) de l'École des hautes études en sciences sociales à partir de 1973.

L'œuvre abondante d'Edgar Morin, en sociologie et en philosophie, connaît un rayonnement international. Parmi ses études publiées se distinguent *Les stars* (1957), *L'esprit du temps* (1962), *Commune en France : la métamorphose de Plodémet* (1967), *La rumeur d'Orléans* (1969), *Le paradigme perdu, la nature humaine* (1973) et *La méthode* en six tomes, (1977-2004). Aujourd'hui directeur de recherche émérite au CNRS, il est docteur honoris causa de plusieurs universités à travers le monde.

CONTEXTE

Au lendemain de la Seconde Guerre mondiale, la natalité explose et son taux élevé se maintient jusqu'à la fin des années 1960 avec, pour quelques années, le chiffre record de trois enfants par femme : c'est le Baby-Boom. Aussi, durant les Trente Glorieuses, la France n'a-t-elle jamais compté autant de jeunes. À cette époque, ces derniers ne remplissent pas encore les immenses universités que l'on connaît aujourd'hui. Les études supérieures restent la destinée d'une minorité et les enfants des Français moyens rejoignent le plus souvent les rangs de la classe ouvrière. La discipline est sévère, pour les filles en particulier, et l'on ne devient majeur qu'à 21 ans. La liberté de la jeunesse est donc réduite ; l'évolution des mœurs n'interviendra qu'au cours de la remuante décennie 1970-1980, fruit des événements de mai 68.

L'affirmation de la jeunesse des *sixties* passe par l'apparition d'une nouvelle culture. Des codes sont lancés, comme celui de la mini-jupe pour les filles et de la coupe de cheveux à la Beatles pour les garçons. Surtout, la musique devient le trait d'union de toute cette génération. Des danses comme le twist sont bien connues et exercées sur toutes les pistes. Des chanteurs, français ou anglo-saxons, sont propulsés sur le devant de la scène et deviennent les égéries du monde moderne. Les « idoles », comme on les appelle, sont devenues les figures incontournables des médias dont la forme rajeunit chaque jour un peu plus. Des émissions comme *Salut les copains* ou *Âge tendre et tête de bois* deviennent des rendez-vous immanquables. L'industrie du disque est florissante : les 45-tours tournent en boucle sur les électrophones Teppaz. C'est le regard du sociologue Edgar Morin qui, pour *Le Monde*, analyse ce bouleversement culturel au début du mois de juillet 1963, quelques jours après la « folle nuit » de la place de Nation qui, à l'appel de *Salut les copains*, a rassemblé près de 150 000 jeunes. Pour Morin, un « âge de transition » est apparu : l'adolescence.

« La vogue de rock'n roll qui, avec les disques d'Elvis Presley, arriva en France ne suscita pas immédiatement un rock français. Il n'y eut qu'une tentative parodique, effectuée par Henri Salvador, du type « Va te faire cuire un œuf, Mac ». La vague sembla totalement refluer ; mais en profondeur elle avait pénétré dans les faubourgs et les banlieues, régnant dans les juke-boxes des cafés fréquentés par les jeunes. Des petits ensembles sauvages de guitares électriques se formèrent. Ils émergèrent à la surface du golf Drouot, où la compétition sélectionna quelques formations. Celles-ci, comme les Chats sauvages, les Chaussettes noires, furent happées par les maisons de disques. Johnny Halliday[1] monta au zénith. Il fut nommé « l'idole des jeunes ».

Car ce public rock, comme aux États-Unis quelques années plus tôt, était constitué par les garçons et filles de douze à vingt ans. L'industrie du disque, des appareils radio, comprit aux premiers succès que s'ouvrait à la consommation en France un public de sept millions de jeunes ; les jeunes effectivement, poussés par le rock à la citoyenneté économique, s'équipèrent en tourne-disques, en radio, transistors, se fournirent régulièrement et massivement en 45 tours.

L'élargissement vint : du rock on passe au twist ; les jeunes vedettes de la chanson varient leur répertoire. À Europe n° 1 Daniel Filipacchi lance l'émission « Salut les copains ! » ; le mot-clé n'est pas « idole » comme l'avaient cru les marchands de disques, mais « copain ». C'est un ton de camaraderie que « Daniel », souvent entouré de Johnny Halliday, Sylvie Vartan, Françoise Hardy, Pétula Clark, présente les disques, discute. Le twist règne en despote éclairé, tolérant d'autres styles, d'autres tons. La notion de copain n'est pas refermée sur les vedettes de moins de vingt ans : on peut être copain même jusqu'à trente ans, à condition d'avoir le je ne sais quoi copain ; ainsi Brigitte Bardot, Pétula Clark (bien que mariée et mère) sont copines. Un Claude Nougaro n'est qu'à demi copain.

1. Le pseudonyme Hallyday est incorrectement orthographié par Edgar Morin, comme par de nombreux journalistes de l'époque.

Le succès de « Salut les copains ! » est immense chez les décagénaires (comment traduire *teenagers* ?). Les communications de masse s'emparent des idoles-copains. Elles triomphent à la T.V. La vague des vedettes de quinze ans s'élance derrière les déjà presque croulants Richard, Johnny (pour qui l'âge du service militaire semble sonner le glas), Sylvie, Françoise. C'est Sheila, dont une récente exhibition à la TV fait démarrer en trombe le disque *l'École est finie*, Sophie, triomphant dans l'agréable *Quand un air vous entraîne.* En 1962 Filipacchi lance timidement une revue, *Salut les copains*, qui aujourd'hui fête son premier anniversaire avec un tirage d'un million d'exemplaires, tandis qu'à la suite boy-scouts, jeunesse catholique, jeunesse communiste s'évertuent à singer le style « copains ». [NdA : J'ai lu dans une publication paroissiale d'avant-garde que Dieu était le meilleur copain du monde. On savait depuis longtemps que Thorez était le meilleur copain de France.] Le *Bonjour les amis* catholique, le *Nous les garçons et les filles* communiste, se trémoussent en twistant dans le sillage de S.L.C.

Le music-hall exsangue renaît sous l'affluence des copains ; les tournées se multiplient en province, sillonnées par les deux groupes leaders, le groupe Johnny-Sylvie et le groupe Richard-Françoise. *Paris-Match* consacre chez les « croulants » le triomphe des copains puisqu'il accorde aux amours supposées de Johnny et Sylvie la place d'honneur réservée aux Soraya et Margaret. *Ici-Paris* potine en publiant les Mémoires d'une amie délaissée de Johnny, qui jusqu'alors sauvegardait son standing en ne s'abandonnant qu'aux seuls ex-amants de B.B. L'apothéose « copains » se situe dans un des ultimes samedis de juin 1963, où le grand Barnum copain, Daniel, organisa le rassemblement de masse autour des vedettes. Cent cinquante mille décagénaires étaient au rendez-vous sabbatique, manifestant cet enthousiasme qui a le don d'ahurir totalement l'adulte.

De quoi s'agit-il ?

– De la promotion de nouveaux artistes de la chanson. Au premier rang, comme auteur-compositeur, interprète, je mettrai Françoise Hardy, qui mute toute prose en poésie, toute poésie en musique. Mais dans l'ensemble toute la promotion « copains » de Filipacchi-Ténot est excellente (les deux compères étaient au préalable des amateurs avisés du jazz) ;

– De l'irruption puis de la diffusion du rock et du twist français ;

– D'un épisode important dans le développement du marché du transistor et du 45 tours ;

– D'un épisode important dans l'extension du marché de consommation à un secteur jusqu'alors hors de circuit, celui des décagénaires.

Ce phénomène, qui s'inscrit dans un développement économique, ne peut être dilué dans ce développement même. La promotion économique des décagénaires s'inscrit elle-même dans la formation d'une nouvelle classe d'âge, que l'on peut appeler à son gré (les mots ne se recouvrent pas, mais la réalité est trop fluide pour pouvoir être saisie dans un concept précis) : le teen-age, ou l'adolescence. J'opte pour ce dernier terme.

Les communications de masse (presse, radio, TV, cinéma) ont joué un grand rôle dans la cristallisation de cette nouvelle classe d'âge, en lui fournissant mythes, héros et modèles. Dans un premier stade, le cinéma fait émerger les nouveaux héros de l'adolescence, qui s'ordonnent autour de l'image exemplaire de James Dean. Dans un deuxième stade, c'est le rock qui joue le rôle moteur. Mais tous les moyens de communication sont engagés dans le processus. Elvis Presley devient vedette de cinéma, comme vont peut-être le devenir en France Johnny, Sylvie, Françoise, qui tournent leur premier film, la seconde Françoise prenant place dans le char de la première, Sagan.

L'adolescence surgit en classe d'âge dans le milieu du vingtième siècle, incontestablement sous la stimulation permanente du capitalisme du spectacle et de l'imaginaire, mais il s'agit d'une stimulation plus que d'une création. Dans les pays de l'Est comme dans les pays arriérés économiquement, nous voyons des cristallisations analogues, comme si le phénomène obéissait plus à un esprit du temps qu'à des déterminations nationales ou économiques particulières. Cela dit, c'est dans l'univers capitaliste occidental que le phénomène s'épanouit pleinement, et par l'intermédiaire des « mass media ».

L'adolescence, en tant que telle, apparaît et se cristallise lorsque le rite de l'initiation dépérit ou disparaît, lorsque l'accession à l'état d'homme se fait graduellement. Au lieu d'une rupture, sorte de mort de l'enfance et de renaissance à l'état adulte, se constitue un âge de transition complexe, ambivalent, sorte d'espace biologique-psychologique-social, qui fournit le terrain favorable à l'éventuelle constitution d'une classe d'âge adolescente.

Les classes d'âge, dont l'organisation structure les sociétés archaïques, disparaissent des sociétés historiques occidentales jusqu'au vingtième siècle. Assez curieusement, de nouvelles classes d'âge tendent à se reformer à la pointe évolutive des sociétés actuelles. L'âge adulte se voit flanqué d'une part par le teen-age, d'autre part par un « troisième âge » en formation, où l'on s'efforce de soustraire à la casse la cohorte des post-quinquagénaires.

La constitution d'une classe adolescente n'est pas qu'un simple accès à la citoyenneté économique. De toute façon cette accession signifie promotion de la juvénilité. Cette promotion constitue un phénomène complexe qui implique notamment une précocité de plus en plus grande (ici, sans doute, la culture de masse joue un grand rôle en introduisant massivement et rapidement l'enfant dans l'univers déjà passablement infantilisé de l'adulte moderne). À la précocité sociologique et psychologique s'associe une précocité amoureuse et sexuelle (accentuée par l'intensification des « stimuli » érotiques apportés par la culture de masse et l'affaiblissement continu des interdits). Ainsi le teen-age n'est pas la gaminerie constituée en classe d'âge, c'est la gaminerie se muant en adolescence précoce. Et cette adolescence est en mesure de consommer non seulement du rythme pur, mais de l'amour, valeur marchande n° 1 et valeur suprême de l'individualisme moderne, comme elle est en mesure de consommer l'acte amoureux.

La formation de la nouvelle classe s'effectue dans un climat de promotion des valeurs juvéniles dans l'ensemble de la société (ultime hommage : Maurice Chevalier lançant le « yéyé » en même temps que son *À soixante-quinze berges* (chant d'espoir des septuagénaires) ; rester jeune est devenu l'ambition du « croulant ». Effectivement, dans l'esprit et dans le corps, on peut désormais se maintenir jeune. Il s'agit, plus encore que d'une promotion des valeurs juvéniles, d'une accentuation prodigieuse du processus de juvénilisation de l'adulte dans un monde où l'« adolescence permanente » [NdA. *Cf.* Georges Lapassade : *l'Entrée dans la vie.* (Coll. Arguments ; Éditions de Minuit, 1963).] est, sinon encore le mot d'ordre, du moins déjà le souhait secret qui parcourt par frissons l'adulte et le vieillard.

La nouvelle classe d'âge englobe des décagénaires des différentes classes sociales : ceci va dans le sens de la constitution de la gigantesque couche salariale des sociétés modernes, où les multiples hiérarchies et différenciations dans l'autorité, la richesse, le prestige, le statut n'empêchent nullement l'homogénéisation des goûts et valeurs de consommation, à commencer dans la culture de masse. C'est celle-ci qui est le pilote de cette homogénéisation, et, dans ce sens, on peut dire que la constitution de la nouvelle classe d'âge est un aspect du développement de la culture de masse.

Ceci dit, la nouvelle classe d'âge n'est pas totalement homogène. Elle présente, même dans ses héros, un visage complexe, ou plutôt de multiples visages, depuis le blouson noir avec chaîne de vélo (image pré-délinquante dans la perception des parents et adultes), jusqu'au beatnik, l'intellectuel barbu et rebelle, héritier de ce que les journaux appelaient il y a dix ans les existentialistes ; depuis Claudine Copain, l'écolière de quatorze ans lançant ses mignardes imprécations contre le prof de maths, jusqu'au très viril Johnny. Toutefois on peut dégager des traits communs.

La classe d'âge s'est cristallisée sur :

– Une panoplie commune, qui du reste évolue au fur et à mesure que les « croulants » avides de juvénilité se l'approprient ; ainsi ont été arborés blue-jeans, polos, blousons et vestes de cuir, et actuellement la mode est au tee-shirt imprimé, à la chemise brodée. Des canons d'élégance décagénaires se sont donc constitués et se renouvellent rapidement selon les normes de démocratisation ;

– Aristocratisation propre à la mode adulte (sur quoi se greffe une dialectique supplémentaire provoquée par le pillage adulte et la volonté permanente de se différencier de la classe pillarde) ;

– Un certain type de maquillage féminin (yeux fardés, fond de teint, pas de rouge à lèvres), certains types de coiffure, de l'ophélique cacade pileuse aux nattes mutines ; bref, des canons de beauté et de séduction autonomes ;

– L'accession à des biens de propriété décagénaires : électrophone, guitare de préférence électrique, radio à transistors, collection de quarante-cinq tours, photos ;

– Un langage commun ponctué d'épithètes superlatives comme « terrible », « sensass », langage « copain » où le mot copain lui-même est maître-mot, mot de passe (est-il interdit d'y voir la forme devenue twisteuse de cette aspiration qui nous poussait à dire « camarades », « frères » ?) ;

– Ses cérémonies de communion, depuis la surprise-partie jusqu'au spectacle de music-hall, et peut-être, dans l'avenir, des rassemblements géants sur le modèle de celui de la Nation ;

– Ses héros. Un culte familier d'idoles-copains est né. Il n'est pas particulièrement porté sur le « voyeurisme » ; ainsi la nature exacte des relations entre Sylvie et Johnny n'est pas une question obsédante pour les décagénaires. Certes, on ne souhaite pas que l'idole-copain de l'autre sexe se fixe ou se marie, mais on n'a pas l'obsession de sa vie privée. Ce culte est donc beaucoup plus raisonnable, moins mythologisant que celui du « star-system ». Mais là où il est beaucoup plus ardent, c'est dans l'acte même de la communion, le tour de chant, où le rapport devient frénétique, extatique. »

(Texte intégral)

L'excitation de la jeunesse, hypnotisée par ses idoles, n'est pas sans inquiéter une génération plus âgée, celle qui appartient notamment au général de Gaulle et qui réclame l'ordre face à l'ombre du jeune voyou qui se profile. À ce sujet, le président a ces mots célèbres, prononcés en 1965 à l'occasion d'un entretien télévisé : « La maîtresse de maison, la ménagère, elle veut avoir un aspirateur, elle veut avoir un frigidaire, elle veut avoir une machine à laver, et même, si c'est possible, qu'on ait une auto. Ça, c'est le mouvement. Et en même temps, elle ne veut pas que son mari s'en aille bambocher de toutes parts, que les garçons mettent les pieds sur la table et que les filles ne rentrent pas la nuit. Ça, c'est l'ordre. »[2] Mais l'expression des jeunes devient de plus en plus contestataire, comme en témoignent *Les élucubrations* d'Antoine en 1966 qui réclament la pilule en vente dans les Monoprix. La rébellion germe outre-Atlantique avec l'opposition à la guerre du Vietnam ; elle est prête à déferler sur la France.

BIBLIOGRAPHIE

Sur le Baby-Boom

- Jean-Claude Chesnais, *La démographie*, PUF, Que sais-je ?, 2010.
- Jean-François Sirinelli, *Les baby-boomers : une génération, 1945-1969*, Hachette, Pluriel, 2007.
- Agence France-Presse, *1945-1950, La France du baby-boom : les photos retrouvées de l'AFP*, La Découverte-AFP, 1991.

Sur les yéyés

- Michel Brillié, Christian Gauffre, *L'aventure "Salut les copains"*, éditions du Layeur-Fondation Frank Ténot, 2009.
- Alain Pozzuoli, *Dictionnaire des yé-yés : à l'usage des fans*, Pygmalion, 2009.

FILMOGRAPHIE

- *SLC Salut les copains* de Pascal Forneri, 2011.
- *Quatre idoles dans le vent* d'Alain Chaufour, Anne Sédès et Mireille Dumas, 2010.

---

2. Suite au concert de la place de la Nation du 22 juin 1963, une partie de la presse exprime, elle aussi, la crainte d'un débordement social général. *France-Soir* titre « L'émeute » ; Pierre Charpy, dans *Paris-Presse*, se demande si les « barbares de la place de la Nation » ne sont pas en train de mettre en péril l'avenir de la nation ; Philippe Bouvard, dans les colonnes du *Figaro*, s'interroge : « Quelle différence entre le twist de Vincennes et le discours de Hitler au Reichstag, si ce n'est un certain parti de musicalité ? ».

« Quand la France s'ennuie... »

Pierre Viansson-Ponté,
Le Monde, 15 mars 1968.

Né en 1920, Pierre Viansson-Ponté s'engage dans la Résistance durant l'Occupation avant de rejoindre l'agence France-Presse où il s'occupe de la politique française. Il entre à *L'Express*, à sa création en 1953, puis aux *Échos*, pour enfin travailler au *Monde* où il est successivement chef du service politique, rédacteur en chef adjoint, éditorialiste et responsable du supplément du week-end *Le Monde aujourd'hui*. En tant qu'éditorialiste, il a également écrit dans les colonnes de *L'Est républicain* et du *Progrès*.

Pierre Viansson-Ponté est l'auteur de plusieurs ouvrages consacrés à la vie politique française dont *Risques et chances de la Ve République* (1959), *Bilan de la Ve République, les politiques* (1967), *Après de Gaulle, qui ?* (1968), *Histoire de la République gaullienne* en deux tomes (1971) et *Lettre ouverte aux hommes politiques* (1975). Il meurt en 1979.

CONTEXTE

Au printemps 1968, le monde est agité par des mouvements étudiants de contestation. Ceux-ci remettent d'abord en cause la guerre du Vietnam, mais aussi la société de consommation, les discriminations et l'autorité. La France est touchée par ces troubles, à commencer par l'université de Nanterre qui, occupée par ses élèves, doit fermer ses portes le 2 mai. Le lendemain, la révolte se déplace à la Sorbonne où des étudiants sont arrêtés. L'escalade n'a plus de fin : on assiste bientôt à des « nuits des barricades » durant lesquelles la jeunesse s'oppose avec violence aux forces de l'ordre dans le Quartier Latin. Le 13 mai, un grand défilé populaire, soutenu par l'opposition gouvernementale, est organisé. Suit aussitôt le mouvement ouvrier : des grèves et des occupations d'usines, à Paris et en province, provoquent la paralysie.

Deux mois plus tôt, Pierre Viansson-Ponté, dans *Le Monde*, met en relief l'apathie dans laquelle les Français sont plongés. Alors que le monde commence à s'agiter, notre pays, renfermé sur lui-même, a choisi de rester immobile et d'attendre. L'article porte aujourd'hui un caractère hautement prophétique quand on sait que, huit jours plus tard, va se former le Mouvement du 22 mars de Daniel Cohn-Bendit. Dans ses lignes, Viansson-Ponté, en observateur expérimenté de la vie politique, a déjà cerné deux catégories qui vont bientôt participer au plus grand mouvement social de la France du XXe siècle : une jeunesse engoncée dans une discipline datée et une classe ouvrière confrontée aux réalités économiques.

« Ce qui caractérise actuellement notre vie publique, c'est l'ennui. Les Français s'ennuient. Ils ne participent ni de près ni de loin aux grandes convulsions qui secouent le monde. La guerre du Vietnam les émeut, certes, mais elle ne les touche pas vraiment. Invités à réunir « un milliard pour le Vietnam », 20 francs par tête, 33 francs par adulte, ils sont, après plus d'un an de collectes, bien loin de compte. D'ailleurs, à l'exception de quelques engagés d'un côté ou de l'autre, tous, du premier d'entre eux au dernier, voient cette guerre avec les mêmes yeux, ou à peu près. Le conflit du Moyen-Orient a provoqué une petite fièvre au début de l'été dernier : la chevauchée héroïque remuait des réactions viscérales, des sentiments et des opinions ; en six jours, l'accès était terminé. Les guérillas d'Amérique latine et l'effervescence cubaine ont été, un temps, à la mode ; elles ne sont plus guère qu'un sujet de travaux pratiques pour sociologues de gauche et l'objet de motions pour intellectuels. Cinq cent mille morts peut-être en Indonésie, cinquante mille tués au Biafra, un coup d'État en Grèce, les expulsions du Kenya, l'« apartheid » sud-africaine, les tensions en Inde : ce n'est guère que la monnaie quotidienne de l'information. La crise des partis communistes et la révolution culturelle chinoise semblent équilibrer le malaise noir aux États-Unis et les difficultés anglaises.

De toute façon, ce sont leurs affaires, pas les nôtres. Rien de tout cela ne nous atteint directement : d'ailleurs la télévision nous répète au moins trois fois chaque soir que la France est en paix pour la première fois depuis bientôt trente ans et qu'elle n'est ni impliquée ni concernée nulle part dans le monde.

La jeunesse s'ennuie. Les étudiants manifestent, bougent, se battent en Espagne, en Italie, en Belgique, en Algérie, au Japon, en Amérique, en Égypte, en Allemagne, en Pologne même. Ils ont l'impression qu'ils ont des conquêtes à entreprendre, une protestation à faire entendre, au moins un sentiment de l'absurde à opposer à l'absurdité. Les étudiants français se préoccupent de savoir si les filles de Nanterre et d'Antony pourront accéder librement aux chambres des garçons, conception malgré tout limitée des droits de l'homme. Quant aux jeunes ouvriers, ils cherchent du travail et n'en trouvent pas. Les empoignades, les homélies et les apostrophes des hommes politiques de tout bord paraissent à tous ces jeunes, au mieux plutôt comiques, au pire tout à fait inutiles, presque toujours incompréhensibles. Heureusement, la télévision est là pour détourner l'attention vers les vrais problèmes : l'état du compte en banque de Killy, l'encombrement des autoroutes, le tiercé, qui continue d'avoir le dimanche soir priorité sur toutes les antennes de France.

Le général de Gaulle s'ennuie. Il s'était bien juré de ne plus inaugurer les chrysanthèmes et il continue d'aller, officiel et bonhomme, du Salon de l'agriculture à la Foire de Lyon. Que faire d'autre ? Il s'efforce parfois, sans grand succès, de dramatiser la vie quotidienne en s'exagérant à haute voix les dangers extérieurs et les périls intérieurs. À voix basse, il soupire de découragement devant « la vachardise » de ses compatriotes, qui, pourtant, s'en sont remis à lui une fois pour toutes de leurs affaires. Ce qui fait d'ailleurs que la télévision ne manque pas une occasion de rappeler que le gouvernement est stable pour la première fois depuis un siècle.

Seuls quelques centaines de milliers de Français ne s'ennuient pas : chômeurs, jeunes sans emploi, petits paysans écrasés par le progrès, victimes de la nécessaire concentration et de la concurrence de plus en plus rude, vieillards plus ou moins abandonnés de tous. Ceux-là sont si absorbés par leurs soucis qu'ils n'ont pas le temps de s'ennuyer, ni d'ailleurs le cœur à manifester et à s'agiter. Et ils ennuient tout le monde. La télévision, qui est faite pour distraire, ne parle pas assez d'eux. Aussi le calme règne-t-il.

La réplique, bien sûr, est facile : c'est peut-être cela qu'on appelle, pour un peuple, le bonheur. Devrait-on regretter les guerres, les crises, les grèves ? Seuls ceux qui ne rêvent que plaies et bosses, bouleversements et désordres, se plaignent de la paix, de la stabilité, du calme social.

L'argument est fort. Aux pires moments des drames d'Indochine et d'Algérie, à l'époque des gouvernements à secousses qui défilaient comme les images du kaléidoscope, au temps où la classe ouvrière devrait arracher la moindre concession par la menace et la force, il n'y avait pas lieu d'être particulièrement fier de la France. Mais n'y a-t-il vraiment pas d'autre choix qu'entre l'apathie et l'incohérence, entre l'immobilité et la tempête ? Et puis, de toute façon, les bons sentiments ne dissipent pas l'ennui, ils contribueraient plutôt à l'accroître.

Cet état de mélancolie devrait normalement servir l'opposition. Les Français ont souvent montré qu'ils aimaient le changement pour le changement, quoi qu'il puisse leur en coûter. Un pouvoir de gauche serait-il plus gai que l'actuel régime ? La tentation sera sans doute de plus en plus grande, au fil des années, d'essayer, simplement pour voir, comme au poker. L'agitation passée, on risque de retrouver la même atmosphère pesante, stérilisante aussi. On ne construit rien sans enthousiasme. Le vrai but de la politique n'est pas d'administrer le moins mal possible le bien commun, de réaliser quelques progrès ou au moins de ne pas les empêcher, d'exprimer en lois et décrets l'évolution inévitable. Au niveau le plus élevé, il est de conduire un peuple, de lui ouvrir des horizons, de susciter des élans, même s'il doit y avoir un peu de bousculade, des réactions imprudentes.

Dans une petite France presque réduite à l'hexagone, qui n'est pas vraiment malheureuse ni vraiment prospère, en paix avec tout le monde, sans grande prise sur les événements mondiaux, l'ardeur et l'imagination sont aussi nécessaires que le bien-être et l'expansion. Ce n'est certes pas facile. L'impératif vaut d'ailleurs pour l'opposition autant que pour le pouvoir. S'il n'est pas satisfait, l'anesthésie risque de provoquer la consomption. Et à la limite, cela s'est vu, un pays peut aussi périr d'ennui. »

(Texte intégral)

La France, qui était engluée dans l'« ennui », ne sera plus la même après les événements de mai 68. Dans l'immédiat sont conclus les accords de Grenelle entre le gouvernement, les organisations syndicales et le patronat : le SMIG et les salaires sont augmentés, le temps de travail est réduit et le droit syndical est étendu. Certes, le 30 juin, le second tour des élections législatives sonne comme un triomphe pour le gaullisme. Mais l'image du chef de l'État ressort affaiblie de la révolte populaire. La victoire du non au référendum d'avril 1969 précipite le départ du Général et ouvre une ère culturelle inédite, tout particulièrement en matière d'éducation et de mœurs.

BIBLIOGRAPHIE

Sur la société française dans les années 1960

- Jean-Pierre Rioux, Jean-François Sirinelli, *Le temps des masses : le vingtième siècle*, Seuil, Points, 2004.
- Pascale Goetschel, Emmanuelle Loyer, *Histoire culturelle de la France de la Belle Époque à nos jours*, Armand Colin, 2011.
- Ralph Schor, *Histoire de la société française au XXe siècle*, Belin, 2004.

Sur Mai-68

- Geneviève Dreyfus-Armand *et al.* (dir.), *Les années 1968 : le temps de la contestation*, Complexe, 2008.
- Patrick Rotman, *Mai 68 raconté à ceux qui ne l'ont pas vécu*, Seuil, 2008.
- Laurent Joffrin, *Mai 68 : une histoire du mouvement*, Seuil, Points, 2008.
- Alain Geismar, *Mon mai 1968*, Perrin, 2008.
- Laurent Chollet, *Mai 1968, la révolte en images*, Hors collection, 2007.

FILMOGRAPHIE

- *Génération* de Daniel Édinger, 1987.
- *68* de Patrick Rotman, 2008.
- *1968, un monde en révoltes* de Michèle Dominici, 2008.
- *Mai 68 : les images de la télévision* d'Hugues Nancy, 2008.
- *Daniel Cohn-Bendit, agitateur depuis 40 ans* de Serge July, 2008.

DISCOGRAPHIE

- *Mai 68 : documents originaux enregistrés sur place pendant les événements de Mai 1968*, Disques Dom, 1997.
- *Mai 68*, De vive voix, 2001.
- *Mai 68, ah ! les beaux jours*, Radio France, 2008.
- *L'esprit de Mai 68*, EPM, 2008.
- *Liquider 68 ?*, Frémeaux et associés, 2008.

LIEUX

- La Sorbonne, Paris.

Le départ du Général

Jacques Derogy, *L'Express*, 5 mai 1969.[1]

Né Jacques Julien Weitzmann en 1925, Jacques Derogy doit abandonner ses études au lycée Henry-IV à Paris quand les Allemands entrent dans la capitale en 1940. Caché dans les maquis de l'Ardèche, il vit dans la clandestinité jusqu'à la Libération. Au lieu d'être philosophe, il s'engage dans une carrière de journaliste au sein de la rédaction de *Franc-Tireur*. Il s'illustre notamment avec un reportage sur l'épopée de l'Exodus. En 1948, il devient grand reporter à *Libération* et se penche sur la question de l'avortement clandestin. Son livre *Des enfants malgré nous* (1956) dérange et lui attire les foudres du Parti communiste. En 1957, Jacques Derogy rejoint la rédaction de *L'Express* et poursuit ses investigations avec les affaires Ben Barka, des avions renifleurs et des Irlandais de Vincennes pour ne citer qu'elles. En 1972, il parvient à retrouver Paul Touvier, le chef de la milice lyonnaise durant l'Occupation.

Ses enquêtes lui donnent matière à écrire ou coécrire une trentaine d'ouvrages dont *L'avortement de papa* (1971), *Israël, la mort en face* (1974), *Enquête sur un juge assassiné : vie et mort du magistrat lyonnais François Renaud* (1977), *Le cas Wallenberg* (1980), *Opération Némésis* (1986). Il termine sa carrière à *L'Événement du jeudi* et publie *Investigation passion* (1993) où il raconte ses enquêtes à la première personne, telles qu'il les a vécues. Il meurt en1997. L'année suivante est décerné le premier prix Jacques-Derogy-L'Express qui couronne le journalisme d'investigation.

---

1. Titre original de l'article : « Colombey : le dernier domaine réservé ».

CONTEXTE

Charles de Gaulle est né le 22 novembre 1890 à Lille. Saint-cyrien, il entame sa carrière militaire en tant qu'officier d'infanterie sous les ordres du colonel Pétain. Fait prisonnier pendant la Première Guerre mondiale, il retrouve la liberté à l'armistice. Devenu instructeur, il publie pendant l'entre-deux-guerres des ouvrages dans lesquels il défend l'idée d'une armée de métier et l'utilisation de chars. En mai 1940, quand les soldats allemands déferlent sur le territoire français, il remporte quelques succès militaires qui lui permettent de devenir général de brigade à titre temporaire. Nommé au gouvernement de Paul Reynaud au début du mois de juin, il rejoint rapidement Londres quand l'armistice est demandé par Pétain. Il y lance son célèbre appel du 18 juin et forme la France Libre. À la Libération, il préside des gouvernements provisoires avant de démissionner et d'entrer dans une « traversée du désert » durant laquelle il entame la rédaction de ses mémoires.

En 1958, de Gaulle est rappelé au pouvoir dans le but de régler la question algérienne. Il conduit la France à adopter une nouvelle Constitution, celle de la Ve République, et est élu président. Quatre ans plus tard, il obtient par référendum l'élection présidentielle au suffrage universel. Sa politique se dirige à la fois vers un renforcement des nouvelles institutions, la décolonisation et le rôle de la France dans le monde. Réélu en 1965, son pouvoir est remis en question avec les événements de mai 68. Aussitôt prononcé l'échec du référendum du 27 avril 1969 sur les régions et la réforme du Sénat, il décide la publication de sa démission et s'isole à la Boisserie, sa résidence de Colombey-les-deux-Églises.

« Sur le portail peint en vert et orné de deux têtes de cheval, un écriteau : « Propriété privée – Défense d'entrer », indique les limites de son dernier domaine réservé : un îlot de 3 ha et demi. Là, l'auréole touffue des chênes centenaires abrite ses courts itinéraires de promeneur solitaire et la romantique façade de sa gentilhommière. Îlot désert, noyé de grisaille et de pluie, au bord extrême du plateau de Langres perché à 400 mètres entre les brumes de Champagne pouilleuse et la ligne bleue des Vosges, mais qu'il a peuplé d'un bric-à-brac glorieux comme autant de morceaux d'histoire de France. Peu d'élus, désormais, en franchiront les murs : seulement les familiers et quelques domestiques.

Devant les grilles closes, a recommencé jeudi, après trois jours de stupeur, le pèlerinage des curieux et des fidèles. C'était le 1er mai. Un défilé ininterrompu de voitures, trois cars de touristes, une délégation des Anciens de la France libre et de la Résistance ont ranimé la rue qui porte son nom. Une femme pleurait au milieu de trois cents personnes autorisées à remettre messages et brins de muguet au poste de garde. Mais aucun téléobjectif amateur n'a pu surprendre la haute silhouette.

Le général Charles de Gaulle s'est cloîtré depuis le dimanche 27 avril, peu après midi, dans sa demeure de la Boisserie, à Colombey-les-Deux-Églises, dont il avait fait sa résidence principale après sa première retraite en 1946, et où il a emménagé la plus grande partie de ses affaires personnelles après les événements de mai 1968.

Son adieu à Paris s'est réduit à une simple poignée de main échangée à 250 km de là avec le colonel commandant la garnison de l'Élysée, vendredi 25 avril, à 13 h 15. Il y avait laissé, à tout hasard, un communiqué de deux lignes : son acte de démission. Peu avant 16 heures, la DS présidentielle pénétrait dans le parc solitaire et glacé dont il a « fait quinze mille fois le tour ». Elle était conduite par le chauffeur attaché à son service, il y a vingt-cinq ans, par le préfet Charles Luizet : M. Paul Fontenil, 60 ans, cheveux d'argent, brigadier-chef des gardiens de la paix devenu contractuel depuis sa retraite.

Le nouveau jardinier engagé l'année dernière, M. Alain Tirson, un grand timide de 28 ans venu des Ardennes, était en train de ratisser les allées. Sur la terrasse, la femme de chambre, Mme Charlotte Gaspard, une Lorraine de 53 ans, seule gardienne des quatorze pièces et des quatre salles de bains du manoir, soignait le massif de 10 mètres sur 7 en forme de croix de Lorraine.

Le Général s'est aussitôt enfermé dans le cabinet de travail dont les trois portes-fenêtres donnent, de plain-pied, sur la prairie où viennent mourir les vagues de la forêt gauloise, au rez-de-chaussée de la tour hexagonale qu'il a fait ajouter après la guerre : « Cent quatre-vingt degrés sans une maison et sans un promeneur, c'est ce qui est beau, dit-il. De la pièce d'angle où je passe la plupart des heures du jour, ajoute-t-il dans ses « Mémoires », je découvre les lointains dans la direction du couchant. Au long de 15 km, aucune construction n'apparaît… Par-dessus la plaine et le bois, ma vue suit les longues pentes descendant vers la vallée de l'Aube, puis les hauteurs du versant opposé. Ensuite, regardant les étoiles, je me pénètre de l'insignifiance des choses. »

C'est également dans cette pièce, où il collectionne ses souvenirs dans un coffre de bois et de cuir marqué du mot « Angleterre », et qui servait à Louis XIV à ranger ses rapports confidentiels en provenance de Londres, qu'il a passé, sans aucun contact avec l'extérieur, toute la journée du samedi. D'un coup de DS, M. Fontenil a conduit Charlotte faire quelques emplettes à l'épicerie Coop du village : vin, fruits, pâtes, conserves.

Le jour du scrutin, les fidèles l'ont en vain attendu à son banc d'église, marqué d'un simple bristol, au 9e rang à gauche, entre Jeanne d'Arc et le vitrail de Saint-Louis. L'aumônier de la centrale de Clairvaux, l'abbé Poissons, est venu célébrer la messe en privé, dans un coin du salon désaffecté jadis consacré par l'amiral Thierry d'Argenlieu lorsqu'il fut devenu religieux de l'ordre des carmes.

Le Général n'est sorti, ce dimanche fatidique, que peu avant midi, pour gravir les vingt-cinq marches de l'escalier de bois et de la mairie, où, le regard absent, indifférent à ses deux portraits – celui, naïf, de général du 18 juin 1940, et celui, officiel, de président de la République – il a expédié son devoir d'électeur n° 49, et serré la main du maire adjoint, le vieux pompiste, M. Gabriel Gadot, qui, avant guerre, venait le chercher toutes les semaines avec sa B 14 au train de Chaumont. Puis il s'est hâté de rejoindre sa colline, à 500 mètres de la place du bourg.

À 18 h 15, le chauffeur lui a apporté les résultats du scrutin local : 158 oui, 3 nuls et, pour la première fois, 21 non. Sans doute les ouvriers de la fromagerie, de nouveaux venus…

La télévision animait le grand salon où, sur sa bergère, Mme de Gaulle faisait de la couture. Trois fois le fil direct qui reliait la Boisserie à l'Élysée a fonctionné : à 19 heures, à 22 heures et à minuit. Le secrétaire général de la présidence, M. Bernard Tricot, a alors entendu la voix parfaitement impavide lui donner l'ordre de « lâcher le communiqué ». Les volets du village étaient clos. Le café Chez Janine avait été déserté dès 20 heures. Le premier étage de la Boisserie, où se trouvent les chambres, plongeait à son tour dans l'obscurité.

Seul visiteur admis, le lendemain matin : l'aide de camp, le capitaine de vaisseau François Flohic, appelé à prendre prochainement le commandement du « Jeanne-d'Arc ». Il porte un petit chapeau Cardin et navigue entre l'hôtel Terminus à Chaumont et l'hôtel du Commerce à Bar-sur-Aube. Au début de l'après-midi, des Estafette bleues de l'Élysée apportent dossiers, caisses et cartons que M. Jacques Foccart a commencé à déménager dans la nuit. N'était la couleur, elles font penser à des fourgons mortuaires. Le frère de Mme de Gaulle, M. Jacques Vendroux, député de Calais, n'est reçu qu'un petit quart d'heure. Le Général reste invisible. Il a fait couper son fil direct. Lorsque M. Jean Sicurani, directeur de cabinet de M. Jacques Chaban-Delmas, viendra, porteur d'une lettre du président de l'Assemblée, il restera à la grille. Le commandant Flohic prend de ses mains la lettre, mais ne l'introduit pas.

Mardi, à 9 heures, les dix « gorilles » du service de sécurité évacuent leur maisonnette de la place de l'Église, avec leurs boules de pétanque, leurs mitraillettes et leur matériel de cuisine. Ils n'y laisseront qu'un garde du corps, le commissaire principal Henri Djouder, un Kabyle de 48 ans, chauve et moustachu, héros du débarquement en Normandie et attaché à la protection du Général depuis 1947. À 11 heures, l'hélicoptère de secours et le médecin militaire mis à la disposition du chef de l'État s'envolent du pré de M. Gadot, pour regagner leur base de Saint-Dizier. À 16 heures, la femme de chambre de l'Élysée qui accompagnait Mme de Gaulle dans les voyages officiels, Mme Prudhomme, arrive en voiture avec des cartons de grands couturiers : elle rapporte la garde-robe.

Chargé comme un mulet, le facteur, M. Jean Consigny, 42 ans, semblerait le dernier lien de la Boisserie avec l'extérieur si le Général n'avait reçu M. Tricot à déjeuner. Mercredi, c'est le tour de son ex-directeur de cabinet, M. Xavier de La Chevalerie, et de son ex-chef d'état-major particulier, le général André Lalande, que son gendre, le général Alain de Boissieu, vient rejoindre au café. Jeudi, visite d'une heure de M. Foccart.

Comme ancien président de la République, le citoyen Charles de Gaulle a droit à une dotation égale au traitement indiciaire de conseiller d'État (6 000 Francs par mois), à un aide de camp, à un chauffeur et à une voiture. Comme membre de droit du Conseil constitutionnel, à une indemnité équivalent au plus haut échelon des emplois d'État (près de 7 000 Francs). Comme général, à une pension de 3 500 Francs, mais il y a déjà renoncé en 1946. Il lui reste ses droits de mémorialiste, essentiellement consacrés à financer l'Institut Anne de Gaulle fondé, en souvenir de sa fille morte à 20 ans, au profit des enfants déficients. De quoi, en tout cas, continuer à faire acheter le pain à Bar-sur-Aube – celui de Colombey laisse à désirer – l'oreille de cochon qu'il aime grillée, à Chaumont, et le vacherin aux marrons – qu'il appelle familièrement « le Pompidou » – à Troyes.

Garnir encore la bibliothèque de sa petite tour où trônent en bonne place Chateaubriand et Barrès. Et faire entretenir le caveau de huit places au cimetière où repose déjà sa fille Anne, en méditant sur l'extinction de ce village qui se meurt, jour après jour, au fil sonore de ses angélus.

Avec, au fond du cœur, ce réconfort secret exhalé dans ses « Mémoires » : « Puisque tout recommence toujours, ce que j'ai fait sera, tôt ou tard, une source d'ardeurs nouvelles après que j'aurai disparu. »

(Texte intégral)

Retiré de la vie politique, Charles de Gaulle s'attèle à la poursuite de la rédaction de ses mémoires. Il ne quitte sa demeure familiale que pour deux courts voyages, en Irlande et en Espagne. Le 9 novembre 1970, au terme d'une journée de travail, il succombe à une rupture d'anévrisme. Le lendemain, le dessinateur du *Figaro,* Jacques Faizant, représente Marianne pleurant devant un chêne déraciné par la foudre. Les obsèques de l'ancien président se tiennent à Colombey-les-Deux-Églises où seule une délégation de l'armée française est conviée selon les volontés du disparu. En 1972, une monumentale croix de Lorraine est érigée sur une colline du village pour rendre hommage à l'homme du 18 juin. Elle est aujourd'hui au cœur d'un parcours muséographique dont le centre, ouvert depuis 2008, propose une exposition permanente consacrée à son œuvre.

BIBLIOGRAPHIE

Sur la vie du général de Gaulle

- Odile Rudelle, *De Gaulle : pour mémoire*, Gallimard, Découvertes, 2010.
- Éric Roussel, *Charles de Gaulle*, 2 tomes, Perrin, Tempus, 2007.
- Claire Andrieu *et al.* (dir.), *Dictionnaire De Gaulle*, Robert Laffont, Bouquins, 2006.
- Michel Tauriac, *Dictionnaire amoureux de De Gaulle*, Plon, 2010.

Sur les dernières années du général de Gaulle

- Charles de Gaulle, *Lettres, notes et carnets : juin 1958-novembre 1970*, Robert Laffont, Bouquins, 2010.
- Alain Peyrefitte, *C'était de Gaulle*, Gallimard, Quarto, 2002.
- Jean Lacouture, *De Gaulle. III : Le souverain, 1959-1970*, Seuil, 2010.
- Jean Mauriac, *Mort du général de Gaulle*, Grasset, Les cahiers rouges, 1999.

FILMOGRAPHIE

- *Les grands discours du général de Gaulle*, INA, 2008.
- *De Gaulle ou l'éternel défi* de Jean Labib, 1987. Épisode 6 : Le souverain de la République.
- *De Gaulle, la fin d'un règne* de Jean-Michel Djian, 2009.
- *Adieu de Gaulle, adieu* de Laurent Herbiet, 2009.

DISCOGRAPHIE

- *Charles de Gaulle, anthologie des discours 1940-1969*, Frémeaux et associés, 2000.

LIEUX

- Maison natale de Charles de Gaulle, Lille.
- La Boisserie, Colombey-les-Deux-Églises.
- Mémorial Charles-de-Gaulle, Colombey-les-Deux-Églises.

Patrick Henry échappe à la peine de mort

Pierre Georges, *Le Monde*, 23-24 janvier 1977.[1]

Pierre Georges est né en 1943. Il travaille d'abord à la locale de Melun du *Parisien libéré*. Entré au journal *Le Monde* en 1973 pour les Informations générales, il va diriger les pages Horizon avant de tenir la chronique quotidienne de la dernière page et devenir directeur adjoint de la rédaction. Il a également fait un passage de deux années à *Libération*.

Au procès de Patrick Henry, Pierre Georges assiste à la plaidoirie de Robert Badinter et se souvient : « Ce fut très long et très court. Presque répétitif, comme s'il prenait soin de marteler sa cause, d'affirmer sa profonde conviction, de redire encore et encore ce qu'il avait à l'esprit et au cœur en s'adressant au jury. Il a fini littéralement l'écume aux lèvres. C'était éblouissant. Quelques jurés pleuraient. » Le journaliste avoue regretter que ce moment n'ait pas été filmé.

1. Titre original de l'article : « Patrick Henry est condamné à la réclusion criminelle à perpétuité ».

CONTEXTE

Dans les années 1970, les Français sont majoritairement favorables au maintien de la peine de mort, notamment en raison d'affaires judiciaires retentissantes. Le président Valéry Giscard d'Estaing ne provoque donc pas l'élaboration d'un projet de loi pour son abolition. Pourtant, la France fait figure de retardataire sur ce point : le Portugal a supprimé la peine capitale au XIXe siècle, l'Italie en 1944, la RFA en 1949, la Grande-Bretagne en 1965. L'idée fait néanmoins son chemin ; les exécutions ne sont plus publiques et, finalement, doit-on absolument répondre à la mort par la mort ? De nombreux débats se sont tenus durant les deux derniers siècles, dont celui qui opposa Jean Jaurès à Maurice Barrès en 1908, mais aucun d'entre eux n'a abouti à une transformation de la loi.

Tôt dans sa carrière d'avocat, Robert Badinter s'est exprimé contre la peine capitale. Quand, en 1972, son client Roger Bontems est condamné à mort alors qu'il n'est reconnu que complice dans l'assassinat d'un gardien et d'une infirmière de la centrale de Clairvaux, Badinter fait de l'abolition de la peine de mort le combat de sa vie. Dans de nombreux procès, comme celui de Patrick Henry, accusé de l'enlèvement, de la séquestration, puis de l'assassinat d'un jeune garçon de huit ans, il parvient à obtenir la réclusion criminelle à perpétuité. Pour *Le Monde*, Pierre Georges relate cet événement judiciaire de janvier 1977 qui n'est pas sans choquer l'opinion. Robert Badinter voit se déchaîner contre lui une majorité de Français qui réclamaient une condamnation à mort et qui accusent la justice d'accorder un « permis de tuer ».

« Les mots sont maladroits. Les écrits trahissent. Les citations limitent. Comment rapporter ici la dimension incroyable de ce qui s'est passé jeudi après-midi dans cette salle d'assises comble et surchauffée, ce souffle prodigieux qui a inversé la séance d'un procès pour en changer le dénouement apparu inexorable ? Comment expliquer et témoigner que ces jurés de l'Aube, ces six hommes et ces trois femmes, à juste titre traumatisés par l'horreur extrême d'un crime, ont eu la raison et le courage d'accorder à celui qui n'en méritait guère, et n'en voulait aucune, le bénéfice de la circonstance atténuante absolue : celle d'être un homme. Malgré tout et malgré lui.

Honnêtement, jeudi à midi, tout nous semblait dit. Comme si chaque heure, chaque minute, chaque seconde supplémentaires devait n'être plus, pour le petit jeune homme glacial et glaçant, là, à côté dans le box, qu'un pas de plus vers la décision irrémédiable. Comme si chaque seconde rapprochait davantage une femme en pleurs, Mme Henry, cette mère dont l'une des filles caressait doucement, pour l'apaiser, le visage bouleversé de Pietà, vers l'ultime et le pire instant de son calvaire : entendre la condamnation à mort de son fils.

Tout semblait dit à tous : Patrick Henry avait déjà la tête sous le couperet, et seule une grâce présidentielle l'en sortirait peut-être encore. Non pas que la famille de l'enfant assassiné ait demandé vengeance ou le prix du sang. Non. La plaidoirie de Me Johannès Ambre fut digne, bien au-delà de la loi du talion, dont les parents du petit Philippe ne voulaient pas. Digne, mais tellement attachée aux faits qu'elle en était devenue accablante : *« Ce procès aurait pu être celui du chagrin et de la pitié, il s'en est fallu de peu de chose, d'un élan du cœur, d'un élan de sincérité*, avait dit Me Ambre. *M. et Mme Bertrand avaient perçu à la lecture des journaux je ne sais quel frémissement qui leur paraissait surprenant et profond, nourri d'une certaine espérance. Émus par ces indications, ils ont souhaité savoir si celui dont ils allaient rencontrer le regard correspondait à ces descriptions. Dans ce regard ils n'ont vu aucun remords. »*

Tout semblait dit parce que, en effet, Patrick Henry, par son comportement ici et pour les faits ailleurs, semblait indéfendable ; parce que cet homme-là avait même réussi, on l'avoue, à créer un doute affreux dans l'esprit de ceux qui, par principe, refusent la peine de mort.

Il y avait suffi le réquisitoire de l'avocat général, M. Fraisse, un homme sévère, méthodique, mais dont on ne peut suspecter l'honnêteté intellectuelle.

M. Fraisse dira : « *Je n'ai jamais requis une peine que, comme juré, je n'aurais pu appliquer en mon âme et conscience. En raison des faits qui sont reprochés, je vous demande de voter la mort. Je crois à la dissuasion par la peine de mort, quand il s'agit d'un crime crapuleux. Je crois surtout au devoir impérieux pour une société de protéger ses membres en prononçant une peine irrévocable. Une société n'a pas le droit de laisser se perpétuer des êtres dangereux, n'a pas le droit de mettre en danger la vie d'innocentes victimes. Si elle faisait autrement, elle engagerait sa responsabilité si d'autres actes semblables se produisaient. Sans haine, sans passion, sans faiblesse, vous appliquerez les lois de notre pays.* »

Qui croyait encore, à ce moment-là, que les jurés n'appliqueraient pas « *les lois de leur pays* » ? Qui ? C'est simple : les deux avocats, qui ne voulaient pas l'admettre, qui ne se résignaient pas à un baroud d'honneur, comme le dira Me Badinter, venu à midi quêter des encouragements. « *Oui, il n'y a pas une chance sur mille, mais, cette chance, je la disputerai jusqu'au bout.* » Là, déjà, il ne s'agissait plus d'effets de manches. On ne jouait pas la tragédie, ce jeudi, à Troyes.

L'explication du revirement est peut-être là : on dit d'un avocat, sorti vainqueur d'un procès, qu'il fut brillant ou magistral, ou qu'il a atteint les sommets de son art. Le bâtonnier Bocquillon et Me Robert Badinter furent, cet après-midi, bien au-delà de ces sommets, au-delà du métier d'avocat, deux hommes sortant – qu'on pardonne l'expression – tout ce qu'ils avaient dans le ventre et dans la tête et dans le cœur pour inverser le cours des choses. Ils n'ont pas plaidé, ils ont chacun, pendant une heure et demie, pesé de toute leur conscience sur la conscience des hommes et des femmes présents dans la salle, ils ont dressé, pendant cent quatre-vingts minutes, une irrésistible supplique à la vie.

Me Bocquillon parlait le premier. C'était normal puisqu'il fut – il faut tout de même le rappeler – le premier et le seul dans son département à oser défendre Patrick Henry. Il était à 2 mètres de nous, ce vieil homme, et on l'a vu d'abord la voix brisée par l'émotion, les mains tremblantes, le visage blême, demander qu'on lui pardonne de n'être que ce qu'il est : *« Je suis bien faible, je suis avocat à Chaumont ; ce n'est pas de l'émotion, c'est de l'angoisse qui m'étreint avant de parler, parce que c'est de nous, et de nous seuls, que dépend maintenant la vie de Patrick Henry. Il y a sur ce prétoire une affreuse odeur de sang, le sang de la victime, un enfant sacrifié par un autre enfant qui n'avait même pas trouvé sa maturité. Nous avons, Robert et moi-même, une responsabilité affreuse, mais aussi un devoir absolu : être la défense. Ce devoir, il est tout simple, tout bête, tout clair : il est de vous dire : ne faites pas cela. Vous êtes les derniers dépositaires de l'immense intérêt que peut représenter une vie humaine. Alors, si vous le voulez, le procès de Troyes entrera dans l'histoire. »*

Le bâtonnier, le bien faible bâtonnier Bocquillon, assez fort tout de même pour résister aux insultes, aux menaces – par exemple ce petit paquet qu'il a reçu chez lui, des balles avec un mot : *« Voilà pour tes petits-enfants si tu sauves Henry »* – a parlé une heure et demie et ce fut très important. Non seulement parce qu'il s'y est acharné à démontrer les points forts de l'accusation, le caractère exceptionnel de criminel de Patrick Henry, l'attitude de blocage de l'accusé à propos des barbituriques ou sa froideur, mais bien davantage parce qu'il y fut la présence locale, un homme du cru, un homme demandant aux jurés d'excuser la suspicion légitime – *« c'était une grave erreur »* – et leur disant : *« Je suis d'ici, je suis comme vous, horrifié par ce crime. Ce procès nous concerne tous. Il nous dérange tous. Le monstre, c'est le fils d'une femme qui est ici. Il pourrait être le nôtre, le mien, le fils de tout le monde. Alors cette pitié qu'il n'a pas eue pour sa victime, je vous demande de tout mon cœur que vous l'ayez pour lui. »*

Quand il s'est assis, Me Bocquillon n'avait pas sauvé Patrick Henry ; il le savait. Il savait depuis le départ, quand il avait appelé à l'aide Me Badinter, qu'il ne sauverait pas Patrick Henry seul. Mais l'inverse est vrai.

Lorsque Me Badinter, pâle, maigre, le visage blême, commença à parler d'une voix volontairement assourdie, cassée, martelant les mots un peu au rythme d'une marche funèbre, dès qu'il eut prononcé les premières phases d'une plaidoirie improvisée, non écrite, et qui mériterait pourtant publication, on sut tout de suite une chose : ce n'était pas seulement l'avocat Badinter qui était venu défendre le client Henry, mais l'homme lui-même qui, cinq ans après, retournait à Troyes pour chercher sa revanche sur lui-même, pour cicatriser ou ouvrir davantage encore une blessure terrible.

Ce moment extraordinaire, ce cri prolongé qui, pendant une heure et demie, a tenu comme fascinés, éblouis, tous ceux qui étaient dans la salle d'audience, ce périple forcé dans la conscience humaine, nous le devons à un avocat qui ne s'est jamais pardonné de n'avoir pu sauver à Troyes un autre accusé, Roger Bontems. *« Il n'existe pas de grands procès. On croit que, parce qu'il y a beaucoup de monde, beaucoup de journalistes, c'est un procès différent des autres. Ce n'est pas vrai,* dit-il d'entrée aux jurés. *Ici c'est lui, c'est vous et c'est un petit peu moi. Quand tout sera fini ce soir, ce ne sera pas fini pour lui, pour vous, et pour moi. Ici même, le même avocat général avait demandé, avec les mêmes mots, la même peine. Je m'étais battu pendant quatre jours pour que la cour reconnaisse que Roger Bontems n'avait tué personne. La cour l'a reconnu. La cour l'a condamné à mort. »* Il n'échouera pas cette fois parce que, en une heure trente, il saura forcer les jurés – *« Vous êtes seuls et il n'y aura pas de grâce présidentielle »*, – il saura les prendre un à un : *« Vous, vous et vous »*, et les emmener face à la peine de mort, devant la guillotine. Pas l'abstraction de la condamnation : sa réalité. *« Quand M. l'avocat général demande la peine de mort, c'est à vous, après, qu'il la laissera. Vous êtes seuls ; vous seuls ici avez le droit de vie et de mort sur quelqu'un. Cela vaut bien, dans une vie de femme et d'homme, qu'on y réfléchisse à deux fois. Si je dois y retourner avec Patrick Henry, il faut que je sache pourquoi et que vous le sachiez aussi. »*

La peine de mort exemplaire? « *L'avocat général a dit trait pour trait ce que son prédécesseur disait il y a deux siècles à propos de la torture. Il vous demande de l'expédier avec un certificat « normal, bon à exécuter ». Ce n'est pas vrai. Il y a des siècles que l'on dit cela, qu'on le répète de génération en génération et ce n'est pas vrai. On a guillotiné Ranucci*[2] *et il y eut un autre crime de sang sur enfant... Et s'il y a un endroit où on ne peut croire à l'exemplarité de la peine de mort, eh bien! c'est ici; où habitait Patrick Henry quand Buffet et Bontems ont été condamnés à mort? Vous n'exécutez pas une fonction de défense sociale, avec cette fonction sanglante; on apaise, on fait croire que l'on défend; on trompe. À mort, à mort, c'est politiquement payant. Et moi je vous dis: Si vous le coupez en deux, cela ne dissuadera personne.* »

Alors la peine de mort vengeance: « *Il y a l'horreur qui nous saisit. Et puis cette passion de vengeance naturelle et légitime des parents. Il vous est arrivé ce que je n'ai jamais vu dans une affaire. C'est que vous l'avez vécue jour à jour. Comme une constitution globale de partie civile. Cet homme, il nous fait d'autant plus horreur qu'il n'est pas, lui, venu d'ailleurs. Il y a une sorte de fureur d'exorcisme dans le cas Patrick Henry. On compte sur vous pour apporter des fagots dans cet exorcisme-là.* »

Ni vengeance, ni exemplarité, que reste-t-il alors de la peine de mort? « *L'horreur. Si vous le tuez votre justice est injuste. Qu'est-ce que la justice quand la douleur des parents, quand les larmes d'une Mme Henry n'apaisent pas les larmes d'une Mme Bertrand? La justice, elle, est la proclamation des valeurs d'une société ou elle n'est rien. Qu'est-ce donc qu'une société qui traîne la guillotine comme un bien de famille? Qu'est-ce qui a légitimé le droit de tuer?*

« *Vous allez voter maintenant. C'est vous et vous seuls, et chacun de vos votes est acquis pour toujours. Et puis il y aura un autre crime affreux. Et puis vous y penserez. Et puis, il y aura l'abolition.*

---

2. En 1976, Christian Ranucci est condamné à mort et exécuté pour le meurtre d'une fillette de huit ans.

Vous direz à vos enfants que vous avez condamné un homme à mort, même un tueur d'enfant, et vous verrez leurs regards. »

Une heure et demie comme cela. Dans la salle, certains des hommes, des femmes, ont pleuré. Trois jurés ont pleuré. Me Badinter s'est assis épuisé, vidé. Patrick Henry s'est levé. Le président : « *Avez-vous quelque chose à déclarer ?* » Patrick Henry saisit un micro : « *Je vais essayer. Si j'avais pleuré tout au long des débats, on aurait dit que j'étais un lâche. Je n'ai pas pleuré, on va dire que j'étais un monstre. Je n'ai jamais pu m'extérioriser, mais tout se passe à l'intérieur. Les heures, les mois que je viens de vivre m'ont permis de beaucoup réfléchir. Je sais combien ce que j'ai fait est affreux. Je le sais mieux que tout le monde. Et je le regrette du fond du cœur. Depuis longtemps je voulais demander pardon aux parents de Philippe. Je voulais leur dire combien j'ai horreur de ce que j'ai fait et combien je souffre de ne plus pouvoir réparer.* » Puis brusquement : « *Je ne peux plus.* » Il jette le micro.

Une heure trente de délibérés. La cour revient. Le président Sagols lit les réponses. Six Oui. Six fois coupable. Un septième oui – les circonstances atténuantes. On n'oubliera pas le cri poussé à cet instant par la mère de Patrick Henry. Patrick Henry rit et pleure. Le président : « *Patrick Henry, la cour a fait preuve à votre égard d'une grande mansuétude. Puissiez-vous ne pas la décevoir, nous comptons sur vous.* » Patrick Henry : « *Vous n'aurez pas à le regretter.* » »

(Texte intégral)

Dans le cadre de la campagne pour les élections présidentielles de 1981, la gauche annonce l'abrogation de la peine de mort parmi ses 110 propositions. Aussi, une fois François Mitterrand élu président de la République, Robert Badinter est-il nommé ministre de la Justice du gouvernement Mauroy et présente-t-il, le 17 septembre 1981, le projet de loi d'abolition de la peine de mort à l'Assemblée nationale réunie en session extraordinaire. Jouant à la fois sur l'émotion et sur une logique implacable, il tente de convaincre de la nécessité d'un vote favorable au projet. Le lendemain, l'Assemblée nationale adopte l'ensemble du texte par 363 voix contre 117. Le 30 septembre, le projet est adopté par le Sénat. La loi est promulguée le 9 octobre. Restée l'une des mesures emblématiques de l'ère mitterrandienne, l'abolition de la peine de mort est inscrite dans la Constitution au terme du vote des députés et des sénateurs réunis en Congrès à Versailles le 19 février 2007.

BIBLIOGRAPHIE

Sur la peine de mort

- Jean-Marie Carbasse, *La peine de mort*, PUF, Que sais-je ?, 2011.
- Martin Monestier, *Peines de mort : histoire et techniques des exécutions capitales, des origines à nos jours*, Le Livre de poche, 2001.
- Pascal Bastien, *Histoire de la peine de mort : bourreaux et supplices : Paris, Londres, 1500-1800*, Seuil, 2011.
- Jean-Yves Le Naour, *Le dernier guillotiné*, First, 2011.

Sur Robert Badinter et l'abolition de la peine de mort

- Robert Badinter, *L'abolition*, Le Livre de poche, 2002.
- Robert Badinter, *L'abolition de la peine de mort*, Dalloz, 2007.
- Robert Badinter, *Contre la peine de mort : écrits, 1970-2006*, Le Livre de poche, 2008.
- Paul Cassia, *Robert Badinter : un juriste en politique*, Fayard, 2009.
- Jean-Yves Le Naour, *Histoire de l'abolition de la peine de mort : 200 ans de combats*, Perrin, 2011.

FILMOGRAPHIE

- *Un abolitionniste, Robert Badinter* de Joël Calmettes, 2001.
- *Robert Badinter, la justice et la vie* de Joël Calmettes, 2007.
- *Robert Badinter, vers l'abolition universelle de la peine de mort* de Joël Calmettes, 2010.
- *Chronique d'une abolition* de Stéphane Diss et Marie-Ange Rafoni, 1992.
- *L'abolition* de Jean-Daniel Verhaeghe, 2008.

DISCOGRAPHIE

- *La peine de mort : débats historiques, Assemblée nationale*, Frémeaux et associés, 2010.

LIEUX

- Musée du Barreau de Paris, Paris.
- Musée national de la justice, Grenoble (en projet).

Le négationnisme

Philippe Ganier-Raymond, entretien avec Louis Darquier de Pellepoix, *L'Express*, 28 octobre 1978.[1]

Louis Darquier de Pellepoix est né en 1897. Engagé volontaire pendant la Première Guerre mondiale, il devient publicitaire à la fin du conflit, puis administrateur délégué d'une grande société de grains. Après s'être occupé de moutons en Australie, il revient en France en 1932. Il s'engage aussitôt en politique en devenant ligueur de l'Action française et en adhérant aux Croix-de-Feu. Conseiller municipal de Paris, il s'engage dans une carrière antisémite à partir de 1936 et crée le Rassemblement antijuif de France, premier groupement exclusivement antisémite depuis l'affaire Dreyfus. En 1939, il fait trois mois de prison pour « excitation à la haine raciale » dans son journal *La France enchaînée*.

En 1940, Louis Darquier de Pellepoix fonde l'Union française pour la défense de la race, qui remplace le Rassemblement antijuif d'avant-guerre. Nommé deuxième commissaire général aux questions juives sur ordre allemand en 1942, il est l'incarnation du collaborateur sans scrupules : il intensifie la propagande antijuive et participe à l'organisation de la rafle du Vel' d'Hiv'. En février 1944, il est démis de ses fonctions dans une atmosphère de scandale. À la Libération, il s'exile en Espagne et est condamné à mort par contumace en 1947. Il meurt en 1980.

1. Titre original de l'article : « "À Auschwitz, on n'a gazé que les poux" ».

Journaliste à *L'Express*, Philippe Ganier-Raymond connaît une grande visibilité lorsqu'est publié l'entretien choc qu'il a réalisé avec Louis Darquier de Pellepoix en 1978. Passionné par la Seconde Guerre mondiale, il a également écrit *Le réseau étranglé* (1967), *Rien que la guerre* (1973), *Les chanteurs de cordes* (1974), *Une certaine France : l'antisémitisme 40-44* et *L'affiche rouge* (1975).

CONTEXTE

Le discours du négationnisme[2] naît en France en 1948 sous la plume de l'écrivain Maurice Bardèche, autoproclamé fasciste et beau-frère de Robert Brasillach qui a été fusillé à la fin de la guerre pour faits de collaboration. Alors que l'État d'Israël est créé cette année-là, Bardèche publie *Nuremberg ou la terre promise*, un ouvrage dans lequel il affirme que la Shoah n'a jamais existé ; elle n'est qu'une pure invention des Juifs – le mythe du complot – pour leur permettre d'obtenir une assise territoriale réclamée depuis de longues décennies. Selon lui, si les chambres à gaz existent, elles n'ont jamais servi à tuer des hommes. Les négationnistes sauront toujours jouer sur l'ampleur du génocide, sans équivalent dans l'histoire de l'humanité. Pour eux, comment de tels faits ont pu être commis dans notre monde moderne et, de surcroît, dans un pays réputé pour le rayonnement de sa culture ? Très tôt, des déportés, comme Primo Levi, ont craint le scepticisme de l'opinion publique devant le récit des horreurs de l'Allemagne nazie et le développement d'idées négationnistes ; ils ont eu raison. Bardèche, qui traîne une condamnation pour « apologie du crime de meurtre », trouve des adeptes dans les rangs de l'extrême droite

2. Les termes négationnisme et révisionnisme sont parfois confondus. La révision est d'abord la recherche de la vérité en mettant au jour de nouveaux faits ; elle peut concerner, en toute bonne foi, une estimation plus juste du nombre de victimes dans les camps de transit, de concentration et d'extermination ; elle peut également chercher à installer le doute et alimenter des thèses néfastes. Le négationnisme, lui, s'appuie sur des détails historiques erronés pour servir une cause bien précise. En France, il est devenu une démarche intellectuelle visant à nier l'existence même de la Shoah.

antisémite française et internationale ainsi que dans des groupements néo-fascistes. Paul Rassinier, autre figure de la première génération du négationnisme, refuse de reconnaître l'existence et l'activité des chambres à gaz après sa rencontre avec Bardèche. Auteur du *Mensonge d'Ulysse*, Rassinier porte la particularité d'être un ancien déporté et d'épouser les thèses d'extrême droite en même temps qu'il continue d'entretenir des liens avec l'extrême gauche française.

Dans les années 1970, le négationnisme trouve un nouvel essor autour de Robert Faurisson qui n'hésite pas à instrumentaliser son statut d'universitaire pour offrir une crédibilité scientifique à ses propos. Cultivé et travailleur, Faurisson trouve l'élément sur lequel vont reposer ses premières provocations : la chambre à gaz du camp d'Auschwitz I n'est qu'une installation supposée. Elle a en effet servi d'entrepôt et d'abri antiaérien après la mise en service des chambres à gaz d'Auschwitz II-Birkenau. Dès lors, Faurisson affirme qu'il s'agit d'une supercherie construite de toute pièce par les Juifs et commence à diffuser sa découverte. De plus, les négationnistes s'accordent sur le fait que les chambres à gaz, telles qu'elles ont été dessinées sur les plans ou telles qu'elles sont visibles aujourd'hui, ne pouvaient pas fonctionner sous cette configuration. À partir de cette fausse affirmation, toute réécriture historique devient possible : le Zyklon B, dont des boîtes ont été retrouvées dans les camps, n'a jamais servi à tuer des hommes mais à l'épouillage. À la même époque, le journaliste Philippe Ganier-Raymond parvient à rencontrer Louis Darquier de Pellepoix, commissaire général aux Questions juives de mai 1942 à février 1944. Publié dans l'hebdomadaire *L'Express* en octobre 1978, l'entretien n'est accompagné d'aucune notice explicative mais simplement d'un conseil à destination des lecteurs : « Il faut le lire plutôt deux fois qu'une ». Durant l'interview, Darquier de Pellepoix maintient les propos les plus durs à l'égard de la communauté juive, alimente les mensonges du négationnisme avec la plus grande force et profite de l'occasion qui lui est donnée pour attribuer la responsabilité de la rafle du Vel' d'Hiv' à René Bousquet.

« **L'Express**: Monsieur, il y a tout juste trente-six ans, vous avez livré aux Allemands 75 000 hommes, femmes et enfants. Vous êtes l'Eichmann français.

Louis Darquier de Pellepoix: Qu'est-ce que c'est que ces chiffres ?

L'Express: Tout le monde les connaît. Ils sont officiels. On les trouve aussi dans ce document. (*Je lui montre, ouvert à la bonne page, le « Mémorial de la déportation des Juifs de France », de Serge Klarsfeld.*)

L. Darquier: J'en étais sûr: un document juif. Et re-voilà la propagande juive! Bien entendu, vous n'avez rien d'autre à me montrer que des documents juifs. Et pour cause: il n'en existe pas d'autres.

L'Express: Oh, que si! Des centaines, des milliers d'autres, qui n'ont pas été inspirés par les organisations juives. Cela dit, vous pouvez peut-être admettre que les Juifs se soient intéressés à la disparition de 6 millions d'entre eux.

L. Darquier: Ce chiffre est une invention pure et simple. Une invention juive, bien sûr. Les Juifs sont comme ça: ils sont prêts à n'importe quoi pour se faire de la publicité.

L'Express: Vous pensez vraiment ce que vous venez de dire? Vous pourriez le répéter?

L. Darquier: Ah, je vois! Vous aussi, vous êtes intoxiqué. Mais vous êtes donc tous aveugles… Vous ne voulez pas comprendre que les Juifs n'ont qu'une idée en tête: mettre la pagaille partout. Et dans quel but? Vous le savez bien: faire de Jérusalem la capitale du monde. Il suffit d'ouvrir les journaux, aujourd'hui même, pour s'en rendre compte. Vous êtes venu ici m'accuser, mais…

L'Express: Non. Je ne suis pas un procureur. Je ne suis pas non plus un chausseur de nazis. Je suis venu vous voir pour essayer de comprendre ce qui se passait dans une tête comme la vôtre il y a trente-six ans. Un point, c'est tout.

L. Darquier: Vous êtes un agent de Tel-Aviv.

L'Express: Un agent de Tel-Aviv, pour autant que vous l'intéressiez, ne perdrait pas son temps à vous poser des questions.

L. Darquier: En tout cas, vous, vous perdez votre temps. Je n'ai rien à vous apprendre.

L'Express : Vous vous trompez encore. Vous m'avez déjà appris quelque chose d'essentiel : vous êtes un cas à peu près unique. Vous ne dites pas : « J'avais des ordres. Je les ai exécutés. » Votre position ne semble pas avoir changé d'un iota depuis 1942.

L. Darquier : Vous croyez donc que la question juive date de 1942 ! Mais la question juive est un problème millénaire... Déjà, au Moyen Âge, l'Occident, la chrétienté luttaient contre la progression tentaculaire des Juifs. L'étoile jaune, ce n'est pas nous qui l'avons inventée. Si, au XIIe siècle, déjà, on a éprouvé le besoin de faire porter la rouelle aux Juifs, c'est qu'il y avait une raison. Quant à notre histoire récente, elle est entièrement conditionnée par la recherche de solutions au problème juif.

Tenez, une question : est-ce que vous vous êtes jamais demandé pour quelle raison il a fallu attendre si longtemps pour que soit appliquée la Déclaration Balfour[3] ? Est-ce que vous avez compté les guerres, compté les morts pour en arriver là où nous en sommes, aujourd'hui : l'établissement des Juifs sur un territoire litigieux ? Moi, lorsque le Maréchal m'a placé à la tête du Commissariat aux Affaires juives, je me suis fixé un premier but. Un but humanitaire, notez-le bien : rendre la situation des Juifs français aussi confortable que possible.

L'Express : Vous n'êtes pas sérieux. À qui espérez-vous faire croire ça ?

L. Darquier : J'oubliais que vous êtes une malheureuse victime de la propagande juive. Et la propagande juive a toujours été fondée sur le mensonge. Toujours... Toujours... Je disais donc ceci : pendant les mois où j'ai été commissaire, j'ai passé le plus clair de mon temps à essayer d'éviter des ennuis à des Juifs. Il s'agissait de Juifs français, cela s'entend. Je prends un exemple. Entre nous, est-ce que vous croyez qu'il était nécessaire de déporter la famille Debré[4] ?

---

3. La Déclaration Balfour (1917) est une lettre du ministre britannique des Affaires étrangères qui se déclare en faveur de la création d'un « foyer national juif » en Palestine.

4. Le Grand Rabbin Simon Debré (1854-1939), issu d'une famille juive alsacienne, est à l'origine d'une dynastie française dont les membres comptent le pédiatre Robert Debré (1882-1978), le peintre Olivier Debré (1920-1999), le Premier ministre Michel Debré (1912-1996) et les ministres Jean-Louis et Bernard Debré (1944).

L'Express : Non. Absolument pas. Ni les Debré ni personne…

L. Darquier : Le père Debré est demi-juif, c'est une affaire entendue. Mais enfin, ces gens-là ont des états de service. Ce sont des Juifs qui ont choisi la France. Les déporter aurait été profondément injuste. Je vous ai cité ce cas-là, mais il y en a bien d'autres. D'une manière générale, je voulais que les Juifs français fassent bande à part.

L'Express : C'est tellement vrai que, au mois de février 1943, vous avez proposé au gouvernement de Vichy un certain nombre de mesures auxquelles les Allemands eux-mêmes n'avaient pas songé.

« Déclaration de Louis Darquier de Pellepoix au « Petit Parisien », le 1er février 1943.

« Je propose au gouvernement :

1. D'instituer le port obligatoire de l'étoile jaune en zone non occupée.

2. D'interdire aux Juifs, sans aucune dérogation, l'accès et l'exercice des fonctions publiques. Quels que soient, en effet, la valeur intellectuelle et les services rendus par un individu juif, il n'en reste pas moins qu'il est juif et que, par cela même, il introduit dans les organismes où il occupe une fonction, non seulement une résistance naturelle aux opérations d'aryanisation, mais encore un esprit qui modifie, à la longue, d'une façon profonde la valeur de toute l'Administration française.

3. Le retrait de la nationalité française à tous les Juifs qui l'ont acquise depuis 1927… »

L. Darquier : Cette histoire d'étoile jaune en zone libre, je ne m'en souviens pas. Il doit s'agir encore de votre propagande juive…

L'Express : Absolument pas. C'est là, noir sur blanc, dans « Le Petit Parisien » du 1er février 1943.

L. Darquier : Peut-être… Peut-être… En tout cas, ç'aurait été une erreur. Parce que, vous savez, contrairement à ce qui a été beaucoup dit, l'étoile jaune n'était pas populaire.

L'Express : Et la dénaturalisation des Juifs, c'est une erreur ?

L. Darquier : Ah ça, non ! C'est bien de moi, ça…

L'Express : Votre prédécesseur au Commissariat, Xavier Vallat, d'ailleurs jugé trop mou par les autorités allemandes, avait fixé à 1932 la date limite de naturalisation avant laquelle nul – en principe – ne tombait sous le coup des lois raciales [NdA : Il s'agissait d'un décret purement formel : dès le mois de mars 1941, la police française arrêtait les Juifs français depuis 1897, pour les livrer aux Allemands !]. Vous l'avez repoussée à 1927.

L. Darquier : Mais bien entendu ! Il fallait qu'il y en ait plus !

L'Express : Plus de Juifs déportés, c'est ça ?

L. Darquier : Évidemment. Il fallait à tout prix se débarrasser de ces étrangers, de ces métèques, de ces milliers d'apatrides qui étaient à l'origine de tous nos maux. Ils avaient voulu la guerre. Ils nous l'avaient amenée. Il fallait qu'ils s'en aillent. Le plus vite possible, le plus loin possible. C'est là le deuxième but que je m'étais fixé en prenant mes fonctions : envoyer tous ces gens faire chez eux ce qu'ils essayaient de faire chez nous !

L'Express : Comment ça, chez eux ? En 1942, le peuple juif n'avait pas de patrie !

L. Darquier : Je veux dire : là-bas, je ne sais où, en Pologne. Le projet était de leur donner un territoire quelque part par-là. Ainsi, ils auraient cessé d'être des apatrides ! C'est ce que je voulais, moi : la fin du Juif errant. Qu'enfin, après deux mille ans, ces gens-là ne soient plus des étrangers partout où ils se trouvaient.

L'Express : C'est stupéfiant. Pour un peu, vous m'expliqueriez qu'Auschwitz se situe dans le droit-fil de la Déclaration Balfour !

L. Darquier : Auschwitz… Auschwitz… Vous savez, on en a beaucoup raconté sur Auschwitz ! Il faudrait commencer par savoir ce qui s'est réellement passé à Auschwitz.

L'Express : Un million de morts. Parmi eux, d'innombrables enfants. Tous gazés.

L. Darquier : Non, non, non… Ça, vous ne me le ferez jamais croire. C'est encore cette satanée propagande juive qui a répandu et entretenu cette légende. Je vous répète que les Juifs sont toujours prêts à tout pour qu'on parle d'eux, pour se rendre intéressants, pour se faire plaindre. Je vais vous dire, moi, ce qui s'est exactement passé à Auschwitz. On a gazé. Oui, c'est vrai. Mais on a gazé les poux.

L'Express : Qu'est-ce que vous voulez dire ?

L. Darquier : Je veux dire que lorsque les Juifs sont arrivés au camp, on les a fait déshabiller, comme il est normal, avant de les conduire à la douche. Pendant ce temps-là, on désinfectait leurs vêtements. Après la guerre, les Juifs ont fait circuler partout des photographies montrant du linge entassé ou pendu à des fils. Et ils gémissaient… « Regardez, disaient-ils, c'est le linge de nos frères que l'on a exterminés ! » C'était faux, bien sûr. Mais, que voulez-vous, ils sont comme ça, les Juifs. Il faut toujours qu'ils mentent.

L'Express : C'est bien ce que je disais : vous êtes unique dans votre genre. Eichmann lui-même ne niait pas l'existence de la solution finale. Vous, si. Vous étiez pourtant au courant.

« Note de service de l'Office central de sûreté du Reich IV B 4, 11 juin 1942.

Une conférence a eu lieu à laquelle assistaient, outre le soussigné SS Hauptsturmführer Dannecker[5]*, les responsables des sections juives de Bruxelles et de La Haye.*

Objet. Des raisons militaires s'opposent, cet été, au départ des Juifs d'Allemagne vers la zone d'opération de l'Est. Aussi le Reichsführer SS a-t-il ordonné de transférer au camp de concentration d'Auschwitz une plus grande quantité de Juifs en provenance de l'Europe du Sud-Est ou des régions occupées de l'Ouest. La condition essentielle est que les Juifs, des deux sexes, soient âgés de 16 à 40 ans. 10 % des Juifs inaptes au travail pourront être compris dans ces convois.

Décision. Il a été convenu que 15 000 Juifs seraient déportés des Pays-Bas, 10 000 de Belgique et 100 000 de France, y compris la zone non occupée. »

L'Express : Vous ne trouvez pas que ce simple texte, qui a nécessairement atterri sur votre bureau, implique, de manière à peine voilée, la solution finale ?

L. Darquier : Non. Je vous répète que la solution finale est une invention pure et simple. Est-ce que vous connaissez quelqu'un qui ait jamais vu, ce qui s'appelle vu, une chambre à gaz ?

L'Express : Des milliers de survivants d'Auschwitz. Sans compter les commissions d'enquête des Alliés après la guerre, et tous les visiteurs du musée d'Auschwitz. Moi, entre autres.

---

5. Thedor Danneker (1913-1945) est chef du service des affaires juives en France occupée de 1940 à 1942.

L. Darquier : Elle a été fabriquée après coup, votre chambre à gaz. Vous ne m'en ferez pas démordre.

L'Express : C'est probable, en effet. Vous n'en démordrez pas. Maintenant, ces photos, vous les avez déjà vues ? (*Je tente de lui faire voir des photographies montrant des corps de femmes et d'enfants que l'on vient de sortir de la chambre à gaz. Il se détourne.*)

L. Darquier : Je ne veux même pas les voir. Ce sont des photos truquées. Vous savez, je suis très bien renseigné. Je sais qu'après la guerre les Juifs ont fabriqué des faux par milliers et, comme je vous le disais tout à l'heure, ils ont intoxiqué la terre entière avec ces faux. Vous êtes une de leurs victimes parmi des millions.

L'Express : Bon. Maintenant, pourriez-vous me dire ce que sont devenus ces gens-là ? (*Je feuillette devant lui le livre de Klarsfeld, une sorte d'annuaire de la déportation.*) Que sont devenus les mille déportés du trente-troisième convoi – je prends cet exemple parmi d'autres – qui a quitté la gare de Drancy le 11 septembre 1942 ? Que sont devenus Daniel Belchatowski, 10 ans, Solange Grinsztein, 2 ans, Raymonde Hubermann, 7 ans ?

L. Darquier : Comment voulez-vous que je le sache ? Ce n'était pas mon boulot de savoir ce que devenaient les Juifs *après*. Mon travail était exclusivement administratif. J'étais un haut fonctionnaire français. J'ai toujours veillé à ce que le problème des Juifs en France soit résolu par les Français. Et, croyez-moi, ce n'était pas facile. Il fallait toujours louvoyer entre Pierre Laval et ce fou furieux de Dannecker. Entre ces deux-là, il était presque impossible de faire du bon boulot. Si c'était à refaire, je vous le dis tout de suite, je refuserais.

L'Express : Votre réponse appelle plusieurs questions. Voici la première : qu'entendez-vous exactement par faire du bon boulot ?

L. Darquier : Trier le bon grain de l'ivraie. Protéger les Juifs français, je vous l'ai déjà dit. D'ailleurs, je vais vous surprendre. Savez-vous que j'avais beaucoup d'amis juifs ? Par la suite, en raison des événements, ils ont cru bon de me battre froid. C'est la vie. Je ne leur en veux pas. D'autant plus que certains d'entre eux m'ont aidé, je vous raconterai cela plus tard. Pour revenir à votre question, faire du bon boulot, cela consistait à empêcher les Allemands de prendre en main les affaires juives. S'ils l'avaient fait, ç'aurait été la catastrophe. [...] »

(Extrait)

Sitôt l'entretien publié, le scandale éclate. La classe politique et les anciens déportés condamnent les propos de Louis Darquier de Pellepoix. Nombreux sont ceux qui, à travers la France, dénoncent une banalisation du racisme, de l'antisémitisme et du négationnisme : *L'Express* cherche-t-il à réhabiliter le nazisme ? Simone Veil préfère y voir un signal utile : « Si l'on pense qu'il y a un danger, un risque de revoir le nazisme, peut-être est-il bon d'alerter l'opinion sur ce danger. » Le 2 novembre, le Premier ministre Raymond Barre recommande une grande vigilance dans la présentation de l'histoire et l'affaire est évoquée à l'Assemblée nationale. Une information judiciaire est ouverte contre Darquier de Pellepoix ; les délits retenus sont l'apologie de crimes de guerre et de collaboration, la provocation à la discrimination et à la haine raciale, la diffamation raciale et les injures racistes. Robert Faurisson profite de l'agitation générale pour offrir une suite au débat en parvenant à diffuser ses propres thèses par l'intermédiaire du journal *Le Monde*. Pour l'historien Pierre Vidal-Naquet, même si le journal réagit aux propos de Faurisson, le mal est fait : la question du négationnisme « a cessé d'être marginalisée pour devenir centrale ». L'affaire Faurisson est à son paroxysme et l'intéressé abandonne l'enseignement pour devenir négationniste à temps complet. Lui, qui se déclare apolitique, est célébré par l'extrême droite française qui conteste l'existence de l'État d'Israël, mais aussi par l'ultra gauche, incarnée par Paul Guillaume, qui défend le droit à la liberté d'expression et voit, avec la disparition de l'antifascisme, l'opportunité de remettre la révolution sur le devant de la scène.

Les années 1980 et 1990 sont celles de la montée de l'extrême droite qui s'éloigne progressivement de la marginalisation, notamment en Italie. La France connaît alors l'affaire Roques, du nom de celui qui a soutenu une thèse universitaire aux relents négationnistes à Nantes, assiste au procès Barbie de Lyon et entend Jean-Marie Le Pen, le président du Front national, affirmer que les chambres à gaz sont un « point de détail de l'histoire de la Deuxième Guerre mondiale ». Le négationnisme trouve aujourd'hui une audience internationalisée *via* Internet et touche les nouvelles générations. Si la loi Gayssot de 1990 qualifie de délit la contestation de l'existence des crimes contre l'humanité, le combat contre les théories négationnistes doit continuer d'exister à travers deux axes essentiels : la recherche menée par les historiens et l'éducation à destination des plus jeunes.

BIBLIOGRAPHIE

Sur Louis Darquier de Pellepoix

- Carmen Callil, *Darquier de Pellepoix ou La France trahie*, Buchet Chastel, 2007.
- Laurent Joly, *Darquier de Pellepoix et l'antisémitisme français*, Berg international, 2002.

Sur le négationnisme

- Valérie Igounet, *Histoire du négationnisme en France*, Seuil, 2000.
- Pierre Vidal-Naquet, *Les assassins de la mémoire : "Un Eichmann de papier" et autres essais sur le révisionnisme*, La Découverte, 2005.
- Valérie Igounet, *Robert Faurisson : portrait d'un négationniste*, Denoël, 2012.
- Bernard Jouanneau, *La justice et l'histoire face au négationnisme : au cœur d'un procès*, Fayard, 2008.

FILMOGRAPHIE

- *Autopsie d'un mensonge, le négationnisme* de Jacques Tarnero, 2000.

DISCOGRAPHIE

- *Le négationnisme : entretiens diffusés sur France Culture sous la direction de Jean-Marc Turine*, Frémeaux et associés, 2001.

LIEUX

- Mémorial de la Shoah, Paris.
- Mémorial et musée Auschwitz-Birkenau, Oswiecim (Pologne).
- Yad Vashem, Jérusalem (Israël).

La victoire de François Mitterrand

Claire Brisset, *Le Monde*, 12 mai 1981.[1]

Née en 1945, Claire Brisset est journaliste pour *Le Figaro*, *Le Monde* et *Le Monde diplomatique* pendant seize ans. En 2000, elle est nommée première Défenseure des enfants pour six ans, avant de prendre la direction de l'information à l'Unicef. En 2008, elle devient la Médiatrice de la Ville de Paris. Elle est également l'auteur de nombreux ouvrages sur l'enfance dont *Un monde qui dévore ses enfants* (1998), *15 millions d'enfants à défendre* (2005), *Rendre justice aux enfants* (2006), *Les enfants et la loi de la jungle* (2009).

CONTEXTE

François Mitterrand est né le 26 octobre 1916 à Jarnac. Issu de la moyenne bourgeoisie de province, il fait des études de droit, de lettres et de sciences politiques avant de partir pour le front en 1939. Il s'échappe de la captivité pour rejoindre les rangs de l'administration de Vichy et reçoit la Francisque. Associé ensuite à la Résistance, il participe à la formation du Rassemblement national des prisonniers de guerre. En 1946, il est élu député de la Nièvre. L'année suivante, il est nommé ministre ; il le sera à dix reprises durant l'instable IVe République. Ministre de la France d'outre-mer en 1950, il s'exprime en faveur de l'émancipation des peuples

1. Titre original de l'article : « La nouvelle prise de la Bastille ».

colonisés. Parallèlement, il s'enracine localement en entrant au conseil général de la Nièvre en 1949, puis en se faisant élire maire de Château-Chinon en 1959 et à nouveau député en 1962. À l'arrivée de De Gaulle à la tête du pays, il critique les pouvoirs présidentiels accordés par la Constitution de la Ve République et incarne l'opposition. Mais l'attentat de l'Observatoire, en octobre 1959, le conduit à un certain isolement sur la scène nationale.

En 1965, il se présente pour la première fois aux élections présidentielles et parvient à atteindre le second tour face à De Gaulle. Après la démission de ce dernier, il choisit de ne pas se représenter. Il prend la tête du nouveau Parti socialiste lors du Congrès d'Épinay de 1971 et parvient à élaborer un programme commun avec le Parti communiste français et les radicaux de gauche. Candidat pour la troisième fois en 1981 sous le signe de la « force tranquille », il est élu président de la République le 10 mai avec 51.76 % des voix. Cette soirée là, à 20 heures précises, les Français découvrent, ligne par ligne, le visage du vainqueur à la télévision. Un peu plus tard, François Mitterrand sort de l'hôtel du Vieux Morvan, à Château Chinon, pour se diriger vers la mairie où il fait sa première déclaration publique en tant que président. Pendant qu'il regagne Paris et la rue de Solférino où siège le Parti socialiste, ses partisans se réunissent place de la Bastille, à Paris, pour fêter l'événement. La journaliste Claire Brisset, présente dans la capitale, témoigne de la liesse populaire qui envahit les rues.

« Combien étaient-ils, cette nuit du 10 mai, à la Bastille ? Cent mille, deux cent mille, plus ? Dès 20 h. 30, ils sont arrivés, par petits groupes, la banderole sous le bras, la rose à la boutonnière, le slogan en tête. *« On a gagné ! »* Les enfants, eux aussi, courent sur le boulevard Beaumarchais, d'où disparaissent les voitures.

21 heures. Les slogans se font plus politiques. Apparaissent les drapeaux rouges, quelques drapeaux noirs, une grande banderole du parti communiste. La fête commence. *« C'est le 14 juillet »*, dit, sourire aux lèvres, un Turc immigré qui, lui, n'a pas voté. Tant pis. Sa joie éclate.

La foule se fait compacte. Sur l'estrade, Claude Villers anime la fête. Les petits marchands, les feux de Bengale, font leur apparition, la fraternité aussi, la joie de ceux qui s'embrassent, se tiennent par la main, par l'épaule. Il fait chaud, cette nuit, à la Bastille.

Sur l'estrade arrivent un à un les ténors, dont la voix couvre les slogans de la foule. *« Giscard au chômage ! »*, clame une voix d'un balcon, la formule est joyeusement reprise. *« Ce n'est qu'un début, continuons le combat. »* Un orchestre envahit l'estrade, une fanfare des beaux-arts mâtinée de style Bastille, qui entonne des chansons à boire.

Arrive Michel Rocard, radieux, ovationné par la foule. *« C'est une très belle victoire, indiscutable. François Mitterrand et, derrière lui, toute la France du travail viennent d'ouvrir une page nouvelle (...). Mais je ne me sens pas le droit de vous dire que ce sera facile... La droite a perdu le pouvoir politique, elle n'a pas perdu le pouvoir économique. Elle se battra, elle essaiera de freiner, de saboter ? Mais, dès la semaine prochaine, le socialisme en marche sera ce que nous le ferons »*, conclut-il en saluant la présence, à ses côtés, de quelques dirigeants communistes.

Justement, Pierre Juquin saisit le micro : *« On l'a eu, Giscard, on réunira nos efforts pour avoir les patrons, ceux qui ont trop de tout. »* Puis la note politique, pour que nul n'en ignore, ce n'est pas seulement une fête, il faut parler des choses sérieuses : *« Les communistes sont prêts à prendre toutes leurs responsabilités, jusqu'au gouvernement, et à tous les niveaux »*, avant d'ajouter, pour renvoyer la politesse à Michel Rocard : *« Je suis heureux d'être ici ce soir avec tous mes camarades socialistes... »*

La foule n'a que faire de ces allusions aux difficultés de l'union. Elle se fait plus joyeuse, plus bruyante, plus avide encore de vedettes. On lui en trouvera : Paul Quilès, directeur de campagne socialiste, Lionel Jospin, premier secrétaire du P.S. *« Chacun a compris,* s'écrie-t-il, *qu'au second tour il n'était pas question de mettre des conditions pour battre Giscard-le-chômage, Giscard-l'injustice, Giscard-le-mépris du peuple (...). La nouvelle majorité, ajoute-t-il, nous en aurons besoin dès demain pour revenir sur la loi Stoléru, sur les mesures qu'a prises Alice Saunier-Séïté contre l'Université, sur la loi Peyrefitte. »*

La fête tourne à la kermesse. *« Thierry, douze ans, et Za-Za, trois ans, attendent leurs parents devant le cinéma. »* La musique reprend, on danse joyeusement. Un Africain tente depuis le début d'escalader l'estrade, scandant : *« Les diamants en Afrique, où sont les diamants ? »* Une délégation du M.L.F. entonne, aux côtés de Gaston Defferre, une *Internationale* que reprend la foule avec ferveur. *« Debout, les damnés de la terre... »* On chante ensuite *la Marseillaise.* Saute sur la scène, hirsute, un lutin en collant rouge, qui danse une carmagnole endiablée.

Enfin, Huguette Bouchardeau, visage radieux, la voix cassée par l'émotion, parviendra avec peine à crier sa joie avant, juste avant que ne tombent les formidables trombes d'eau qui devaient tout emporter. La foule n'aura pas vu François Mitterrand, qu'elle attendait, qu'elle réclamait. L'orage aura eu raison de la fête.

La télévision a-t-elle remplacé la Bastille comme symbole du passé à abattre ? Les vedettes du petit écran fournissent les principales cibles des manifestants. *« Elkabbach, à la météo ! » « Les Duhamel, au chômage ! » « Mougeotte, aux pelottes !... »* Entre deux *« On a ga-gné ! »*, l'humour style mai 68 refait surface : *« La grossesse, à neuf mois ! »*

Rue de la Bastille, les cortèges improvisés cherchent abri contre la pluie d'orage dans le restaurant Bofinger. Des employés musclés les en dissuadent. Le spectacle aperçu derrière les vitres suscite les sarcasmes. La gauche de luxe et ses « intellos » se congratulent. Les vieux prolos de 36, comme Annette Poivre et Raymond Bussières, croisent des éditorialistes de Hersant ou de Filipacchi aux vestes réversibles. Françoise Giroud est là. On reconnaît Robert Sabatier, Marie Cardinal, Dominique et J.-T. Desanti, Jean-Claude Brialy, Cavanna. L'essentiel du public est composé d'auteurs et de journalistes liés aux journaux de l'ex-opposition.

Les gens s'embrassent, oublient leurs querelles. *« C'est une étape ! »*, dit l'un. *« Il va y avoir au moins du spectacle ! »*, observe l'autre. *« Pour une fois que la gauche ne se rassemble pas derrière un corbillard ! »*, s'exclame plus d'un. Les littéraires n'oublient pas que l'abrogation de l'arrêté Monory et le retour au prix fixe des livres figurent parmi les premières mesures annoncées par Mitterrand.

Au fond du restaurant, Louis Aragon observe le meeting de la place, par une fenêtre entrouverte. Il ne semble pas comprendre ce qui se passe.

« Où suis-je ? répète-t-il. *Qu'est-ce qui se passe ? »*

Puis, rêveur :

« À mon âge, il ne peut plus rien se passer ! »

Sur la place, Lionel Jospin parle.

« Il dit du mal du pouvoir ?, questionne le poète. *Il a tort : ce n'est pas une solution ! »*

Un manifestant grimpe au poteau d'un sens interdit, et s'agrippe à un auvent de café.

« Voilà une acrobatie, dit encore Aragon, *dont je ne serais plus capable !*

– *Ça vous rappelle quoi ?*, lui demande-t-on.

– *Rien.*

– *36 ?*

– *Mettons. Mais ça fait plus de bruit que d'image. Ça ne vaut pas, un soir, il y a trois mois, dans l'île Saint-Louis, un jeune homme entièrement nu qui planait, figurez-vous, au-dessus du sol… »*

Exit le poète, stetson crème en bataille. Entre Jean Dutourd, dont la visite fait grommeler certains.

« Alors ?

– *Je suis content que Poulidor ait enfin gagné !*, s'amuse Dutourd.

Un passant maugrée :

« *Je n'en attendais pas moins de vous !*

– *Je retire*, corrige l'auteur du *Bon beurre. Mitterrand, je le connais, c'est un homme intelligent…*

L'écrivain quittera-t-il sans encombre une fête qu'il n'a pas vraiment souhaitée ? Il s'en inquiète. Sans raison. L'heure n'est pas aux aigreurs. Avec la majorité, la paranoïa va-t-elle changer de camp ? »

(Texte intégral)

François Mitterrand devient officiellement le quatrième président de la Vᵉ République le 21 mai 1981. Son entrée à l'Élysée est rapidement suivie d'une large victoire de son camp aux élections législatives. Cette vague socialiste, accompagnée par la nomination de quatre ministres communistes, n'est pas sans provoquer la crainte de certains Français et de dirigeants de pays étrangers. Des mesures importantes sont rapidement prises : l'abolition de la peine de mort, la retraite à 60 ans, la 5ᵉ semaine de congés payés. Mais à l'« état de grâce » succède rapidement la rigueur. En mars 1986, la victoire de la droite aux législatives conduit Jacques Chirac au poste de Premier ministre. Deux ans plus tard, François Mitterrand est réélu président. Mais son deuxième mandat est marqué par une nouvelle cohabitation et des scandales politico-financiers. Il meurt en janvier 1996.

BIBLIOGRAPHIE

Sur François Mitterrand

- Hubert Védrine, *François Mitterrand : un dessein, un destin*, Gallimard, Découvertes, 2005.
- Franz-Olivier Giesbert, *François Mitterrand : une vie*, Seuil, 2011.
- Pierre Péan, *Une jeunesse française : François Mitterrand, 1934-1947*, Pluriel, 2011.
- Jacques Attali, *C'était François Mitterrand*, Le Livre de poche, 2007.
- Jack Lang, *François Mitterrand : fragments de vie partagée*, Seuil, 2011.

Sur le 10 mai 1981

- Emmanuel Lemieux, Olivier Roller, *10 mai 1981 : une journée particulière*, François Bourin éditeur, 2011.
- Serge Berstein *et al.* (dir.), *Les années Mitterrand, les années du changement*, 1981-1984, Perrin, 2001.
- Pierre Favier, Michel Martin-Roland, *La décennie Mitterrand. 1. Les ruptures :1981-1984*, Seuil, Points, 1995

FILMOGRAPHIE

- *Le 10 mai 1981 de François Mitterrand* de Jean-Charles Deniau, 2011.
- *10 mai 1981, le roman d'une victoire* de Richard Puech, 2011.
- *Changer la vie ! François Mitterrand 1981-1983* de Serge Moati, 2011.

DISCOGRAPHIE

- *Anthologie sonore des discours de François Mitterrand : 1981-1995*, Frémeaux et associés, 2006.
- *François Mitterrand : le pouvoir et le verbe*, INA, 2006.

LIEUX

- Palais de l'Élysée, Paris.
- Place de la Bastille, Paris.
- Musée François-Mitterrand, Jarnac.

Le procès Barbie

Sorj Chalandon, *Libération*, 23-24 mai 1987.[1]

Sorj Chalandon est né en 1952. Entré à *Libération* en 1977, il gravit les différents échelons du quotidien : dessinateur, monteur de pages, journaliste, reporter et grand reporter. Il voyage à travers le monde pour couvrir les conflits en Irlande du Nord, au Liban, en Iran, en Irak, en Somalie et en Afghanistan. En 1988, il reçoit le prix Albert-Londres pour ses reportages sur Belfast et le procès Barbie. C'est en tant que rédacteur en chef adjoint qu'il quitte *Libération* en 2007. Également romancier, il obtient le prix Médicis pour *Une promesse* (2006) et le Grand prix du roman de l'Académie française pour *Retour à Killybegs* (2011).

CONTEXTE

Au terme d'une longue procédure d'extradition, Klaus Barbie, caché sur le continent américain pendant plusieurs décennies, se présente à la cour d'assises du Rhône en 1987. Le procès du criminel nazi est considéré comme un moment historique, vivement attendu par les victimes et leurs familles. La salle d'audience, spécialement installée dans la salle des pas perdus du Palais de justice de Lyon, est comble. Chef de la section IV du Sipo-SD de Lyon de novembre 1942 à août 1944, Barbie est accusé de crimes contre l'humanité. Les pièces du dossier, soigneusement réunies

1. Titre original de l'article : « Dans les salles de torture ».

par Serge Klarsfeld qui est l'un des avocats de la partie civile, le désignent comme un responsable actif des rafles et des déportations commises sur le territoire français, parmi lesquelles celles des enfants d'Izieu et l'envoi du dernier train de Lyon du 11 août 1944. En revanche, l'acte d'accusation ne fait pas mention de certaines de ses activités comme celles menées contre des résistants tels que Jean Moulin : ayant déjà été jugé et condamné plusieurs fois par contumace pour ces faits à la fin de la Seconde Guerre mondiale, il bénéficie de la prescription de dix ans des crimes de guerre.

Le procès de Lyon est une véritable épreuve pour les victimes. L'accusé, qui refuse de parler en français, nie s'appeler Klaus Barbie : par provocation, il prétend se nommer Klaus Altmann et être de nationalité bolivienne. Pire pour la partie civile, au troisième jour du procès, il demande à ne plus paraître devant le tribunal. Le président l'autorisant à regagner la prison, le procès se poursuit sans lui, faisant se succéder des témoignages poignants qui vont révéler l'inhumanité du criminel. L'ancienne résistante Lise Lesèvre fait partie des victimes. Ses paroles, retranscrites par Sorj Chalandon dans *Libération*, ne se limitent pas à la dimension judiciaire. Elles servent aussi à faire resurgir un pan de la Seconde Guerre mondiale à une génération qui n'a pas connu ce conflit. À ce titre, pour respecter le devoir de mémoire, il a été décidé de filmer l'intégralité du procès et de conserver les enregistrements.

« D'un geste de la main, Lise Lesèvre refuse la chaise qu'un huissier lui apporte et remercie le président Cerdini pour cette attention. En déséquilibre, elle pose sa canne contre le mur, s'agrippe à la barre des témoins et redresse la tête, les pieds serrés l'un contre l'autre. Une grande dame de 86 ans. Bouleversante de fragilité et de force, de tranquillité sereine. Seules ses lèvres tremblent, semblant parfois sangloter les mots. Ce qu'elle a à nous dire ne pourrait l'être autrement.

Lise a 43 ans. Ce 13 mars 1944, instinctivement, elle sait que les choses tournent mal. Son contact est en retard. Elle ne peut rester plus longtemps au milieu de cette gare, chargée qu'elle est de plis et de documents à remettre à un messager de l'Armée secrète (AS). Au bout du quai, la Gestapo. *« Ils étaient trois,* murmure-t-elle, *trois sauvages. »* Arrêtée pour un contrôle, elle est emmenée à l'École de santé militaire de Lyon, siège de la police allemande puis jetée dans une cave pour la nuit.

« C'est le lendemain que j'ai fait connaissance avec Barbie et ses yeux terriblement mobiles d'animal en cage. » Lise Lesèvre a essayé d'avaler des documents, elle en a fourré d'autres dans ses gants juste après l'arrestation. Mais elle n'a pu dissimuler le pli destiné à *« Didier »*, un jeune agent de liaison sans importance au sein de l'organisation, que la Gestapo va confondre avec *« Didier »*, l'autre, le chef de l'Armée secrète pour la région sud. *« Quand Barbie est entré dans la pièce, il était fou de rage,* raconte Lise Lesèvre. *Il m'a emmenée dans une salle où j'ai tout de suite remarqué les choses étranges posées sur la table. »* Nous allons parler de torture. La vieille dame s'excuse auprès du tribunal des détails qu'elle va devoir lui fournir. Elle le fera sans larme.

« D'abord, Barbie m'a mis des menottes à griffes. Des griffes qui sont à l'intérieur. À chaque silence de ma part, il serrait les menottes un peu plus. J'ai cru que mes ongles se détachaient sous la douleur. » Les questions sont les mêmes, toujours les mêmes, jour et nuit. *« Où est Didier ? », « qui est Didier ? »* Lise Lesèvre ne parle pas. Peu importe, la Gestapo a le temps. *« Alors, ils m'ont pendue par les*

poignets et m'ont frappée. Combien de temps ? Je ne saurais le dire. Je me réveillais toujours couchée sur le ventre, à terre. Et puis il me pendait à nouveau jusqu'à ce que je perde connaissance. »

Lise Lesèvre parle de Barbie. Elle a eu le temps de le voir, de l'apprendre même, de le garder enfoui. *« Il portait toujours une cravache ou un nerf de bœuf. Il frappait systématiquement ceux qui étaient à sa portée. Lorsqu'il n'y avait personne, il tapait sur ses bottes. C'était comme ça qu'on le reconnaissait avant l'interrogatoire. Ce bruit terrible du fouet tapé en cadence sur des bottes. Quand il entrait dans la pièce, il n'avait rien d'humain. Vraiment, une sorte de chose sauvage. Il prenait un plaisir sadique à faire mal.* »

Lise ne parle toujours pas. Alors Barbie se penche au-dessus d'elle et lui dit : *« Nous allons aller chercher ton mari et ton fils. Devant eux, tu parleras.* » La femme est effondrée. *« Toute seule,* raconte-t-elle avec une voix fluette, *je pouvais tenir mais avec eux, je savais que cela allait être plus difficile.* »

Un matin, son fils de 16 ans et son mari entrent dans la pièce. Lise est là. Ils se frôlent et se souhaitent courage. Gestes pressés, tiédeur de l'autre, instant de silence éternel. *« On les a embarqués et moi, on est venu me réveiller en pleine nuit. Barbie m'a emmenée dans une salle avec une baignoire au milieu. Il a enlevé sa montre, l'a accrochée. Il était minuit. Cela a été une terrible épreuve.* » Lise refuse de se déshabiller. Des policiers lui arrachent ses vêtements de force et la plonge toute entière dans l'eau.

« Barbie surveillait les robinets. Une brute me pinçait le nez et une autre me versait de l'eau dans la bouche à l'aide d'une vieille boîte à biscuit en fer rouillé. » La femme ne parle pas. *« Alors ils m'ont entravé les pieds avec une chaîne et ligoté les mains derrière le dos.* » *« Qui est Didier ? »*, hurle Barbie. *« Après chaque question, il tirait la chaîne et me plongeait sous l'eau. J'étouffais. On m'avait dit que, pour me noyer, il suffisait de boire, tout de suite mais je n'ai pas su faire.* »

Lise Lesèvre se redresse, face au tribunal, et passe une main dans ses cheveux blancs. *« Chaque fois qu'ils me ressortaient de l'eau, quand je perdais connaissance, j'avais peur d'avoir dit quelque chose. D'avoir parlé.* » Elle reprend son souffle. « *Mais je n'ai rien dit, monsieur le président.* »

Jetée dans une cellule, elle se retrouve à côté d'une autre combattante. Les deux femmes se serrent l'une contre l'autre pour la nuit. « *Nous avons prié et médité* », dit-elle simplement. L'autre résistante l'a amenée près d'elle, la recouvrant d'une moitié de son manteau.

Au matin, un officier allemand entre dans la cellule. « *J'avais vu sa photo à côté de celle de Hitler, dans le bureau de Barbie. Cela devait être un personnage très important mais je n'ai jamais retenu son nom.* » Il se penche vers Lise et lui dit : « *Vous êtes très forte mais pas assez pour nous. Vous êtes Didier, chef de l'AS.* » Les interrogatoires reprennent.

« *J'ai été mise aux fers toutes les nuits. Les chevilles enchaînées et les mains liées aux chevilles.* » En chien de fusil, elle s'endort sur le côté. « *Au milieu de la nuit, un officier allemand venait me voir. Pas un SS, un soldat. Il m'enlevait la chaîne et disait qu'il reviendrait tôt le matin pour la remettre. Voyez-vous, certains prenaient pitié des torturés.* »

Quand on la conduit dans la salle de torture, elle croise d'autres malheureux, couchés à terre, ensanglantés. « *Barbie prenait un plaisir bouleversant. Au retour des interrogatoires, personne ne pouvait tenir sur une chaise. On nous faisait allonger à terre. Barbie retournait les visages avec la pointe de sa botte et écrasait la tête du torturé lorsqu'il croyait reconnaître un juif.* »

Une nouvelle fois, Lise Lesèvre est emmenée. « *Ils m'ont fait la table d'étirement. C'était une table en acier. Mes chevilles étaient attachées d'un côté, les poignets de l'autre et ils agrandissaient la table tout en me tapant dessus avec un nerf de bœuf pour contracter mes chairs.* » Les tortures durent depuis dix-neuf jours.

Barbie quitte Lyon pour une opération meurtrière dans le Jura et y apprend que Lise Lesèvre s'occupe aussi des maquis. Il revient à son bureau, fou de rage. « *Il était ivre. Avec lui, il y avait des Français, comme "Gueule tordue", des pauvres imbéciles qui suivaient. Barbie m'a attachée nue sur une chaise et m'a montré un manche de fouet sur lequel était attachée une boule hérissée de pointes. Ensuite, avec ça, ils m'ont frappée, jusqu'à me massacrer le dos. Ils étaient tous très saouls. Barbie buvait un mélange de bière et de rhum. Il semblait ne plus savoir ce qu'il faisait, comme s'il était devenu fou.* »

La femme perd connaissance et se réveille dans un fauteuil. Un vrai. « *C'était un salon élégant, avec une rose dans un vase. J'ai cru que j'avais perdu la raison.* » Barbie est agenouillé auprès d'elle. « *Je vous admire beaucoup*, m'a-t-il dit, *car vous êtes très courageuse mais j'ai très bien connu ça. Tout le monde parle. Vous parlerez. Pourquoi pas maintenant ?* » Lise Lesèvre refuse et Barbie explose une nouvelle fois. « *Liquidez-moi ça !*, ordonne-t-il à ses policiers, *je ne veux plus la voir.* »

Avec les dix-sept dernières femmes à avoir été interrogées à Lyon, Lise Lesèvre est parquée dans un convoi d'hommes déportés. Son dossier est resté à la Gestapo, personne ne parle plus de la peine de mort à laquelle un simulacre de tribunal l'a condamnée quelques jours auparavant. Dans le train, son fils. « *On s'est embrassés.* » Sa voix se brise. « *Plus tard, lorsqu'il a été exécuté, ses amis m'ont dit qu'il avait eu une tenue héroïque. Que son courage avait été admirable.* » « *Mon petit Jean-Pierre* », dit-elle. Puis elle parle de son mari, mort à Dachau du typhus, qu'elle a croisé pour la dernière fois dans les couloirs de Lyon lorsqu'il lui a demandé d'être brave.

Lise Lesèvre est déportée à Ravensbrück puis affectée à une usine d'armement. Et là, la petite femme tondue, la captive en galoche qui, chaque jour, note l'histoire de sa vie sur des papiers épars, recommence à se battre. Avec ses camarades, elle sabote les culots d'obus anti-aériens de 90 qu'elle doit sertir, elle ralentit la production, inverse les montages. « *Monsieur le président, nos obus n'ont pas dû tuer grand monde* », dit-elle aujourd'hui avec un petit sourire.

Des années plus tard, alors qu'elle est une femme libre, Lise Lesèvre se penche sur le miroir de sa salle de bain. Derrière elle, son coupé, la télévision retransmet une émission sur Klaus Altmann. Alors, dans la glace, elle voit le reflet du visage de l'homme. *« Sans comprendre, j'ai été prise d'une frayeur extrême. Je tremblais. »*

Lorsque Me Klarsfeld se lève, le silence est total. D'une voix forte, il lit un passage d'une réaction prêtée à Klaus Barbie et, selon l'hebdomadaire qui l'a publié, *VSD*, rapportée par Me Vergès. *« Quand Barbie a vu cette vieille décatie,* aurait affirmé l'avocat au journal, *il m'a dit : à 80 ans, elle n'a pas autre chose à faire qu'à se traîner devant les caméras avec ses béquilles. Quand on a souffert, on reste chez soi et on se tait. »* L'avocat de la partie civile demande que cette pièce soit versée au dossier. Me Vergès, calme, indique qu'il vient d'écrire au journaliste auteur de cet article et souhaite que cette lettre soit, dès lundi, également versée au dossier.

Dans les premières minutes de l'audience, un moineau entré par effraction voletait sous la coupole. Maintenant, il est terré dans un relief de colonne. Comme s'il percevait les signes de détresse. »

(Texte intégral)

Dans son réquisitoire, l'avocat général Pierre Truche retient la notion de crime contre l'humanité pour les actes de Klaus Barbie et réclame la prison à vie. Maître Jacques Vergès tente de défendre son client en avançant l'argument qu'il n'était qu'un minuscule rouage de la barbarie nazie, « un petit pion sans état d'âme et sans problèmes sur un échiquier trop compliqué pour lui ». Dans la nuit du 3 au 4 juillet, le verdict tombe pour Barbie : coupable de dix-sept crimes contre l'humanité sans circonstances atténuantes, il est condamné à la réclusion à perpétuité. Il meurt en prison d'un cancer en 1991.

BIBLIOGRAPHIE

Sur Klaus Barbie

- Tom Bower, *Klaus Barbie : itinéraire d'un bourreau ordinaire*, Calmann-Lévy, 1984.
- Bernard-Henry Lévy (dir.), *Klaus Barbie : archives d'un procès*, Le Livre de poche, 1987.
- Jean-Paul Jean et Denis Salas (dir.), *Barbie, Touvier, Papon... : des procès pour la mémoire*, Autrement, 2002.
- Lise Lesèvre, *Face à Barbie : souvenirs-cauchemars : de Montluc à Ravensbrück*, Les Nouvelles éditions du Pavillon, 1987.

Sur les procès des criminels nazis

- Annette Wieviorka, *Le procès de Nuremberg*, Le Mémorial de Caen, 2005.
- Annette Wieviorka, *Eichmann : de la traque au procès*, André Versailles éditeur, 2011.
- Isabelle Clarke, Daniel Costelle, Beate Klarsfeld, Serge Klarsfeld, *La traque des nazis de 1945 à nos jours*, Acropole, 2010.

FILMOGRAPHIE

- *Hôtel Terminus* de Marcel Ophüls, 1988.
- *Mon meilleur ennemi* de Kevin Macdonald, 2007.
- *Le procès Barbie* de Dominique Missika et Philippe Truffault, 2011.
- *La traque* de Laurent Jaoui, 2007.

LIEUX

- Centre d'Histoire de la Résistance et de la Déportation, Lyon.

« Mon sida »

Élisabeth Schemla, entretien avec Jean-Paul Aron, *Le Nouvel Observateur*, 30 octobre 1987.

Élisabeth Schemla est grand reporter à *L'Express* (1971-1978) avant d'occuper la fonction de grand reporter au *Nouvel Observateur* (1978-1990), puis celle de rédactrice en chef jusqu'en 1996. Cette année-là, elle retrouve la rédaction de *L'Express* et fait publier à la une le « Manifeste des dix pour la parité » qui est signé par des femmes politiques. En 2002, elle prend la direction du site Internet d'information Proche-orient.info qui ferme quatre ans plus tard. Son travail journalistique est couronné du prix Mumm en 1987 et du prix de la presse des femmes journalistes en 1989.

Jean-Paul Aron est né en 1925. De formation scientifique et agrégé d'histoire, il entre au CNRS en tant que spécialiste de la naissance de la biologie au début du XXe siècle en France. En 1960, il intègre l'École des hautes études en sciences sociales dont il devient plus tard directeur d'études. Par son approche pluridisciplinaire, il écrit des études bio-historiques sur l'alimentation (*Essai sur la sensibilité alimentaire à Paris au XIXe siècle*, *Le mangeur du XIXe siècle*), sociologiques (*Anthropologie du conscrit français*) et culturelles (*Qu'est-ce que la culture française ?*, *Le pénis et la démoralisation de l'Occident*). Également auteur de romans (*La retenue*, *Point mort*) et de pièces de théâtre (*Le bureau*, *Fleurets mouchetés*, *Les voisines*), il est conseiller au cabinet du ministre de la Culture Jack Lang en 1981. Malade du sida, il décède en 1988.

CONTEXTE

Le 5 juin 1981, la revue de l'agence épidémiologique fédérale américaine signale la présence de cinq cas de « rares cancers » touchant des hommes homosexuels. Très rapidement, des malades présentant les mêmes affections sont détectés dans plusieurs pays du monde, dont la France ; ces patients sont toujours des hommes homosexuels. Aussitôt, les légendes du « cancer gay »[1] et du « doigt de Dieu » qui punit se développent. Alors que cette nouvelle épidémie encore inconnue commence à toucher également les toxicomanes et les hémophiles, certains médecins pionniers avancent l'idée d'un virus. En 1983, l'équipe de chercheurs que dirige le professeur Luc Montagnier parvient à identifier le rétrovirus HIV, officiellement rendu responsable du sida par l'équipe américaine du professeur Robert Gallo un an plus tard. S'ensuit une longue querelle entre les deux spécialistes sur la paternité de la découverte. Finalement, un accord sera conclu à l'amiable et les Français seront même distingués pour leurs recherches : Luc Montagnier et Françoise Barré-Sinoussi recevront le prix Nobel de médecine en 2008.

Durant les années 1980, le sida commence ses ravages en France : le nombre de cas augmente (11 cas en 1981, 48 en 1982, 140 en 1983, 377 en 1984) et la communauté homosexuelle est décimée. Les risques ont d'abord été minimisés et une partie des personnes les plus exposées a préféré choisir le déni. L'apparition du militantisme incarné par Aides, créé en 1984 par Daniel Defert, le compagnon du philosophe Michel Foucault qui a succombé au virus, amorce une nouvelle période, celle du combat contre la maladie. En 1985, l'acteur américain Rock Hudson est la première personnalité à révéler au public qu'il est atteint du sida mais il reste l'exception qui confirme la règle. Dans une société où le sida est une maladie honteuse, d'autres en majorité préfèrent lutter et mourir dans le

---

1. Parmi les titres de la presse nationale les plus évocateurs : « L'épidémie du cancer gay » (*Libération*, 19 mars 1983), « Cancer gay : la contagion par le sang » (*Libération*, 17 mai 1983), « Panique chez les gays » (*Le Nouvel Observateur*, 17 juin 1983), « La peste rose : le sida » (*Le Parisien libéré*, 31 août 1983).

silence et la solitude, à l'image de l'humoriste Thierry Le Luron en 1986. Aussi la couverture du *Nouvel Observateur* du 30 octobre 1987 tente-t-elle de transformer le regard porté par l'opinion publique sur le sida : au-dessus la reproduction des yeux de Jean-Paul Aron qui fixent le lecteur est inscrit « Mon sida » en lettres majuscules rouges. Après avoir échappé à une pneumocystose, l'universitaire français a choisi de révéler sa maladie en se confiant à la journaliste Élisabeth Schemla. Durant dix heures, il dit tout de sa contamination, de son état physique, de son traitement médical et de son approche personnelle du virus.

« Très amaigri, sans que la silhouette ait perdu de son élégance un peu voûtée, régulièrement interrompu par une toux sèche ou un bâillement de fatigue impuissants à perturber le cours implacable d'un propos maîtrisé, Jean-Paul Aron parle, dépouillé de toute préciosité. Qu'il se penche en avant pour mieux soutenir un dialogue qu'il n'entretient en réalité qu'avec lui-même, ou qu'il repose un moment sa tête sur le dossier du fauteuil de cuir clair, son regard d'urgence ne lâche pas une seconde le regard qui lui fait face, comme s'il était à l'affût du reflet enfin fidèle de son être. À côté de lui, sur une petite table, un flacon d'AZT[2] *– le médicament américain avec lequel quelques médecins traitent certains malades –, un réveil noir qui en plein milieu d'après-midi sonne l'heure des comprimés, et un paquet de bonbons, douceur contre l'amertume. Il lui faut d'abord répondre à cette interrogation première : pourquoi a-t-il voulu ce témoignage, accepté cette démarche jusqu'au bout ?*

« Il se passe en moi depuis quatre ou cinq semaines des choses extraordinaires. La pneumocystose [NdA : Infection pulmonaire due à un parasite qui affecte les sujets en état d'immunodépression] qui m'a terrassé à la fin du mois de juillet et dont je suis revenu a changé d'un coup mon attitude, ma vision du monde… Soudainement, une certaine façon de tourner autour du pot, le silence en somme, s'est mise à me gêner. Je suis entré en réanimation à l'hôpital Claude-Bernard alors qu'une heure auparavant j'étais certes très mal mais lucide. Quand je suis sorti du centre de réanimation, je n'ai pas eu immédiatement la conscience très claire d'avoir frôlé la mort. C'est plus tard que j'ai ressenti la fragilité de cette frontière, d'autant plus marquée qu'il n'y avait eu entre l'un et l'autre état ni douleur ni durée. Je ne suis pas près d'oublier cette leçon.

Il y a trois mois encore, quand mes proches me demandaient s'ils pouvaient dire à Untel que j'étais séropositif, je répondais que ça n'était pas utile. Je n'aurais pour rien au monde parlé publiquement

2. L'AZidoThymidine est un antirétroviral de la classe des INTI (Inhibiteurs de la transcriptase inverse).

comme je le fais aujourd'hui de mon homosexualité. Il a fallu la maladie pour susciter la spontanéité très récente de mon discours. La mutation vient-elle du sentiment de la mort, de la fatalité de ma mort ? Autour de moi, mes amis s'insurgent contre mon pessimisme. Mais moi, je me sais atteint d'une maladie encore incurable, même si des médicaments comme l'AZT ont des effets bénéfiques encore inimaginables il y a deux ans. Par conséquent, je ne vois pas pourquoi je continuerais à me dissimuler. Notre rencontre et la mise au point de ce texte, au fond, me permettent d'avancer sur la voie d'une partielle libération de moi-même.

Sans doute à cause de la relation élective que j'ai toujours eue avec le dandysme. Je n'ai jamais écrit sur lui mais j'en ai toujours parlé. Même en cet instant, il est indissociable de mon être. Le dandysme, ce n'est ni l'affectation, ni la coquetterie, ni la mode. C'est tout le contraire. C'est la différence absolue. La singularité, à la limite si radicale qu'il est impossible de pratiquer réellement le dandysme sinon par le suprême refus que signifie la mort. »

[...] [*Tandis qu'Aron sociologue analysait avec acuité cette maladie de la fin du siècle, Jean-Paul homosexuel se refusait à modifier son mode de vie, malgré les risques encourus. Dichotomie exemplaire de la personnalité. D'un côté une peur sourde, très enfouie, taraudait probablement Jean-Paul Aron. Mais cette même société dont il observait les modifications de comportement face au sida entrait parallèlement dans l'ère de la gauche qu'il a vécue comme celle de l'audace personnelle.*]

« Mythiquement, magiquement, je me croyais à l'abri. L'atmosphère de liberté qui régnait – les valeurs du politique coïncidant enfin avec l'état des mœurs – m'a soulagé ! C'est à cette époque, vers 1982-1983, que je me suis montré dans des manifestations d'homosexuels pour défendre leurs droits et leurs libertés. Je savais qu'on prendrait des photos de moi : j'acceptais cet aveu implicite. L'ambiance libérale, créée par la gauche, m'a aussi amené à fréquenter, quoique avec modération, des lieux où j'hésitais à me rendre jusqu'alors – cinémas gay par exemple. Je me rappelle que Roger Kempf, avec qui j'ai eu, depuis 1947 et pendant trente ans, une relation exemplaire fondamentale et aujourd'hui cassée, m'a téléphoné un jour de 1983 et mis en garde : *« Fais attention au sida ! Fais très attention ! »* Ça m'a paru absurde. Je lui ai répondu : *« Écoute, je fais si peu de chose ! »* Mais ce propos, unique, que nous avons échangé sur la maladie, sa parole prémonitoire, m'a énervé au plus haut point, et durablement. Vous voyez, j'y pense toujours...

Je ne pouvais pas accepter son conseil car avec « le Pénis et la démoralisation de l'Occident » paru en 1978, livre que nous avons écrit ensemble, Kempf et moi, j'avais entamé un processus de libération dont le titre de l'ouvrage témoignait. Même si je ne m'y dévoilais pas et si le thème de l'homosexualité restait périphérique, il n'en était pas moins bien présent. Je ne voulais pas admettre que j'étais menacé par le sida et que je menaçais les autres. Je reconnais qu'il a fallu un certain temps pour que je prenne des précautions dans l'acte sexuel. Je n'ai accepté de subir le test de dépistage qu'au moment de la première alerte. Et aujourd'hui, puisque j'ai décidé de tenir un langage de vérité, j'avoue que je n'éprouve pas de remords rétrospectif à l'idée que j'aie pu contaminer avant de savoir que j'étais porteur du virus. »

[*Un peu avant Noël, en 1985, Jean-Paul Aron se sent fatigué. « Pas dans mon assiette. » Brusquement, il n'a plus faim. L'anorexie l'inquiète, car il sait tout du sida, bien sûr. Il en parle à son frère, médecin réputé...*]

« À ma demande, il m'a soumis au test Elisa. À cause de sa position, il a été tenu au courant très vite par le laboratoire et il m'a appris lui-même par téléphone ma séropositivité. Ça a été une révélation..., le cataclysme... Puis j'ai reçu un compte rendu sec et précis de mes analyses de sang. En regard de la rubrique LAV était écrit : *« Positif »*. Pas une lettre d'accompagnement. Rien. Rien que ce *« positif »* avec lequel il faut se débrouiller. Et encore avais-je été prévenu ! »

[*À ce moment, non sans gêne, Jean-Paul Aron estime qu'il se doit de parler des relations ambiguës qu'il a entretenues avec son frère.*

Elles sont exemplaires des désordres psychologiques que le sida peut provoquer dans une famille.]

« Le regard que je jette sur mon frère – que j'aime – et sur moi-même durant cette période qui va de janvier 1986 à juillet 1987 met en lumière des comportements étranges de part et d'autre. Dès ma petite enfance, j'ai subi et accepté la volonté de puissance de cet aîné qui a dix ans de plus que moi. Devant lui, j'éprouvais des sentiments de culpabilité. Dès qu'il m'a su malade, il m'a considéré comme sa propriété pathologique. L'honnêteté m'oblige à reconnaître que je m'étais toujours complu dans cette dépendance. Dans le contexte du sida, elle s'est aggravée. Je pouvais appeler mon frère à toute heure du jour ou de la nuit, l'interroger sans cesse et me satisfaire de ses réponses. Cette soumission avait l'avantage de la commodité. Elle m'arrangeait. Comme je cherchais à m'arranger de tout. Depuis que je me savais séropositif, je me pesais tous les jours. J'étais très attentif à la moindre démangeaison, au moindre dérangement intestinal. Tout dans mon comportement indiquait que je me sentais menacé. Mais en même temps, je m'affirmais à moi-même que les symptômes extrêmement graves qui se manifestaient ne relevaient pas du sida. Je vivais dans l'aveuglement, dans la peur de m'avouer la vérité. Deux jours avant d'entrer à Claude-Bernard, je me suis fait faire une prise de sang. J'ai dit à l'infirmière de mettre des gants parce que j'étais séropositif. Mais j'ai ajouté que les troubles intestinaux dont je souffrais depuis plus d'une semaine relevaient sans doute d'une salmonellose et, en aucun cas, du sida !

Cependant, d'un coup, au mois de mars dernier, je me suis mis à perdre 3 kilos. J'ai dû sentir qu'il ne fallait plus tricher et sortir de ces accommodements. J'ai consciemment profité d'une absence de mon frère en avril pour aller consulter le docteur Rozenbaum[3]. Quand mon frère l'a appris, il a semblé un instant libéré d'un poids, sans le dire. J'ai pourtant continué incessamment à le consulter. C'est l'époque où il a diagnostiqué une candidose buccale, signe inquiétant de dépression immunitaire, qu'il a d'ailleurs soignée

3. Willy Rozenbaum (1945) est un médecin français, co-découvreur du HIV.

avec succès. En fait, mon histoire manifeste une vérité générale : il ne faut pas être traité par un parent, surtout si proche, et particulièrement quand il s'agit de maladie d'origine sexuelle. Le regard du médecin est hypothéqué par trop de tensions inavouées, de problèmes irrésolus. Et l'attitude du patient est réciproquement suspecte d'immaturité, voire de masochisme. »

[*Le 26 juillet 1987, c'est donc l'hôpital, et la mort fréquentée de près. En sortant de Claude-Bernard, Jean-Paul Aron se rend seul à la montagne, à Combloux. Puis de retour à Paris, il est hébergé chez sa nièce. Il ne reprend possession de son nouvel appartement, dans lequel il avait emménagé quelques jours avant la pneumocystose, que le 12 octobre. Deux mois et demi essentiels qui l'ont conduit au cœur de cet entretien.*]

« De la confrontation si vivante avec la mort, peu à peu, est née une forme de sérénité. Dans la quotidienneté d'abord. Je n'ai jamais pris de tranquillisants, mais dans les derniers mois je dormais mal. Aujourd'hui, je redors convenablement. Alors que j'épiais l'aiguille de ma balance, je me suis juré d'attendre les visites médicales pour me peser : je tiens ma promesse, contrairement, semble-t-il, à beaucoup de malades dans ma situation. À Combloux, davantage à la façon de mes compagnons d'infortune et de solitude, malgré tous les coups de fil que je recevais, j'ai passé mon temps la main sur le téléphone : j'ai eu une note de 2 300 Francs pour dix-sept jours. Je me suis beaucoup, beaucoup calmé. La télévision, si importante pour les malades de ma sorte ? J'ai toujours été un télévore. Je remarque seulement que pour peu que le programme soit intéressant je suis pris intégralement. Alors la nourriture, oui… Bien que j'aie écrit en 1973 « le Mangeur du XIXe siècle », je suis plutôt un frugal gourmet. Je m'emploie à me nourrir bien que souffrant toujours d'anorexie, parce que je sais que c'est capital. Je note simplement que lorsqu'on veut m'entretenir de ce livre, me faire écrire sur ce sujet, dorénavant ça m'emmerde. Quant aux vêtements, je continue à porter mes vestes, mais plutôt que de faire reprendre mes pantalons devenus trop larges, je m'en suis acheté d'autres. Ça me permettra aussi de remettre les premiers quand j'aurai regrossi…

Et puis, il y a la chasteté. Dès que j'ai découvert ma séropositivité, je m'y suis immédiatement voué, totalement et sans souffrance particulière. Car si j'ai eu de grandes amours, des désirs intenses, je n'ai pas très bien réussi dans la vie, ni l'amour, ni le désir.

Je crois cependant que j'ai réussi l'amitié, si j'en juge par les signes incomparables de dévouement, de gentillesse de mes proches, ma nièce et son mari, un jeune couple, Paul et Josiane, que j'adore, Gérard et Sylvie, Dico et Marie-Laure, et tant d'autres. Quand les gens prennent sur leur temps pour vous le consacrer, alors vous pouvez avoir confiance en leurs sentiments ».

[*Tout à coup, le visage d'Aron se creuse. Il s'interrompt un moment...*]

« Vous savez, en ce qui concerne ma contamination, j'ai un soupçon très marqué pour un Américain que j'ai rencontré à Florence en décembre 1981. Car après, j'ai eu si peu de relations sexuelles ! Eh bien, je le verrais là, à votre place, dans ce fauteuil, je serais sympathique avec lui. Je suis sans colère. Je me dis souvent que j'ai eu beaucoup de malchance, compte tenu de la vie que j'ai menée. Je n'ai jamais cru, je ne crois pas, je ne croirai jamais en Dieu. Cette notion même m'est étrangère. En toute franchise, je suis incapable de vous avouer que j'éprouve le sida comme un châtiment. Ça me paraît scandaleux, simplement, cette guigne affreuse... » [...] »

(Extraits)

Comme l'évoque Jean-Paul Aron dans cet échange, les malades sont d'abord traités avec un premier antirétroviral, l'AZT. Celui-ci a peu d'effet ; l'universitaire décède en 1988, une année qui compte 4 210 cas de sida en France. Par la suite, d'autres molécules sont proposées, jusqu'à la combinaison de plusieurs médicaments, la trithérapie, en1996, qui permet aux patients d'améliorer leur condition physique. Les traitements les plus pointus sont néanmoins coûteux et restent réservés aux pays développés alors que l'Afrique est devenue le premier continent touché par l'épidémie. Parallèlement, des campagnes de prévention, le renforcement du dépistage et la mobilisation des associations permettent de limiter le taux de contamination[4]. À l'image de Jean-Paul Aron, des artistes dévoilent publiquement leur infection, allant jusqu'à l'utiliser dans leurs œuvres, comme Cyril Collard, Hervé Guibert, Keith Haring et Mano Solo. En 2010, on évalue à 150 000 le nombre de personnes infectées par le VIH en France ; elles sont 34 millions dans le monde.

4. À ce sujet, il faut noter l'action de Michèle Barzach, ministre de la Santé de mai 1986 à juin 1988. Aujourd'hui, celle-ci est encore perçue par une grande partie de militants comme la meilleure ministre sur le sida qu'ait connu la France. Aux premières heures de l'épidémie, elle prend deux décisions déterminantes pour freiner les contaminations : la possibilité de faire de l'information sur le préservatif (ce qui était alors interdit par la loi) et la vente libre de seringues.

BIBLIOGRAPHIE

Sur le sida et son histoire

- Mirko Grmek, *Histoire du sida : début et origine d'une pandémie actuelle*, Payot, 2005.
- Françoise Barré-Sinoussi, *Pour un monde sans sida : un combat partagé : entretiens avec François Bouvier*, Albin Michel, 2012.
- Didier Lestrade, Gilles Pialoux, *Sida 2.0 : 1981-2001, 30 ans de regards croisés : 30 ans = 30 millions de morts du sida*, Fleuve noir, 2011.
- Jacques Leibowitch, *Pour en finir avec le SIDA*, Plon, 2011.

Sur des destins personnels

- Rommel Mendès-Leite, Maks Banens, *Vivre avec le VIH*, Calmann-Lévy, 2006.
- Charlotte Valandrey, *L'amour dans le sang*, J'ai Lu, 2006.
- Jean-Luc Romero, *Virus de vie*, Florent Massot, 2002.
- Françoise Baranne, *Le couloir : une infirmière au pays du sida*, Gallimard, Folio 1995.

FILMOGRAPHIE

- *Générations sida* (*The age of AIDS*) de Renata Simone et William Cran, 4 épisodes, 2006.
- *Sida, une histoire qui n'a pas de fin* de Paule Muxel et Bertrand de Solliers, 1993-2008.
- *Face au sida* de Judith du Pasquier, 2008.
- *Les nuits fauves* de Cyril Collard, 1992.
- *Philadelphia* de Jonathan Demme, 1993.
- *Les témoins* d'André Téchiné, 2007.

LIEUX

- L'Artère, le jardin des dessins, Paris.
- Institut Pasteur, Paris.

Jean-Marie Le Pen au second tour des présidentielles

Jean-Marie Colombani, *Le Monde*, 23 avril 2002.[1]

Né en 1948, Jean-Marie Colombani est diplômé de sciences politiques et de droit. Entré au journal *Le Monde* en 1977, il y est d'abord rédacteur au service politique, puis chef de service, rédacteur en chef et directeur adjoint de la rédaction. À la direction à partir de 1994, il initie une nouvelle formule papier du quotidien en même temps qu'il fait développer son site Internet. Au lendemain des attentats du 11 septembre 2001, il intitule son éditorial « Nous sommes tous Américains ».

Jean-Marie Colombani quitte *Le Monde* en 2007 et lance la version française du site d'information américain Slate. Auteur d'ouvrages consacrés à la vie politique française, il s'intéresse tout particulièrement à la présidence de la République : *Portrait du président* (1985), *La France sans Mitterrand* (1992), *Le double septennat de François Mitterrand* (1995), *Le résident de la République* (1998), *Un Américain à Paris* (2008). Il est aussi l'auteur d'un rapport commandé par l'Élysée sur l'adoption en France.

1. Titre original de l'article : « La blessure ».

CONTEXTE

Les élections présidentielles de 2002 devaient conduire les électeurs à voter entre le candidat de droite et le candidat de gauche au second tour ; c'est, en tout cas, ce que laissaient entendre les conclusions des instituts de sondage pendant plusieurs mois. Un tout autre scénario s'est pourtant déroulé le 21 avril : pour la première fois dans l'histoire de la Ve République, le représentant d'un parti d'extrême droite, Jean-Marie Le Pen, arrive en deuxième position avec 16.86 % des suffrages exprimés, derrière Jacques Chirac. Ses électeurs réunissent principalement des sans-emplois (30 %), des ouvriers (24 %) et des jeunes (20 %). Lionel Jospin, Premier ministre sortant et candidat du Parti socialiste, est éliminé et annonce aussitôt son retrait de la vie politique.

S'ensuit une succession d'analyses tentant d'expliquer ce « séisme » politique. Certains avancent l'importance du taux d'abstention (plus de 28 %) comme cause principale de l'événement. D'autres parlent d'une écrasante percée du Front national. En examinant les résultats de l'élection de plus près, on constate plus une démobilisation de la gauche socialiste et, dans une moindre mesure, de la droite, que l'ascension vertigineuse de Jean-Marie Le Pen. Pendant la campagne, le Parti socialiste, sans doctrine et sans véritable programme, n'a pas montré sa proximité avec les classes populaires. Celles-ci ont dispersé leurs voix (l'occasion leur était offerte avec la présence de pas moins de seize candidats) dans une actualité où revenaient les thèmes de la mondialisation, du libéralisme, de l'Europe et du multiculturalisme. Pour *Le Monde*, Jean-Marie Colombani offre sa propre analyse des raisons qui ont conduit au duel inédit du second tour.

« La France est blessée. Et pour nombre de Français, humiliée.

Figure de proue d'une Union européenne qu'elle a obstinément voulue et à la construction de laquelle elle a puissamment contribué, elle donne d'elle-même, au lendemain de ce 21 avril marqué par le couronnement politique du sinistre démagogue qui anime l'extrême droite française, l'image d'un pays replié, étriqué, hanté par son propre déclin, voire qui a peur de ses enfants, surtout lorsqu'ils vivent en banlieue. Oui, hélas, le temps se gâte pour la France.

Du moins si l'on prend au pied de la lettre le « message » des élections ; dans ce mai 68 électoral auquel nous venons d'assister, mouvement à rebours puisqu'il ne s'agit plus de « jouir sans entraves » mais bien de punir sans limites. À l'épreuve nationale que constitue le poids dans la vie publique d'un courant qui cherche à aiguiser les tensions, et dont la devise revendiquée est « travail, famille, patrie » de triste mémoire, s'ajoute celle qui est inscrite dans un résultat qui porte atteinte au crédit de la France hors des frontières, et d'abord à l'intérieur de celles de l'Union européenne.

Mais avant d'aller plus avant, et de chercher, comme il se doit, à comprendre ce qui s'est passé, ce qui se passe dans cette France du nouveau siècle, gardons à l'esprit cette donnée : le tremblement de terre politique qu'est le premier tour de l'élection présidentielle a, sur un plan strictement électoral, une seule cause : la dispersion, absurde, de la gauche. Celle-ci, qu'on la considère dans ses limites « modérées » ou en incluant l'extrême gauche, ne recule pas, d'un scrutin présidentiel à l'autre ; alors que la droite modérée perd de cinq à dix points par rapport aux scrutins précédents. Ce sont ainsi 44 % des Français qui ne seront pas représentés au second tour. M. Le Pen n'est donc là que parce que Jean-Pierre Chevènement l'a permis, lui qui a choisi de se séparer de celui qui, en 1997, l'avait tiré de l'oubli ; un Jean-Pierre Chevènement qui est allé au bout de son élitisme dévoyé, en proclamant : « Sortez les sortants », soit le slogan de Jean-Marie Le Pen depuis 1956. Et que dire de Christiane Taubira, dont les voix auraient suffi à faire que la compétition du second tour reste ouverte, et qui ne fut candidate que parce que, après tout, puisque tout le monde y allait de sa candidature, pourquoi ne pas y aller de la sienne...

La gauche est donc d'abord victime d'elle-même et de l'esprit boutiquier qui a été celui des dirigeants de ses différentes composantes qui, tous, ont eu à coeur de se démarquer, donc de critiquer Lionel Jospin et son bilan. Ils ont été entendus. Mais il n'y avait pas de fatalité en la matière, comme en beaucoup d'autres. Il a simplement manqué des dirigeants à la hauteur de l'enjeu.

En démocratie, bien entendu, le suffrage universel est souverain. Il s'impose donc, et s'imposera ; mais chacun reste libre d'apprécier le jugement des électeurs, au nom de valeurs supérieures ; celles qui, par exemple, fondent l'existence d'un Conseil constitutionnel. De ce point de vue, le vote du 21 avril est injuste. Et dangereux.

Une fois la fièvre du dimanche retombée, en effet, le bilan de Lionel Jospin restera. Comme celui, riche, d'une gauche de gouvernement qui a su tenir l'essentiel de ses engagements, qui a su faire l'euro et les trente-cinq heures, faire reculer le chômage, accompagner la relance de la croissance et apporter de nouveaux droits – de la couverture maladie universelle à l'allocation pour personnes dépendantes, en passant par le congé paternité ou les emplois-jeunes. Bref, Lionel Jospin a, un temps, su renouer avec une politique réformatrice qui, après tant d'années de crise, a réconcilié progrès économique et progrès social.

Le travail mais aussi la manière de Lionel Jospin – faite d'austérité et de dignité – comme son départ de la vie publique conforme à l'éthique qu'il a fait prévaloir pendant son long bail à Matignon, méritent le respect. Il n'y aura pas, comme pour l'actuel occupant de l'Élysée, de troisième tentative pour Lionel Jospin, qui rompt ainsi avec une tradition politique nationale bien établie. Le reproche que l'on peut d'ailleurs adresser à la gauche, et en premier lieu à Lionel Jospin lui-même, est de ne pas avoir accompagné ce travail de l'indispensable pédagogie, inséparable de toute démarche mendésiste, et de s'être trop préoccupé – contradiction aussi ancienne que la gauche en France – d'une extrême gauche purement incantatoire et, dans sa version Laguiller, sectaire. Une gauche qui répugnerait aux contraintes de la gestion se condamnerait aux oubliettes de l'Histoire.

Le vote du 21 avril est aussi, par le niveau d'audience atteint par l'extrême droite, une énigme ; et un danger majeur pour quiconque aspire à gouverner ce pays sans renier les valeurs universelles dont il se réclame. Deux fronts sont ouverts, deux plaies béantes, toutes deux politiques.

Le premier front est classique, et met en regard les attentes du corps social et les infrastructures politiques, telles que nous les connaissons, et dont nous savons qu'elles devraient être puissamment réformées pour faire sa juste part à la revendication d'autonomie qui est celle aussi bien des collectivités que des individus. Pour faire face à la montée des micro-corporatismes, il faudra bien se convertir à une véritable et puissante décentralisation. La politique n'a de sens que si elle parvient à faire sentir son influence – si possible positive – sur la vie de la population, et si elle offre à celle-ci une perspective, des choix qu'elle soit à même de maîtriser. Or la crise actuelle est surtout celle du découragement, du sentiment d'inutilité. De nouvelles formes d'action peuvent réunir des foules, dès lors qu'elles donnent l'impression, fût-ce au prix de raisonnements rapides et parfois trop simples, qu'il s'agit de peser sur le cours des choses. Ainsi un débat essentiel pour l'avenir a lieu depuis plusieurs mois : il s'agit de la confrontation, au sein de la Commission de Bruxelles, entre « libéraux » et « régulateurs » ; autrement dit, comment armer l'Union européenne face à la mondialisation. Or ce débat a été absent de la campagne. S'il a surgi, c'est... à Barcelone, face à 300 000 manifestants. Peut-on suggérer plus clairement que le débat politique franco-français est largement vidé de son sens ?

Le second front est plus lourd. Il est résumé dans le livre de l'historien Benjamin Stora, Le Transfert de mémoire, qui met en lumière une tendance de fond à l'œuvre dans la société française : le transfert, en « métropole », d'une mémoire coloniale, avec un élément constitutif de celle-ci : la peur communautarisée du « petit blanc » et le sentiment d'abandon qui lui est lié ; l'angoisse identitaire face à l'islam, le refus de la diversité culturelle – et ethnique – de la France d'aujourd'hui adossé à la tradition jacobine d'assimilation.

Le refus d'assumer cette nouvelle société a été amplifié par le choc du 11 septembre, puis par le transfert en France du conflit du Proche-Orient, avec son lot de glissements conduisant à l'enfermement identitaire. De ce point de vue, les propos du président du CRIF[2], Roger Cukierman, au quotidien Haaretz, proclamant que le score de Le Pen « est un message aux musulmans pour qu'ils se tiennent tranquilles », ajoutant que cela servirait à « réduire » l'antisémitisme illustre, de façon choquante et irresponsable, cette dérive.

Pour la gauche, momentanément écartée si elle sait éviter les règlements de compte et rassembler ses forces, comme pour la droite désormais forte de son champion, une gauche et une droite « de gouvernement » qui croyaient pouvoir s'affronter comme si de rien n'était, l'enjeu est bien là, celui de la cohésion du pays, donc de l'intégration.

Et maintenant ? Jacques Chirac va se succéder à lui-même. Ainsi le président qui suscite la plus faible adhésion de toute l'histoire de la Cinquième République, celui qui pendant sept ans a présidé à l'affaiblissement de la fonction présidentielle, sera le président le mieux élu de notre longue histoire politique. Ayant fait sa propre campagne, aussi consciencieusement que celle de Jean-Marie Le Pen, en martelant le thème de l'insécurité, Jacques Chirac est face à un choix capital. Il peut faire comme les siens, au soir du premier tour, qui ont rivalisé dans la surenchère droitière et sécuritaire, au risque une fois de plus de permettre à Le Pen d'expliquer que l'« original » vaut mieux que la copie, et d'entretenir ainsi le courant et toutes les dérives. Il peut aussi choisir de restaurer sa fonction, et son propre crédit.

2. Conseil représentatif des israélites de France, désormais Conseil représentatif des institutions juives de France (CRIJF).

Dans ses premières paroles, il s'est placé au-delà de son camp. Au-dessus des calculs politiciens. Comme s'il était désormais conscient qu'il lui reviendra de représenter la droite et la gauche. Son histoire personnelle était jusqu'à présent celle d'une carrière politique, avec des moyens que la morale publique réprouve. Le voilà qui soudain tutoie l'Histoire. Et peut enfin jouer le rôle dont il a rêvé : être président d'une République qu'il faut réformer, pour la faire de nouveau aimer. C'est ce que nous souhaitons. Pour que ce beau pays qu'est la France, avec toutes les couleurs qui l'habitent et qui forgent déjà son avenir, garde le cap de la raison et du progrès. »

(Texte intégral)

À partir du 21 avril, des manifestations anti-Le Pen s'organisent à travers la France. Elles trouvent leur point d'orgue lors des fêtes du 1er mai qui, à l'appel des syndicats et des mouvements de gauche, réunissent 1.3 million de personnes dans les rues. Tous les candidats du premier tour appellent à faire barrage à l'extrême droite, exceptés Lutte Ouvrière qui ne défend aucun candidat et le Mouvement national républicain qui soutient Jean-Marie Le Pen. Malgré la tradition, Jacques Chirac refuse de débattre avec son adversaire à la télévision. Le 5 mai, il est réélu à la présidence avec, sans surprise, le plus fort score de toute la Ve République : 82.21 %. Le lendemain, Lionel Jospin présente sa démission ; il est remplacé par Jean-Pierre Raffarin à la fonction de Premier ministre. Désastreuse pour l'image de la France dans le monde, l'élection présidentielle de 2002 provoque le réveil des dirigeants des partis politiques républicains : si un malaise social est bien présent dans le pays, il doit être affronté plutôt que de tomber entre les mains de groupements extrémistes. La presse et les instituts de sondage, toujours aveugles à quelques jours du premier tour, ont également reçu une bonne leçon de l'événement et leur vigilance s'est accrue.

BIBLIOGRAPHIE

Sur l'extrême droite française et le Front national

- Erwan Lecœur (dir.), *Dictionnaire de l'extrême droite*, Larousse, 2007.
- Michel Winock (dir.), *Histoire de l'extrême droite en France*, Seuil, Points, 1994.
- Jean-Yves Camus, *Le Front national*, Milan, 1998.
- Michel Soudais, *Le Front national en face*, Flammarion, 1996.
- Sylvain Crépon, *Enquête au cœur du nouveau Front national*, Nouveau Monde éditions, 2012.

Sur le 21 avril 2002

- Nonna Mayer, *Ces Français qui votent Le Pen*, Flammarion, 2002.
- Patrick Cohen, Jean-Marc Salmon, *21 avril 2001 : contre-enquête sur le choc Le Pen*, Denoël, 2003.
- Jacques Le Bohec, *Sociologie du phénomène Le Pen*, La Découverte, 2005.
- Christian Duplan, *Mon village à l'heure Le Pen*, Seuil, 2003.

FILMOGRAPHIE

- *Le diable de la République, 40 ans de Front national* de Jean-Charles Deniau et Emmanuel Blanchard, 2011.
- *La face cachée du nouveau Front* de Mathias Hillion et Karim Rissouli, 2011.

Le malaise des banlieues

Luc Bronner, *Le Monde*, 26 avril 2008.[1]

Né en 1974, Luc Bronner est diplômé de l'Institut d'études politiques de Grenoble et de l'École supérieure de journalisme de Lille et commence sa carrière comme pigiste dans la presse régionale (*Nord Éclair*, *La Voix du Nord*, *La Dépêche du Midi*). Il entre au *Monde de l'éducation* en 1999 et devient responsable de la rubrique Éducation au *Monde* deux ans plus tard. Reporter au service Société, il est rédacteur en chef au *Monde* depuis 2011.

Spécialiste des banlieues françaises, Luc Bronner a enquêté de longues années dans ces territoires. Sa série d'articles sur les jeunes et les quartiers sensibles, publiée dans *Le Monde* entre le 28 juin 2006 et le 5 février 2007, est couronnée par le prix Albert-Londres. Ses titres témoignent de la plongée du journaliste dans un environnement parfois difficile à arpenter et à cerner : « En garde à vue avec Karim, 17 ans », « Cars de flics et rénovation à Aulnay », « Jean-Christophe Lagarde, la rage d'un jeune maire de banlieue », « Cité des 3000, la foot academy », « La mort du petit commerce vue de ma boucherie », « Les électeurs de banlieue, entre colère et indécision ». En 2010, il publie *La loi du ghetto* qui reçoit le Prix lycéen du livre de sciences économiques et sociales.

1. Titre original de l'article : « Grigny : l'état d'urgence ».

CONTEXTE

Au lendemain de la Seconde Guerre mondiale, la France connaît une pénurie de logements due aux destructions, à l'explosion de la natalité et à l'exode rural. Pour pallier le manque, des habitations de type HLM sont construites, donnant progressivement naissance au concept du « grand ensemble ». Ce nouveau paysage urbain, équipé du confort moderne, n'est pas sans déplaire à ses résidents dont certains ont connu les derniers bidonvilles du pays. Il abrite la diversité de la société de l'époque, notamment la population étrangère entrée en France pour travailler. Avec la crise de 1973, l'économie française connaît ses premières grandes difficultés : des entreprises ferment et de nombreux ouvriers se retrouvent au chômage. Les cités commencent à se paupériser quand les classes moyennes décident de s'installer dans des quartiers résidentiels plus éloignés. Les grands ensembles se dégradent et réunissent, dès lors, une population pauvre et désoeuvrée.

Enclavée dans son quartier, une partie de la jeune génération, sortie de l'école sans diplôme, plonge dans l'économie parallèle des vols et de la drogue. Devenue zone de non-droit, la banlieue est synonyme d'insécurité, au point que la police s'y rend avec grande précaution. Stigmatisée, elle est le théâtre des nombreuses émeutes urbaines qui se succèdent en France depuis plus de trente ans : Les Minguettes en 1981 et 1983, Vaulx-en-Velin en 1990, Lyon en 1997, Clichy-sous-Bois en 2005, Villiers-le-Bel en 2007, pour ne citer que les plus médiatiques. Ces événements témoignent de l'insuffisance des plans imaginés dans le cadre de la politique de la ville. Malgré des moyens financiers plus importants accordés dans les domaines de l'éducation et de l'entreprise et des efforts constants de réhabilitation urbaine, une portion de la banlieue reste un « monde à part » avec ses propres codes, comme en témoigne l'enquête de Luc Bronner publiée en 2008 qui se concentre sur le quartier de la Grande-Borne à Grigny.

« Au fond du local des boulistes, béret sur la tête et langue bien pendue, un sexagénaire joue aux dominos avec un ami. À côté, sur une autre table, les copains retraités font une partie de rami. Dehors, au milieu des immeubles, c'est la pétanque de 16 heures au soleil. Ambiance formica, verre de thé et franche rigolade : « On n'est pas heureux, là ? » La petite troupe d'anciens acquiesce généreusement. Bienvenue dans le quartier de la Grande-Borne à Grigny (Essonne).

Bienvenue ? En fin d'après-midi, au même endroit, où à quelques dizaines de mètres, selon les soirs, l'ambiance peut changer radicalement. Des adolescents ou de jeunes adultes enfilent des cagoules ou se dissimulent sous leurs capuches. Puis ils remplissent des chariots Leclerc avec des pierres ou des cocktails Molotov. Et se lancent à l'assaut des policiers en patrouille. Le ministère de l'intérieur parle de véritables « guets-apens ». Convaincus qu'un jour il y aura un mort, les policiers de terrain évoquent, eux, des scènes de « guérilla urbaine ».

De la quiétude du terrain de pétanque à l'émeute et à l'ultraviolence. Des vieux immigrés, qui s'excuseraient presque d'être là, aux jeunes cagoulés clamant leur haine de l'État. Du jour à la nuit. Quantitativement, le noyau dur des émeutiers représente une cinquantaine d'« individus ». À peine plus, si l'on ose dire, que le noyau dur des boulistes. Une goutte d'eau sur les 11 000 habitants du quartier, coincés entre l'autoroute A6, une route nationale et une zone industrielle. Mais un impact social énorme. L'image d'une ville tout entière, l'image d'une jeunesse enragée.

Dans le palmarès informel des cités difficiles, la Grande-Borne est au sommet. « Certainement un des quartiers les plus durs d'Île-de-France », note Michel Lernoux, procureur adjoint de la République à Évry. Toujours précurseur dans les violences urbaines, bien plus sensible, en réalité, que Clichy-sous-Bois (Hauts-de-Seine) ou Villiers-le-Bel (Val-d'Oise), les stars mondiales des french riots. Les premiers coups de feu contre les policiers pendant des émeutes ? À Grigny, lors des violences de l'automne 2005, puis à nouveau en mars 2008. La mode des incendies de bus ? Grande-Borne, octobre 2006.

Les « caillassages » de pompiers ? Les mortiers improvisés avec des feux d'artifice ? Les attaques de particuliers sur la nationale ? Les incendies d'école ? De voitures ? La Grande-Borne, encore et toujours. Le quartier, dont une petite partie se trouve sur le territoire de Viry-Châtillon, était pourtant né d'une utopie. Celle de l'architecte Emile Aillaud de créer une cité-dortoir qui devienne une « cité des enfants ». Des immeubles de deux ou trois étages, construits entre 1967 et 1971 pour faire face à la poussée démographique. Des ruelles piétonnières qui serpentent entre les bâtiments colorés. Des places où les anciens prennent le soleil l'après-midi et où les enfants peuvent jouer. Et, au milieu de ce triangle, un immense espace vert – pelouse, pâquerettes, arbres – qui donne un faux air de campus universitaire, en moins bien entretenu.

Mais cette utopie s'est transformée en cauchemar sécuritaire. Les livreurs ne viennent pas – ou alors, avant 10 heures du matin, avant que les « racailles » qui se couchent tard ne commencent à se réveiller. Des médecins refusent les visites. Une partie des commerçants ont baissé le rideau, fatigués de subir des braquages. Des enseignants ont fait grève après plusieurs agressions. Les employeurs mettent de côté les CV où figure l'adresse de la cité. La police, elle, envoie régulièrement un hélicoptère survoler le quartier. Des patrouilles incessantes en journée. Des fouilles de véhicules, des contrôles d'identité innombrables. Des camionnettes de CRS qui tournent au ralenti le soir et qui donnent le sentiment de se trouver dans un territoire occupé.

Quelques dizaines d'adolescents face à l'État. Une poignée de jeunes face à 11 000 habitants. Le rapport de forces semble déséquilibré. Et pourtant, ce sont les premiers qui tiennent le territoire, qui imposent leur loi. Les anciens comme les mères de famille peuvent certes circuler en toute tranquillité. Y compris la nuit. Mais à condition de ne pas regarder ce qu'ils ne doivent pas voir – ou du moins de faire comme s'ils n'avaient rien vu. Les boulistes peuvent bien jouer, rigoler, plaisanter, vivre leur vie – et ils ne s'en privent pas. Mais à condition de ne pas déranger, de ne pas se mêler des affaires des autres.

« On est bien ici, mais faut se tenir à sa place », répète le président de l'association des boulistes retraités, dans le quartier depuis 1971. Il refuse que son nom soit publié. On le comprend : derrière le terrain de pétanque, sur les places bétonnées, c'est une autre partie qui se joue, partiellement invisible. Selon la police, la zone est une « plaque tournante » du trafic de stupéfiants, essentiellement du cannabis amené par l'autoroute A6. Un secret de polichinelle dans la cité. « Il y a des centaines de kilos qui transitent par cette place », glisse un commerçant.

La Grande-Borne, c'est finalement l'histoire d'une prise de pouvoir par une poignée de jeunes. Lorsque commence une émeute, une bagarre, lorsque se déroulent des opérations liées aux trafics, les adultes poursuivent leur chemin, comme si de rien n'était. Agnès Daviau, 77 ans, dont trente-six passés à la Grande-Borne, n'a pas peur de vivre au milieu du quartier. La militante, bénévole dans une association de soutien scolaire, réfléchit. Aucune agression subie. Pas de menaces particulières. Mais une obligation de discrétion qu'elle a intégrée dans sa vie quotidienne. « Faut pas prendre la mouche, ici. Un jeune peut te bousculer parce qu'il a un truc dans les oreilles », raconte cette ancienne « travailleuse familiale ». « Quand on leur parle, on met pas de violence dans nos réponses. Quand ils font du bruit à 23 heures, devant nos fenêtres, on est tolérants. »

Sylvie Alipio, 35 ans, six enfants, prend le café chez son amie, Orkia Benaïssa, 39 ans, trois enfants, au milieu de la Grande-Borne. Salon oriental, immense écran plat, appartement briqué. Elles racontent la convivialité et le plaisir d'habiter un « village » qui font oublier la difficulté à boucler les fins de mois avec un RMI. Mais Sylvie Alipio décrit aussi la loi implicite de la cité. Rester discret, laisser faire plutôt que de prendre le risque d'intervenir.

« Quand on habite ici, il ne faut jamais montrer qu'on a peur. Il faut toujours faire comme si c'était normal. Il y a une arme ? C'est normal. Il y a une bagarre ? C'est normal. Il y a une émeute ? C'est normal. » Avec quelques parents d'élèves, les deux mères de famille tentent de faire évoluer cette culture du silence. Courageusement, elles ont organisé une marche contre la violence à l'automne 2007. Mais la reconquête est difficile : « Au fond, les adultes ont peur des enfants. Même des gamins de 10 ans », se désole Sylvie Alipio.

Le problème, c'est qu'à la Grande-Borne, la jeunesse déborde. Avant d'être la ville des émeutes, Grigny est la ville des poussettes. Près de 800 naissances par an, soit un millième du total des naissances en France pour une commune de 25 000 habitants. Le taux de natalité de la ville se situe exactement entre la moyenne française (13 naissances pour 1 000 habitants) et la moyenne du continent africain (38 pour 1 000). Des gamins partout, dans les crèches, les écoles, le collège, au bas des immeubles, dans les halls, sur les places, au gymnase, sur les stades : 28 % de la population ont moins de 14 ans, 23 % ont entre 15 et 29 ans. « On doit être la ville la plus jeune de France », relève Omar Dawson, 29 ans, titulaire d'un DESS en commerce international, créateur de sa PME dans l'audiovisuel.

Grigny sert de porte d'entrée aux migrants qui arrivent en provenance d'Afrique noire, notamment. Des zones rurales à la banlieue parisienne, la secousse est rude. Oreillette Bluetooth qui clignote, pantalon et veste en jean, De-Charles Claude Aka, fils de diplomate ivoirien, a longtemps été éducateur spécialisé dans les rues de Grigny. Il s'occupe aujourd'hui d'une association qui propose des cours d'alphabétisation. De ce poste, il observe, au quotidien, le choc culturel pour les parents et les enfants. « Quand les familles arrivent ici, elles sont sur une conception traditionnelle de l'éducation : elles pensent que tout le monde va être responsable des enfants. Que les voisins, les tantes, les cousins vont surveiller les gamins. »

Au milieu de fratries importantes, notamment lorsqu'il s'agit de familles polygames, ces jeunes finissent par s'élever tout seuls ou entre eux. Dans la rue, pour certains. Dans son F5, au 2e étage, Orkia Benaïssa montre du doigt le bâtiment en face de chez elle. « Un soir, il faisait nuit, il y avait des petits de 8 ans qui jouaient sur le toit. Ils pouvaient tomber et se tuer. Les parents, ils sont où ? » Pas démissionnaires, mais dépassés par un mode de vie et des codes sociaux qu'ils ne maîtrisent pas. Dépassés par l'obligation d'assurer la survie immédiate. Déboussolés aussi par leurs enfants qui apprennent le français plus rapidement et qui obtiennent un statut d'adulte en rapportant un peu d'argent grâce au « business ». Le résultat est désastreux : une large partie des jeunes quitte le système éducatif sans le moindre diplôme. Donc sans possibilité d'insertion durable.

À la rupture culturelle s'ajoutent la précarité et la pauvreté. Le chômage est deux fois plus élevé à la Grande-Borne que sur le reste du territoire. Les revenus sont inférieurs de moitié à la moyenne nationale. Une situation connue : depuis trente ans, les pouvoirs publics n'ont jamais cessé d'envoyer dans le quartier les familles les plus en difficulté. « On ramène à la Grande-Borne tous ceux dont on veut pas ailleurs. Et on s'étonne que ça n'aille pas bien ! », note le président des boulistes, nostalgique du temps où il y avait encore des « Français » – comprenez des « Blancs » – en nombre. L'État a beau avoir la volonté d'investir des centaines de millions d'euros pour la rénovation urbaine, c'est le sentiment d'abandon qui prévaut. « La Grande-Borne, c'est comme le triangle des Bermudes. On vous y met et c'est comme si vous y disparaissiez de la société », résume Omar Dawson.

Des jeunes, des pauvres, des « sans-avenir ». Un cocktail explosif. Avec un acteur qui fait l'unanimité contre lui et fédère les générations : la police. Les jeunes sont les seuls à jeter des pierres contre les forces de l'ordre mais la colère est beaucoup plus vaste. Plus inquiétante aussi. La perte de confiance est totale et générale. « Le manque de respect de la police, c'est pour les habitants le signe du manque de respect de la société tout entière », décrypte Hervé Seurat, l'écrivain public du quartier qui vivote en rendant service à des adultes perdus dans les démarches administratives.

Vieux, jeunes, hommes, femmes, les habitants ont tous des anecdotes vécues personnellement. Le patron des boulistes, du haut de ses 67 ans : « Quand un policier vous arrête à Paris, il vous salue poliment. Ici, il demande de mettre les mains sur le toit de la voiture. » Alain Huillé, 56 ans, le président de l'amicale des locataires, habitant de la Grande Borne depuis trente-deux ans : « L'autre jour, on va acheter une pizza. On passe devant des CRS qui nous contrôlent. On revient par l'autre côté et d'autres CRS nous contrôlent. » Orkia Benaïssa : « Il y avait une altercation en bas de chez moi. J'ai dit au policier : «Vous n'y arriverez pas sans discuter.» Ils m'ont répondu : « On n'est pas là pour se faire écouter.» Comme je parlais avec les mains, un autre policier est arrivé et a pointé son flash-ball sur moi. »

Pour les travaux pratiques, il suffit de suivre une patrouille dans le quartier. Contrôle d'identité, tutoiement de rigueur et dialogue musclé avec deux jeunes sur un parking en milieu d'après-midi. Le policier approche son visage à une dizaine de centimètres de son interlocuteur du même âge : « Tu restes pas là, tu rentres chez toi, maintenant. » Un abus d'autorité mais les deux jeunes sans uniforme plient bagage devant le jeune en uniforme. Ils connaissent la règle : un mot de trop, et c'est l '« outrage » avec condamnation quasi automatique. On connaît malheureusement la suite. Pour les plus solides ou les plus raisonnables, un sentiment d'injustice. Pour les plus fragiles ou les plus violents, la tentation des représailles une fois la nuit tombée : la rage au ventre, une capuche sur la tête, une pierre dans la main... Et Grigny explosera à nouveau. »

(Texte intégral)

La conclusion que l'on peut dresser au terme de la lecture de l'enquête de Luc Bronner paraît claire : les banlieues sensibles se tireront très difficilement de leurs multiples problèmes. Pourtant, en juin 2005, Nicolas Sarkozy, alors ministre de l'Intérieur, n'avait-il pas déclaré avec provocation vouloir « nettoyer au karcher » la banlieue, à l'occasion de sa visite dans la cité des 4000 à la Courneuve ? Élu président de la République en 2007, il choisit de nommer la présidente de l'association *Ni Putes Ni Soumises* Fadela Amara, secrétaire d'État chargée de la politique de la ville. Dans l'optique d'un « plan Marshall » souhaité par le gouvernement, Fadela Amara présenta son plan « Espoir Banlieues » en janvier 2008. Aujourd'hui la secrétaire d'État partie, on peut affirmer que les moyens financiers accordés furent très largement insuffisants pour atteindre les objectifs respectables qu'elle s'était fixés : malgré toute la bonne volonté qui pouvait caractériser son équipe, les quelques contrats d'autonomie signés n'ont pas transformé la vie des banlieues et le terme de « ghetto » continue de ponctuer les colonnes de la presse écrite consacrées aux grands ensembles qui subsistent dans le paysage urbain.

BIBLIOGRAPHIE

Sur la banlieue française

- Béatrice Giblin (dir.), *Dictionnaire des banlieues*, Larousse, 2009.
- Pierre Merlin, *Les grands ensembles : des discours utopiques aux quartiers sensibles*, La Documentation française, 2010.
- Gilles Kepel, *Banlieue de la République : société, politique et religion à Clichy-sous-Bois et Montfermeil*, Gallimard, 2012.

Sur le malaise des banlieues

- Luc Bronner, *La loi du ghetto : enquête dans les banlieues françaises*, Pocket, 2010.
- Jean-Marc Stébé, *La crise des banlieues : sociologie des quartiers sensibles*, PUF, Que sais-je ?, 2010.
- Christian Bachmann, Nicole Le Guennec, *Violences urbaines*, Hachette, Pluriel, 2002.
- Stéphane Beaud, Michel Pialoux, *Violences urbaines : ascension et chute des classes moyennes à travers cinquante ans de politique de la ville*, Hachette, Pluriel, 2002.
- Alain Bauer, Christophe Soullez, *Violences et insécurité urbaines*, PUF, Que sais-je ?, 2010.
- Sébastian Roché, *Le frisson de l'émeute : violences urbaines et banlieues*, Seuil, 2006.
- Michel Kokoreff, *Sociologie des émeutes*, Payot, 2008.

Sur la politique de la ville

- Pierre Merlin et Françoise Choay (dir.), *Dictionnaire de l'urbanisme et de l'aménagement*, PUF, Quadrige, 2010.
- Jacques Donzelot (dir.), *À quoi sert la rénovation urbaine ?*, PUF, 2011.
- Claude Chaline, *Les politiques de la ville*, PUF, Que sais-je ?, 2011
- Hervé Vieillard-Baron, *Banlieues et périphéries : des singularités françaises aux réalités mondiales*, Hachette Supérieur, 2011.

FILMOGRAPHIE

- *La haine* de Mathieu Kassovitz, 1995.
- *L'embrasement* de Philippe Triboit, 2006.
- *Quand la France s'embrase* de David Dufresne et Christophe Bouquet, 2007.
- *La tentation de l'émeute* de Benoît Grimont, 2010.

LIEUX

- Cité de l'architecture et du patrimoine, Paris.
- Pavillon de l'Arsenal : centre d'information, de documentation et d'exposition d'Urbanisme et d'Architecture de Paris et de la métropole parisienne, Paris.

« La crise en France ? Quelle crise ? »

Jacques Marseille, *Le Point*, 21 janvier 2010.

Jacques Marseille est né en 1945. Fils de cheminot, il grandit dans un milieu modeste et suit les cours des Jésuites. D'abord militant au Parti communiste, il se convertit rapidement aux thèses du libéralisme économique. Agrégé d'histoire, il soutient une thèse relative aux relations économiques entre la France et son empire colonial : il y défend l'idée que la colonisation a entravé le développement économique du pays plus qu'elle ne l'a favorisé. En 1989, il obtient à la Sorbonne la chaire d'Histoire économique et sociale créée par l'historien Marc Bloch. Il y enseigne jusqu'en 2009.

Associant toujours histoire et économie, Jacques Marseille use régulièrement de la polémique pour faire entendre ses positions sur l'actualité. Ses ouvrages aux titres provocateurs (*Vive la crise et l'inflation* en 1983, *La France travaille trop* en 1989, *Lettre ouverte aux Français qui s'usent en travaillant et qui pourraient s'enrichir en dormant* en 1992, *La guerre des deux France, celle qui avance et celle qui freine* en 2004 et pour lequel il obtient le prix Jean-Fourastié l'année suivante) dénoncent les conservatismes qui ne cessent de freiner la métamorphose de la France. Ses écrits gagnent également les colonnes de *L'Expansion*, des *Echos* et du *Point*. Il meurt en 2010.

CONTEXTE

En 2007, les États-Unis entrent dans une importante crise financière qui affecte rapidement l'économie mondiale. Cette crise trouve ses origines dans les *subprimes*, ces prêts immobiliers à risque que les emprunteurs modestes ne sont plus capables de rembourser. Touchés par de lourdes pertes, certains établissements financiers deviennent responsables d'une méfiance générale qui accélère la chute des cours des marchés boursiers. Quand ils ne sont pas sauvés ou rachetés, les établissements sont déclarés en faillite, à l'image de la banque d'investissement Lehmann Brothers en septembre 2008. Avec cet événements fondateur de la crise et de sa médiatisation, certains commentateurs annoncent déjà la fin du libéralisme et projettent l'installation d'un nouveau système économique, moins hasardeux et plus responsable.

Face à la gravité de la situation, les principaux États du monde se doivent d'intervenir pour sauver leur économie : en plus de supporter leur propre déficit, ils tentent de protéger leurs banques. La France, entrée en récession en mai 2008, ne déroge pas à cette règle. Mais, déjà, les conséquences de la crise se font sentir dans le pays : le recul de la consommation des ménages et des investissements des entreprises est accentué par les difficultés d'obtention de nouveaux crédits. En 2010, à l'heure du premier bilan, Jacques Marseille dresse un tableau particulièrement nuancé des effets de la crise sur la vie économique française. Sans nier les chiffres publiés, l'universitaire se place à contre-courant des grands titres catastrophistes de la presse. Seul à rester optimiste avec la ministre de l'Économie Christine Lagarde, il refuse de comparer la crise qu'il observe avec la Grande dépression qui a suivi le terrible Jeudi noir de 1929 et préfère s'attarder sur les indicateurs positifs.

« Nulle provocation dans cette interrogation, qui peut paraître extravagante, mais la simple exigence de porter un regard clinique et lucide sur ce qui est présenté depuis près d'un an et demi comme la catastrophe du siècle, la grande crise de la mondialisation, l'écroulement d'un monde et le basculement dans l'inconnu.

1. Amorcée le 15 septembre 2008 avec la faillite de Lehman Brothers, qui restera dans l'Histoire comme le krach du jeudi 24 octobre 1929, la crise aurait détruit à ce jour 50 000 milliards de dollars – l'équivalent d'une année de PIB mondial – et nécessité plus de 2 500 milliards de dollars – l'équivalent du PIB de la France – pour sauver le système financier mondial. Il y a plus d'un an, chacun pouvait craindre pour son argent déposé en banque et l'État promettait de garantir les dépôts des épargnants à hauteur de 70 000 euros. Promesse impossible à honorer dans la mesure où le fonds de garantie des dépôts abondé par les banques dispose de ressources égales à 1,6 milliard d'euros, contre les 1 000 milliards en dépôts à vue, dépôts à terme et comptes sur livrets.

Aujourd'hui, qu'on s'en félicite ou qu'on s'en indigne, les banques françaises sont plutôt en bonne forme. Les prêts que l'État leur a consentis – avec l'argent qu'il a lui-même emprunté ! – ont été remboursés. Les « actifs pourris » qui restent une menace ont été en grande partie provisionnés. En fait, les principales « victimes » en France de ce qui était présenté hier comme un véritable tsunami financier sont les 3 000 à 5 000 personnes qui avaient confié leurs économies à Bernard Madoff[1], mais personne ne songe réellement à les plaindre !

2. Qui pouvait imaginer il y a quinze mois que des pays pourraient encaisser des chutes de croissance de plus de 5 % dans un aussi grand calme ? À la limite, la crise a donné raison à tous ceux qui doutent de la validité des indicateurs de croissance et estiment

1. Bernard Madoff (1938) est à l'origine d'une immense escroquerie financière dont le montant oscille entre 50 et 65 milliards de dollars. En 2009, il est condamné à 150 ans de prison.

que le monde de l'après-crise devra réviser ses grilles de lecture. Si la croissance des richesses créées était autrefois moins forte que ne le ressentaient les individus, la décroissance du PIB provoquée par la crise est peut-être aussi aujourd'hui moins spectaculaire que ne le proclament les indices. À l'échelle de l'Histoire, est-ce si grave de « perdre » une ou deux années de croissance ? L'accent mis sur les dégâts environnementaux provoqués par la croissance pourrait d'ailleurs provoquer une prise de conscience salutaire.

3. En dépit des replis exceptionnels de niveau de production en 2009 dans presque tous les secteurs de l'économie française, les défaillances d'entreprises n'ont pas atteint les niveaux abyssaux que l'on aurait pu craindre. Certes, avec 33 199 jugements d'ouverture de procédures collectives enregistrés, le premier semestre 2009 a atteint le niveau semestriel le plus élevé depuis 1990, mais ce chiffre n'est guère plus élevé que celui enregistré au premier semestre 1997 (31 332). Et si la tendance en données cumulées sur l'année 2009 (62 395) se rapproche des points hauts atteints en 1993, année où le PIB s'était contracté de 0,9 %, les mesures prises par les entreprises pour traverser la tempête ont été plus efficaces que les aides reçues par l'État. Surtout, c'est le record de 327 000 créations d'entreprises établi en 2008 qui sera largement battu, essentiellement grâce au régime de l'autoentrepreneur apparu en janvier 2009. Un statut qui témoigne d'une nouvelle relation entre les Français et l'entrepreneuriat dont il faudra suivre l'évolution.

4. En 2009, selon la note de conjoncture de l'Insee, le pouvoir d'achat des ménages a progressé de 2,2 % après un gain de 0,7 % en 2008. Mieux, alors que la chute de la Bourse en 2008 a été historique (plus de 40 %) et que les prix de l'immobilier ont sensiblement baissé, les Français ont plus épargné que jamais. Au troisième trimestre 2009, le taux d'épargne des ménages a ainsi atteint 17 % de leurs revenus, un record parmi les pays industrialisés (hors Chine) qui explique que le patrimoine des Français est en progression de 0,6 % par rapport à 2008.

5. Seule ombre au tableau – mais quelle ombre ! –, la France aura, comme nombre de pays, détruit en 2009 beaucoup plus d'emplois qu'elle n'en aura créé et 1 million de demandeurs d'emploi vont perdre leur droit à l'assurance-chômage en 2010, prévoit la direction des statistiques, enquêtes et prévisions du Pôle emploi. Une question dont il faut toutefois souligner qu'elle est moins liée à la crise de 2008-2009 qu'à une spécificité du marché de l'emploi en France, les demandeurs d'emploi dits de longue durée (un an ou plus) représentant de façon stable plus de 40 % du nombre total de chômeurs. Autant dire qu'il est plus urgent de s'attaquer aux problèmes de l'emploi et de la formation que de redéfinir l'assiette de la taxe carbone, de taxer les bonus des traders ou de légiférer sur le port de la burqa. »

(Texte intégral)

Si les banques françaises ont été sauvées grâce à l'intervention de l'État, des leçons sont à tirer sur la grande fragilité du système financier internationalisé où l'effet de contagion est particulièrement fort. Sont ardemment attendues une meilleure régulation du système bancaire et une réduction de la complexité des activités financières afin d'éviter qu'une catastrophe économique du même type ne se reproduise. Mais, depuis 2010, la France doit faire face à un nouvel obstacle : la crise de la dette dans la zone euro, déclenchée par la révélation de l'important déficit public de la Grèce. Après avoir touché l'Irlande et le Portugal, la crise menace l'Italie et l'Espagne. Encore épargnée, la France tente de réduire ses dépenses publiques pour rassurer les marchés financiers et les investisseurs. Elle perd néanmoins son triple A[2] selon l'agence de notation Standard & Poor's en janvier 2012, dans un climat de croissance en berne.

---

2. Le triple A est la notation la plus élevée d'une agence financière qui évalue la solvabilité d'un État, d'une banque ou d'une entreprise.

BIBLIOGRAPHIE

Sur la crise financière

- Philippe Gilles, *Histoire des crises et des cycles économiques : des crises industrielles du 19e siècle aux crises actuelles*, Armand Colin, 2009.
- Bertrand Jacquillat, Vivien Levy-Garboua, *Les 100 mots de la crise financière*, PUF, Que sais-je ?, 2011.
- Olivier Pastré, Jean-Marc Sylvestre, *Le roman vrai de la crise financière*, Perrin, Tempus, 2008.
- Paul Jorion, *L'implosion, la finance contre l'économie : ce que révèle et annonce la crise des subprimes*, Fayard, 2008.
- Paul Jorion, *La crise : des subprimes au séisme financier planétaire*, Fayard, 2008.

Sur la crise de l'euro

- Christian Saint-Étienne, *La fin de l'euro*, François Bourin éditeur, 2011.
- Jean Pisani-Ferry, *Le réveil des démons : la crise de l'euro et comment nous en sortir*, Fayard, 2011.
- Jacques Sapir, *Faut-il sortir de l'euro ?*, Seuil, 2012.

Sur l'économie française

- Jean-François Eck, *Histoire de l'économie française : de la crise de 1929 à l'euro*, Armand Colin, 2009.
- OFCE, *L'économie française 2012*, La Découverte, 2011.

FILMOGRAPHIE

- *Inside Job* de Charles Ferguson, 2010.
- *Euro : quand les marchés attaquent* de Jean Quatremer, 2010.

LIEUX

- Wall Street, New York (USA).
- Monnaie de Paris, Paris.
- Cité de l'Économie et de la Monnaie, Paris (ouverture prévue en 2015).

Achevé d'imprimer sur rotative
par l'Imprimerie Darantiere à Dijon-Quetigny

Dépôt légal : juin 2013
N° d'impression : 13-0558

Imprimé en France